STRASSE DER ROMANIK

KULTURREISEN IN SACHSEN-ANHALT

ROSE-MARIE KNAPE

STRASSE DER
ROMANIK

EINE ENTDECKUNGSREISE
INS DEUTSCHE MITTELALTER

FOTOGRAFIEN
JANOS STEKOVICS

7., AKTUALISIERTE UND ÜBERARBEITETE AUFLAGE

VERLAG JANOS STEKOVICS

Inhalt

Vorwort

Das aus preußischen und anhaltischen Gebieten von 1947 bis 1952 bestehende Land Sachsen-Anhalt wurde erst 1990 wieder gegründet. Doch der Schein trügt: Das Gebiet des heutigen Bundeslandes war in der Zeit von 900 bis 1250, d. h. zwischen dem Zerfall des fränkischen Reiches der Karolinger und dem Ende der Herrschaft der Hohenstaufen, ein politisches und kulturelles Zentrum in Europa.

Wie in keinem anderen Land der Bundesrepublik Deutschland hat sich in Sachsen-Anhalt ein unschätzbarer Reichtum an Denkmälern der Romanik erhalten: Klöster und Dome, Dorfkirchen und Wohnhäuser, Stadtanlagen und Burgen, Straßen und Skulpturen, Malerei und Schatzkunst sind Zeichen eines gemeinsamen, auf dem Christentum fußenden abendländischen Denkens. Zum großen Teil besitzen die romanischen Kunstwerke Sachsen-Anhalts Weltgeltung. In Deutschland selbst kann sich in Hinblick auf Qualität und Anzahl der erhaltenen romanischen Kunst nur noch das Rheinland mit der Region messen.

Fülle und Qualität mittelalterlicher Kunst im Zentrum Deutschlands und Europas waren Anlass zur Entwicklung der „Straße der Romanik". Wie ein steinerner Kalender deutscher Geschichte muten die ausgewählten 88 Objekte der Route an, die in Form einer „8" mit dem Zentrum Magdeburg flächendeckend alle Regionen des Landes umfassen und am 7. Mai 1993, dem 1020. Todestag Kaiser Ottos I., als erste Tourismusroute in den neuen Bundesländern eröffnet wurde. Die zahlreichen Zeugen der Vergangenheit auf der „Straße der Romanik" lassen Leben und Leiden der Menschen des Mittelalters, ihre Lebenskultur und ihre Kunstauffassung für uns lebendig und sinnlich erfahrbar werden. Fünfundzwanzig Jahre Straße der Romanik haben das einmalige kulturelle Erbe Sachsen-Anhalts erfolgreich zum Sprechen gebracht.

Aber nicht nur für das Mittelalter trifft der touristische Slogan Sachsen-Anhalts „Ein Land macht Geschichte" zu. Sachsen-Anhalt ist das Land der Reformation mit Geburts- und Sterbehaus Martin Luthers in Eisleben sowie den Wirkungsstätten daselbst und in Wittenberg. Es ist aber auch ein Land der Musik, wo die berühmtesten Komponisten des Barock von Georg Philipp Telemann in Magdeburg bis Georg Friedrich Händel in Halle ihre Heimat hatten. Die „Gartenträume" mit dem Ausgangspunkt im Gartenreich Dessau-Wörlitz hingegen führen zu über 40 Parkanlagen vom Barock bis zum 21. Jahrhundert. Diese drei Beispiele sollen neugierig machen, wohin Sie die Reihe „Kulturreisen in Sachsen-Anhalt" führt.

Prof. Dr. Christian Antz

Prof. Dr. Wolfgang Schenkluhn
Vorsitzender des Europäischen Romanik Zentrums in Merseburg, Geschäftsführender Direktor des Instituts für Kunstgeschichte und Archäologien an der Martin-Luther-Universität Halle-Wittenberg

*Die Durchdringung von Längs- und Zentralbau der Landsberger Doppelkapelle bewirkt einen äußerst komplizierten, aber deshalb besonders reizvollen Grundriss mit vielseitigen Blickrichtungen.
Der künstlerisch hervorragende Flügelaltar in der Oberkapelle entstand um 1525–1530 und wird dem Bildschnitzer Stephan Hermsdorf zugeschrieben.*

Kaiser Karl der Große (768–814) hat um die Wende vom 8. zum 9. Jahrhundert Sachsen in das fränkische Reich integriert, das Christentum als Staatsreligion eingeführt und damit Kultur und Kunst Westeuropas bis jenseits des Harzes gebracht. Planmäßig ließ er fränkische Burgbezirke wie Allstedt und Querfurt und Grenzburgen zu den Slawen wie Magdeburg, Nienburg und Merseburg anlegen. Auch die mächtigen karolingischen Reichsklöster Hersfeld, Fulda, Corvey und Werden sicherten sich in den neuen deutschen Gebieten Grundherrschaften, richteten dort aber auch Stätten der Missionierung und Bildung ein. Vor allem das im Jahre 804 gegründete Bistum Halberstadt, das aus dem Missionsbistum Osterwieck hervorging, vereinigte das Gebiet zwischen Harz und Elbe organisatorisch und kirchenrechtlich in seiner Hand. Mit dem von Kaiser Karl I. eingesetzten ersten Bischof Hildegrim von Chalons-sur-Marne wurde ein erfahrener Verwaltungsmann zum Neuaufbau dieses wichtigen Kirchenbezirkes gewonnen, der gemeinsam mit seinem Bruder Liudger, dem heiligen Bischof von Münster, das Familienkloster Werden bei Essen gegründet hatte. Bereits hier erkennt man die räumliche und geistige Mobilität des mittelalterlichen Menschen, die unter dem Eindruck moderner Technologie noch heute unterschätzt wird.

Mit dem Zerfall des fränkischen Großreiches Karls, das vom Atlantik bis zum Harz und von Schleswig bis Rom reichte, wurden auch die säch-

Die Kirche öffnet ihre Pforten für die Kunst: Die Lichtinstallation des Künstlers Ingo Bracke war am 30. April 2009 in Magdeburg am Dom als Start für die Kampagne „1989–2009 | Gesegnete Unruhe" zu sehen.

sischen Grafen und Herzöge immer selbstständiger. Gerade die Liudolfinger als Grenzherzöge gegen die Slawen schafften es, durch eine geschickte Heiratspolitik und einen großflächigen Grunderwerb eine mächtige Hausmacht aufzubauen. Mit der Wahl Herzog Heinrichs des Voglers 919 zum König der ostfränkisch-deutschen Länder wurde Sachsen zur Kernlandschaft des deutschen Reiches. Die Königslandschaft war nunmehr durchzogen von einem engmaschigen System aus Fluchtburgen wie Quedlinburg und Pfalzen wie Allstedt, Magdeburg, Merseburg, Memleben und Tilleda. Die Macht für sich und seine Nachkommen errang Heinrich I. (919–935) aber vor allem nach außen mit strategischen Schlachten gegen Slawen- und Ungarneinfälle. Mit dem Sieg über die Ungarn (bei Riade) war seine Königsmacht 933 endgültig gefestigt.

Sein Sohn und Nachfolger Otto der Große (936–973) schlug 955 die Ungarn gemeinsam mit Bischof Ulrich von Augsburg in der Schlacht auf dem Lechfeld bei Augsburg vernichtend. Er konnte sich danach dem organisatorischen und kulturellen Ausbau der Basislandschaft des sächsisch-deutschen Königtums, dem damaligen Ostfalen, aus dem im Wesentlichen das heutige Sachsen-Anhalt hervorging, zuwenden. Nach der Unterwerfung der slawischen Gaue östlich der Elbe gründete er die Bistümer Brandenburg, Havelberg, Merseburg, Zeitz (Naumburg) und Meißen.

Diese enge Verbindung von kirchlicher und politischer Organisation, die dynastische Erbfolgeregelungen ausschließen sollte, war kennzeichnend für das sogenannte ottonische „Reichskirchensystem" zur Sicherung der Königsmacht. Seine Lieblingsresidenz Magdeburg ließ Otto I. in Konkurrenz zur karolingischen Kaiserpfalz Aachen ausbauen und mit dem neuen Moritzkloster, dessen Abt und Mönche aus der hoch angesehenen Benediktinerabtei St. Maximin in Trier kamen, verbinden. Klöster und Stifte, wie Quedlinburg und Hamersleben, wurden durch ihn oder, wie Gernrode und Frose, durch den Markgrafen Gero, einen seiner engen Gefolgsleute, ins Leben gerufen. Auf dem Höhepunkt seiner Macht wurde er 962 in Rom zum Kaiser des Heiligen Römischen Reiches in der Nachfolge des römischen Kaisers Konstantin des Großen und des fränkischen Kaisers Karls des Großen gekrönt und konnte 968 in Magdeburg ein neues deutsches Erzbistum neben

Kapitell in der Klosterkirche St. Vitus im Kloster Gröningen

den schon bestehenden in Trier, Köln, Mainz und Salzburg errichten. Welche Internationalität damals in Ostfalen herrschte, zeigen beispielhaft die Feierlichkeiten zu Palmsonntag des Jahres 973. Von Italien aus anreisend, traf Kaiser Otto der Große mit seiner zweiten Frau Adelheid, Tochter König Rudolfs II. von Burgund und Witwe König Lothars von Italien, in Magdeburg ein. Am Grab seiner ersten Frau Editha, der Tochter König Edwards des Großen von Wessex, verharrten sie im Dom gemeinsam mit dem in Rom frisch vermählten Sohn Otto II. und seiner Gemahlin Theophanu, der Nichte des byzantinischen Kaisers Johannes I. Tzimiskes.

Im Glanz dieser zu Hause aufgebauten Macht orientierten sich die Liudolfingerkaiser Otto II. (973–983), Otto III. (983–1002) und Heinrich II. (1002–1024) stärker auf die große Kaiser- und Italienpolitik. Dadurch bedingt betrieben die sächsischen Bischöfe und Markgrafen eine eigenständigere Landesherrschaft. Ausdruck dieser neuen dezentraleren Macht war der Ausbau von Burgen wie Wanzleben, Seeburg oder Goseck und die Stiftung von Familienklöstern zum ewigen Seelenheil wie Kloster Gröningen oder Hadmersleben. Aber auch Niederlagen wurden mit der Schwächung der Königsmacht in Deutschland in Kauf genommen, wie 983 der Verlust der ostelbischen Gebiete mit den Bistümern Brandenburg und Havelberg an die Slawen.

Die Salier, die 1024 Königsmacht und Hausgut der Ottonen erbten und nun im Rheinland ihre romanischen Großbauten wie den Dom von Speyer errichteten, versuchten durch Krondomänen, die von schwäbischen Reichsministerialen verwaltet wurden, die Macht der neuen Territorialherren im alten Kernland der Sachsenherzöge einzudämmen. Der durch die häufigen Aufenthalte in Sachsen dokumentierte Kampf der Kaiser Heinrich III. (1039–1056) und Heinrich IV. (1056–1106) geriet jedoch in den Strudel des „Investiturstreites" zwischen Reformpapsttum und Kaisertum um die Abhängigkeit geistlicher Gebiete und Klöster von der weltlichen Macht. Der von Reformkräften wie den sächsischen Herzögen unterstützte deutsche Gegenkönig Rudolf von Rheinfelden (1077–1080) starb zwar 1080 nach der Schlacht bei Hohenmölsen, doch erst nach der Schlacht am Welfesholz 1115 konnte sich das salische Kaiserhaus in Sachsen nicht mehr durchsetzen. Dies dokumentiert auch die von antizentralistischen Kräften errichtete und an ein Heiligengrab erinnernde bronzene Grabplatte Rudolfs im Dom zu Merseburg. Selbst der 1125 gewählte, wieder aus sächsischem Hause stammende König Lothar III. von Supplinburg (1125–1137), der durch seine von lombardischen Baumeistern errichtete Stiftskirche in Königslutter entscheidenden Einfluss auf die romanische Baukunst in der Region des heutigen Sachsen-Anhalt, wie in Jerichow, nahm, konnte die politische Vormachtstellung der Landesherrschaften gegenüber dem Königtum nicht mehr rückgängig machen.

Die erstarkten Territorialkräfte waren es aber nun, die in den sogenannten Wendenkreuzzügen die von Otto I. schon einmal eroberten slawischen Gebiete östlich der Elbe ihrem und dem deutschen Herrschaftsbereich wieder unterordnen konnten. Da wäre als Erster der Askanier Albrecht der Bär, dessen Wappentier später das der Reichs- und heutigen Bundeshauptstadt Berlin wurde, zu nennen, der von seiner Stammburg Ballenstedt im Harz aus mit Bischof Anselm von Havelberg die Bistümer Brandenburg und Havelberg zurückgewann und sich seit 1157 Markgraf von Brandenburg nannte. Sein Nachfahre Bernhard aus der wittenbergischen Linie er-

Stammburg der Wettiner in Wettin (Saalekreis)

hielt 1080 nach der Entmachtung Heinrichs des Löwen durch Kaiser Friedrich I. Barbarossa (1152–1190) auch das Herzogtum Sachsen. In den nun askanischen Gebieten der Altmark wurden besonders Neusiedler aus Flandern sesshaft und das Christentum fasste Fuß, was sich im Bau von Dorfkirchen, wie z. B. in Sandau, Redekin, Rohrberg und Engersen, manifestierte. Auch die Erzbischöfe von Magdeburg, allen voran Wichmann von Seeburg, weiteten ihr Territorium nach Osten aus und festigten es. Im Kampf mit Heinrich dem Löwen mussten sie dafür die Zerstörung Halberstadts und die Verwüstung des Magdeburger Umlandes in Kauf nehmen. Die Halberstädter Bischöfe konnten jedoch erst im 14. Jahrhundert ihr Gebiet durch das Erbe der Aschersleber Linie der Askanier abrunden. Als vierter expandierender Territorialherr müssen die Wettiner, die späteren Kurfürsten und Könige von Sachsen, genannt werden, die von ihrer Stammburg Wettin aus unter Konrad dem Großen 1123 die Markgrafschaft Meißen erwarben. Aus dem Kampf um das ottonische Erbe ging das Haus der Wettiner siegreich hervor. Markgraf Heinrich III. von Meißen (1221–1288) kam nach einem Vertrag der vornehmsten thüringischen Herren in Weißenfels 1249 in den Besitz von Thüringen und wurde Mark-, Land- und Pfalzgraf.

Gerade zur Zeit der „Ostkolonisation" der Territorialfürsten entwickelten sich die Städte Sachsen-Anhalts zu aufstrebenden Produktions- und Handelszentren. Noch unter der Fürsorge der Landesherren wurden große Stadtkirchen wie in Sangerhausen, Freyburg, Merseburg und Salzwedel errichtet. Doch der vom 13. bis zum 15. Jahrhundert schwelende Kampf der wirtschaftlich erstarkten Bürger um Selbstverwaltung und Städtefreiheit, der sich auch in der Mitgliedschaft von bis zu sechzehn sachsen-anhaltischen Städten in der Hanse ausdrückt, ließ das politische Verhältnis zum Landesfürsten abkühlen. Im Harz-Elbe-Saale-Raum schafften es die Städte jedoch nicht zur Reichsunmittelbarkeit, der direkten rechtlichen und steuerlichen Unterstellung unter den deutschen Kaiser. So konnten sich die Landesherren an den wirtschaftlichen und finanziellen Ressourcen ihrer Städte weiter bedienen.

In die Umbruchzeit des 12. Jahrhunderts fallen auch die kirchlichen Reformbewegungen, die vom burgundischen Cluny, dem lothringisch-trierischen Gorze, St. Maximin und dem süddeutschen Hirsau ausgehen. Mit ihrer Abkehr von Verweltlichung und ihrer Erneuerung der Mönchsregel des hl. Benedikt sowie mit eigenständigen Architektur- und Kunstformen fanden sie eine große Resonanz im sächsischen Kernland. Als frühe Zentren klösterlicher Reform gelten Ilsenburg oder Hamersleben. Aber auch neue Reformorden hielten hier früh Einzug. Die eigenwirtschaftlich arbeitenden Zisterzienser gründeten Niederlassungen in Michaelstein, Helfta und Pforta. Der vom Magdeburger Erzbischof Norbert von Xanten gegründete Orden der Prämonstratenser erhielt – von Prémontré in Ostfrankreich kommend – in Magdeburg sein zweites Mutterkloster und wurde für die Missionierung der gerade eroberten ostelbischen Gebiete, von Leitzkau, Jerichow oder Havelberg aus, eingesetzt. Auch die den Saliern folgenden Staufer, insbesondere der noch heute steinern im Kyffhäuser sitzende Friedrich I. Barbarossa, versuchten mit ihrer Reichspolitik erfolglos, Deutschland wieder unter einer starken königlichen Zentralgewalt zu einigen.

Sachsen-Anhalt als Ganzes, wie es die sächsischen Ottonen einst geschaffen hatten, sollte indes erst am Ende des 20. Jahrhunderts wieder Wirklichkeit werden. Die steinernen und künstlerischen Zeugen der Ottonik und Romanik geben uns aber ein deutliches Bild der bedeutenden Epoche sachsen-anhaltischer, deutscher und europäischer Geschichte. Die regionaltypischen und dennoch internationalen Formen dieser Kunst sind eingebettet in eine ebenso vielfältige Naturlandschaft. In allen Regionen Sachsen-Anhalts finden sich außergewöhnliche Naturschönheiten: die Höhenzüge des Harzes mit dem Brocken, die Heidelandschaft der Altmark mit dem Arendsee, das Saale-Unstrut-Gebiet mit seinem Weinbau oder die Auenlandschaft an Elbe und Mulde. Kulturdenkmäler und Naturschönheiten bilden in Sachsen-Anhalt eine untrennbare Einheit und so müssen auch die Bauzeugen des Mittelalters in Zusammenhang der regionalen Landschaftsbilder begriffen werden. Doch nur auf einer persönlichen Reise können Sie letztendlich die in die Natur eingebettete Kunst der „Straße der Romanik" erfassen und mit allen Sinnen genießen.

Prof. Dr. Christian Antz

Weinberge bei Freyburg (Unstrut)

Zu Recht hat die Straße der Romanik ihren Ausgangspunkt in dem Kathedralbau, der als der erste deutsche Dom im gotischen Stil gilt, aber auch Teile enthält, die von einer sehr viel früheren, herausragenden Bautätigkeit künden.

Bereits 805 wurde „Magadoburg" in einer Anordnung Karls des Großen zur Regelung des Grenzverkehrs zu den slawischen Gebieten genannt. Unter Otto I. (936–973) – seit seinem legendären Sieg 955 am Lechfeld über die Ungarn Otto der Große genannt – erreichte die „kaiserliche" Magadoburg europäische Bedeutung.

Da Magdeburg zweimal fast vollständig in Schutt und Asche fiel, wird verständlich, dass Archäologen versuchen, dieser sagenumwobenen „Magadoburg" wieder eine feste Gestalt zu geben. Spektakuläre Erfolge erbrachten die Forschungsgrabungen in den letzten Jahren. Auch wenn damit die Königshalle Ottos des Großen wieder in das Dunkel der Geschichte versinkt, konnte der erste Dom nachgewiesen werden und nördlich davon, auf dem heutigen Domplatz, ein zweiter, nahezu gleich großer und reich ausgestatteter Sakralbau, der mit der Domkirche eine Doppelkirchenanlage bildete.

Zu den Glücksfällen der archäologischen Forschung gehörte auch die Entdeckung eines aufwendig gemauerten Grabes neben dieser Kirche für eine herausragende Persönlichkeit des ottonischen Machtzentrums. Die ungewöhnlich gut erhaltenen Eichenhölzer des Grabes erlaubten die Datierung ab dem dritten Viertel des 10. Jahrhunderts. Eine vergleichsweise ähnliche Beobachtung über Gräber neben einem Kirchenbau gibt um 962 der Chronist und Bischof Thietmar von Merseburg wieder: „Auch kostbaren Marmor, Gold und Edelsteine ließ der Caesar [Otto der Große] nach Magdeburg schaffen. In alle Säulenkapitelle befahl er sorgsam Heiligenreliquien einzuschließen. Den Leib des bewährten Grafen Christian und anderer Vertrauter ließ er neben der Kirche bestatten, in der er selbst schon zu Lebzeiten die Grabstätte zu bereiten wünschte."

In einer technisch äußerst aufwendigen Aktion wurde das komplette Grab geborgen und wird ab November 2018 im Dommuseum Ottonianum Magdeburg gezeigt.

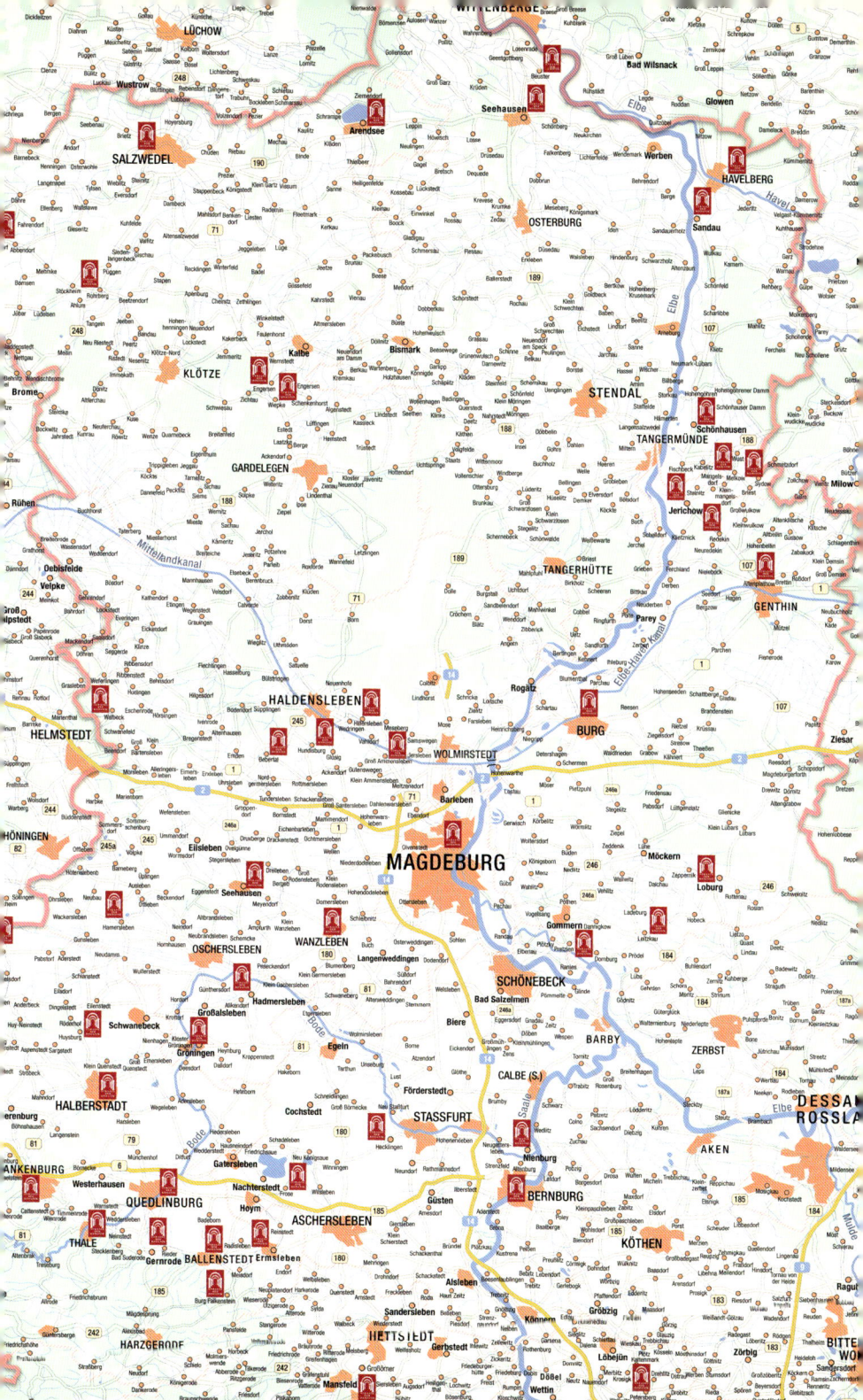

Dom St. Mauritius und St. Katharina

Der prächtigste Bau aus der Regierungszeit Ottos I. war der Dom. Der Kaiser fand hier neben seiner ersten Gemahlin Editha in einem mit einer antiken römischen Marmorplatte bekrönten Stucksarkophag seine letzte Ruhestätte. Bereits bei den Zeitgenossen erregte die kaiserliche Basilika Aufsehen. Thietmar von Merseburg, der berühmte Chronist des 11. Jahrhunderts, schwärmte, dass Otto I. „viele Leiber von Heiligen neben kostbarem Marmor, Gold und Edelsteinen aus Italien nach Magdeburg bringen ließ".

Am Karfreitag des Jahres 1207 brannte die Kathedrale – eine kreuzförmige dreischiffige Säulenbasilika, die Chorapsis von quadratischen Türmen gerahmt – aus. Erzbischof Albrecht II. von Käfernburg, der in Paris an der Sorbonne studiert hatte und einer der gebildetsten Männer seiner Zeit war, ordnete 1209 den Neubau an. An die Seite des hl. Mauritius, des bisherigen Schutzheiligen des Domes, stellte er nun als zweite Patronin die hl. Katharina, der die Pariser Universität geweiht war und

die bis heute die Tradition der Weisheit und Unabhängigkeit der Frauen verkörpert. Albrecht II. entschied sich für einen Neubau, der noch reicher und prächtiger als der Vorgängerbau werden sollte, errichtet im modernen Stil französischer Kathedralen. Es entstand ein Bauwerk, das vom spätromanischen Baubeginn bis zur hochgotischen Innenvollendung 1363 und der spätgotischen Fertigstellung der Türme trotz 311 Jahren Bauzeit zu einer monumentalen und in sich geschlossenen Einheit wuchs.

Bis zur Weihe lassen sich bereits fünf Bauzeiten unterscheiden, von denen die ersten beiden in der Ausführung noch spätromanischen Einzelformen verpflichtet waren:

Beginn des Baus mit dem Chorpolygon 1209–1218; im Gegensatz zu den hochaufstrebenden Räumen und schlanken Pfeilern der französischen Vorbilder erheben sich auf gotischem Grundrissmassiv weitgehend geschlossene Wände. An den Außenmauern wurde auf Strebewerk verzichtet. Gedrun-

Blick über die Elbe auf den Dom

Dom St. Mauritius und St. Katharina, Ansicht nach Osten

MAGDEBURG

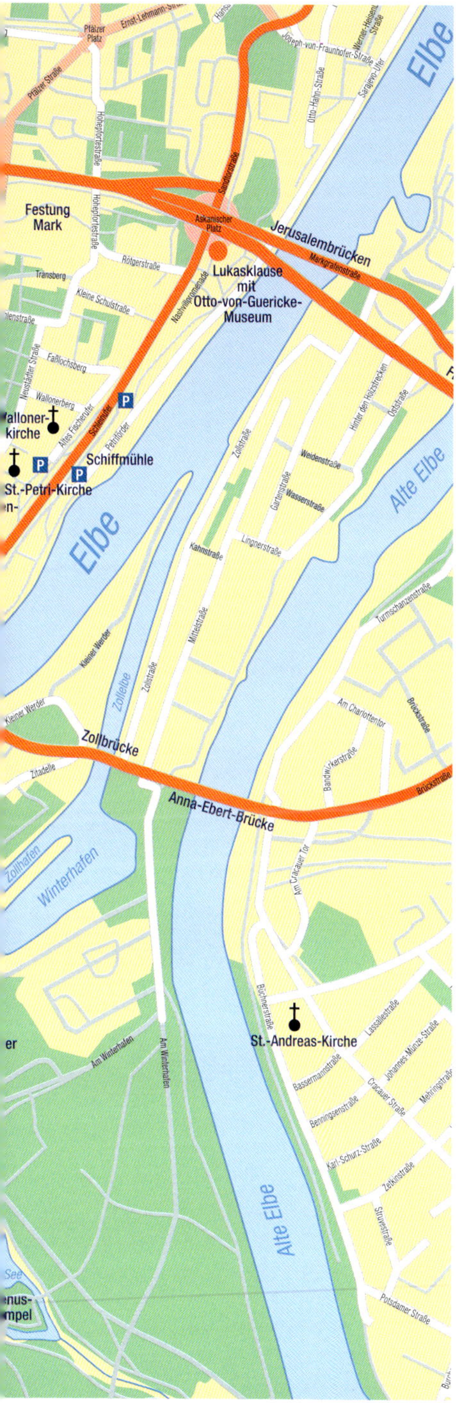

Kapitellschmuck im nördlichen Chorumgang des Domes

Tourist-Information Magdeburg

Anschrift
Breiter Weg 22
39104 Magdeburg
Tel.: (03 91) 63 60 14 02
Fax: (03 91) 8 38 04 30
info@magdeburg-tourist.de

Internet
www.magdeburg-tourist.de

Blick auf die Türme des Domes durch das Wasserspiel am Domplatz

Trotz einer Bauzeit von 250 Jahren strahlt der Westbau eine unglaubliche kompositorische Geschlossenheit aus. Dazu kommt – wie in vielen Teilen der Kathedrale – die vorzügliche Einbindung architektonischer und ornamentaler Details.

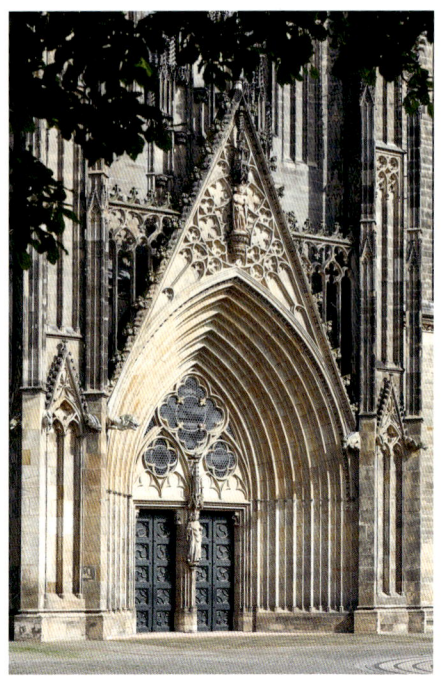

gene Pfeiler trennen wie in der Romanik den Gesamtraum in eine Reihe von Einzelräumen. Die heimischen Künstler standen noch ganz in der Tradition sächsischer Spätromanik, aber gerade durch das Aufeinandertreffen von Modernität und landschaftlich gebundener Tradition gelang dieser Kathedralbau so faszinierend und einmalig.

Rheinische Bauleute, unter französischem Einfluss stehend, setzten 1220–1232 den Bau fort. Sie errichteten die steilen Arkaden des Hochchores, wölbten Chorumgang und Kapellen, begannen den Bau des Querhauses und der Türme, die in den Zwickeln zwischen Chor und Querhaus sitzen. Noch sind gotische Bauglieder wie Dienste und Rippen der romanischen Architektur nur vorgeblendet und haben keine tragenden konstruktiven Aufgaben.

In der nächsten Bauphase 1232–1235 brachte vermutlich ein zuvor in Maulbronn tätiger zisterziensischer Baumeister frühgotische Formerfahrung nach Magdeburg mit: das selbsttragende, aus Pfeilerbündeln heraustretende Gewölbe und das

Der Sarkophag Kaiser Ottos I. (912–973)

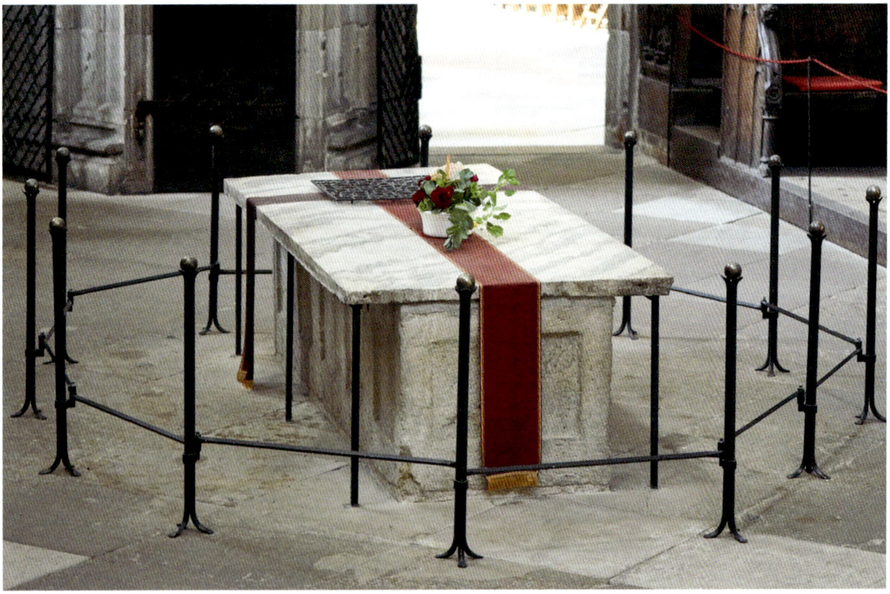

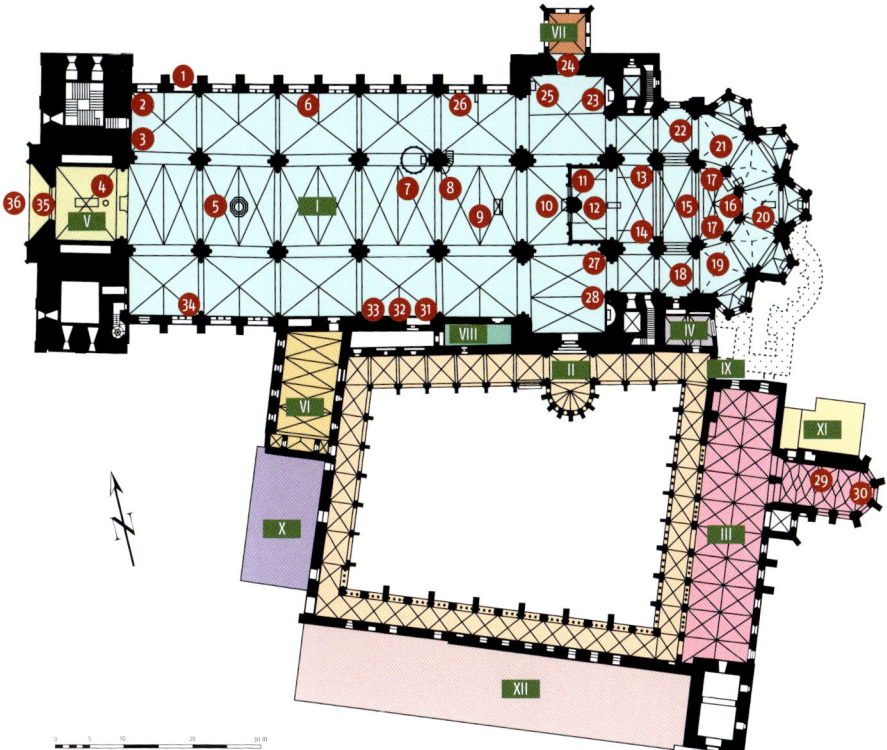

I Dom
II Kreuzgang mit Tonsur
III Remter mit Marienkapelle
IV Sebastianskapelle
V Ernstkapelle
VI Große Sakristei
VII Paradiesvorhalle
VIII Wärmekammer
IX Zugang zur ottonischen Krypta
X Dompfarramt
XI Domküsterei
XII Kirchenamt

1 Eingang
2 Turmzugang
3 Epitaph des Domherrn Werner von Plotho
4 Bronzetumba des
  Erzbischofs Ernst von Sachsen
5 Taufstein, Porphyr
6 Heilige Sippe
7 Heilig-Grab-Kapelle und Herrscherpaar
8 Kanzel
9 Katharinenaltar
10 Lettner mit Kreuzaltar (Blutaltar)
11 Chorgestühl
12 Sarkophag Kaiser Ottos I., des Großen
13 Hl. Katharina

14 Hl. Mauritius
15 Osterleuchter aus dem ottonischen Dom
16 Hochaltar
17 Antike Säulen aus dem ottonischen Dom
18 Spätromanische Kapitelle des Chorumgangs
19 Bronzegrabplatte des Erzbischofs Wichmann von Seeburg
20 Sarkophag der Königin Editha
21 Verkündigungsgruppe
22 Bronzegrabplatte des Erzbischofs Friedrich von Wettin
23 Ehrenmal für die Gefallenen des Ersten Weltkrieges von Ernst Barlach
24 Paradiesportal mit Tympanon Himmelfahrt der Maria und klugen und törichten Jungfrauen. Gegenüber: Ecclesia und Synagoge
25 Grabstein des Erzbischofs Albrecht von Querfurt
26 Elisabethaltar
27 Epitaph des Domherrn Johann von Bothmar
28 Grabstein des Erzbischofs Otto von Hessen
29 Wundertätige („Schwarze") Madonna
30 Seligpreisungen der romanischen Chorschranke, Marmor
31 Retabel des Nikolausaltars
32 Altar Anna Selbdritt
33 Epitaph des Domherrn Christian von Hopkorf
34 Bronzeepitaph des Domvikars Georg von Koppehel
35 Epitaph des Obristen Ernst von Mandelsloh
36 Westportal
37 Standbilder der Westfassade

Der Figurenzyklus in der Paradiesvorhalle entstand um 1240/50. Fünf bezaubernde Mädchenfiguren strahlen anmutig in irdischer Freude beim Nahen des Bräutigams. Anders erscheinen dagegen ihre törichten Schwestern, deren Gestalten schmerzgebeugt sind – eine verhüllt ihr Gesicht, eine andere schlägt sich entsetzt gegen die Stirn.

schlanke Kelchkapitell. Gebaut wurde vor allem der Bischofsgang, die Empore über dem Chorumgang, in der besonders der Übergang zu gotischer Klarheit und lichtvoller Harmonie spürbar wird. Gleichzeitig mit dem Bischofsgang wurden die Spolien des ottonischen Domes in den Chor gebracht. Um 1240–1270 hielt dann mit den Giebeln und den riesigen Maßwerkfenstern des Querhauses die reife Gotik ihren Einzug. Es folgte 1274–1363 die Einwölbung von Langhaus und Seitenschiffen, womit sich der großartige Innenraum schloss. Mit der Errichtung der Turmhelme 1520 war auch der Außenbau vollendet.

Karl Friedrich Schinkel veranlasste 1819 die Restaurierung des Magdeburger Domes: „Die ganze Architektur dieses ehrwürdigen Denkmahls ist aber in einem sehr zerrütteten Zustande, besonders haben die oberen Theile der großen Türme viel gelitten". Für die „vollständige Reparatur" des Magdeburger Doms wurden bereits 1826 in einer Kabinettsorder 204 000 Taler bewilligt; 1834 − zehn Jahre vor dem Weiterbau des Kölner Doms − waren die Arbeiten beendet. Sie stellen eine der größten denkmalpflegerischen Leistungen des 19. Jahrhunderts dar. Mit 120 Metern Länge und 100 Metern Höhe ist der Magdeburger Dom der größte Sakralbau Mitteldeutschlands. Er besitzt eines der schwersten Barockgeläute Deutschlands.

Aus römischer Zeit stammen der Taufstein aus Rosenporphyr, die Säulenschäfte im Hohen Chor und im Remter sowie die Grabplatte des Sarkophags Ottos des Großen.

Aus dem romanischen Bau sind zudem die Bronzegrabplatten von Erzbischof Friedrich von Wettin (gest. 1152) und Erzbischof Wichmann von Magdeburg (gest. 1192) erhalten, die als sowohl technologische wie künstlerische Meisterwerke des 12. Jahrhunderts besondere Beachtung verdienen, ebenso der Osterleuchter und die marmornen Chorschranken.

Eine noch größere Fülle an Zeugnissen hat die gotische Zeit hinterlassen: die frühgotischen Märtyrerfiguren im Hohen Chor, die Skulpturen des hl. Mauritius und der hl. Katharina sowie die Sitzfiguren des Herrscherpaares (um 1240) vom Magdeburger Meister, der auch das Reiterstandbild auf dem Alten Markt (heute im Kulturhistorischen Museum) geschaffen hat. Hochrangige Kunstwerke sind ebenso die unter französischem Einfluss entstandenen Standbilder der klugen und törichten Jungfrauen am Nordportal, die wundertätige schwarze Madonna (Ende 13. Jahrhundert), das hochgotische Chorgestühl, der spätgotische Lettner und die gleichzeitigen spätgotischen Figuren der Westfassade.

Die wunderbare nachreformatorische Alabasterkanzel stammt aus der Renaissance und trägt wie die erhaltenen Barockepitaphien eine Fülle von biblischen und allegorischen Bildern.

Kopf des Standbildes der heiligen Katharina im Chor, um 1250

Standbild des heiligen Mauritius im Chor, um 1250

Dom zu Magdeburg
Domkirche St. Mauritius
und St. Katharina
Am Dom 1
39104 Magdeburg

Öffnungszeiten
Mai–September:
Mo–Sa 10.00–18.00 Uhr,
So/kirchliche Feiertage
11.30–18.00 Uhr
Oktober und April:
Mo–Sa 10.00–17.00 Uhr,
So/kirchliche Feiertage
11.30–17.00 Uhr
November–März:
Mo–Sa 10.00–16.00 Uhr,
So/kirchliche Feiertage
11.30–16.00 Uhr

Eintrittspreise
Eintritt frei

Führungen
täglich 14.00 Uhr,
sonntags 11.30 und
14.00 Uhr,
Mai–Oktober: Mo–Do,
Sa 16.00 Uhr
Erwachsene: 6,– EUR,
ermäßigt: 4,– EUR,
Gruppen: 5,– EUR pro
Person
Nachtführungen:
September–März, 7,– EUR
Turmführungen:
April–Oktober, 6,– EUR

Ansprechpartner für
Führungen
Dombüro
Am Dom 1
39104 Magdeburg
Tel.: (03 91) 5 41 04 36
Fax: (03 91) 5 34 25 07
info@magdeburgerdom.de

Spezialführungen
nach vorheriger Absprache
(für Gruppen über
10 Personen auch zu
anderen Zeiten möglich),
Gebühren wie bei Gruppen-
führungen

Unser Tipp
regelmäßige Orgelkonzerte
in den Sommermonaten

Anreise mit PKW
A 2 Abfahrt Zentrum,
Stadtautobahn,
Hauptbahnhof, dann
Ausschilderung „Landtag"
folgen

Anreise mit ÖPNV
Straßenbahn Linien 1, 2, 5
und 9

Parkplätze
50 für PKW, 3 für Busse an
der Nordseite des Doms,
Hegelstraße und Schleinufer,
gesonderte Busparkplätze
vor dem Westportal

Verkaufsangebot im
Bauwerk
Büchertisch mit
Publikationen und
Ansichtskarten

Toiletten
im Kreuzgang

Internet
www.magdeburgerdom.de
www.kulturstiftung-st.de

Das mit einer bekleideten und einer nackten Frau ge-
schmückte Kapitell im Nordumgang ist das Werk eines
bedeutenden Bildhauers der Bauperiode der zwanziger
Jahre des 13. Jahrhunderts. Er wird nach der ebenfalls
von ihm geschaffenen Figurengruppe des „Noli me
tangere" an der Westpforte des südlichen Chorumgan-
ges als Meister des Magdalenentympanons bezeichnet.

Das 20. Jahrhundert hat durch den expressio-
nistischen Künstler Ernst Barlach 1929 noch einmal
große Kunst in den Dom gebracht: das erschütternde
Mahnmal des Krieges von 1914/18. Es hat weder
seine Eindringlichkeit noch seine Aktualität verloren.

links: der spätgotische Lettner (Detail)

Sogenanntes Thronendes gekröntes Paar (Otto der Große
und seine Gemahlin Editha), zweites Viertel des
13. Jahrhunderts

Kunstmuseum Kloster Unser Lieben Frauen

Erzbischof Gero gründete um 1017/18 ein Kollegiatstift. Mehr als 100 Jahre später gliederte Erzbischof Norbert von Xanten das Stift dem Prämonstratenserorden an. Damit wurde das Kloster zum Ausgangspunkt der umfangreichen Missionierungsbestrebungen nach Osten und Norden. Innerhalb weniger Jahrzehnte wurden von hier aus 16 neue Klöster gegründet, darunter das in der Architekturgeschichte herausragende Prämonstratenserstift Jerichow.

Nach Einführung der Reformation und dem endgültigen Weggang des Ordens 1632 wurde 1698 in den Klosterräumen eine Gelehrtenschule (ab 1718 Pädagogium) eingerichtet.

Im 19. Jahrhundert erfolgte – erst Jahrzehnte nach der Restaurierung des Domes – eine einfühlsame Erneuerung. Dabei wurde 1891 das Querhaus

Blick von Westen

Kunstmuseum Kloster Unser Lieben Frauen
Regierungsstraße 4–6
39104 Magdeburg

Öffnungszeiten
Di–Fr 10.00–17.00 Uhr
Sa, So 10.00–18.00 Uhr

Eintrittspreise
Erwachsene: 6,– EUR
ermäßigt: 3,– EUR
Kinder und Jugendliche bis 18 Jahre haben freien Eintritt

Führungen
nach Anmeldung
öffentliche Führungen durch die Sonderausstellungen oder zu anderen Themen finden Sie im Veranstaltungskalender

Ansprechpartner für Führungen
Kunstmuseum Kloster Unser Lieben Frauen
Regierungsstraße 4–6
39104 Magdeburg
Öffentlichkeitsarbeit
Tel.: (03 91) 5 65 02 17
Fax: (03 91) 5 65 02 55
presse@kunstmuseum-magdeburg.de

Eintrittspreise Führungen
Führungstickets:
1,– EUR zzgl. Eintritt
Gruppen ab 12 Personen zahlen ermäßigten Eintritt.
Gruppentarif für Führungen: 30,– EUR

Museumspädagogik
Skulpturenpark-Rallye (ab Klasse 3);
Sonnenatelier (ab Klasse 1 und Kita);
Museumsspinnen (ab Kita);
Nase weiß (ab Klasse 2);
Mit Tinte und Feder (ab Klasse 3) sowie viele weitere Angebote, auch in der Freizeit z. B. Kindergeburtstag

Dauerausstellungen
Zeitgenössische Kunst, Skulptur von der Antike bis zur Moderne, Skulpturenpark

Unsere Tipps
Sonderausstellungen zur zeitgenössischen Kunst, die drei Tonnengewölbe, Krypta, Innenhof

Klosterschulbibliothek
Buchbestand
16.–20. Jahrhundert
(nach Anmeldung)
Tel.: (03 91) 5 65 02 16

Anreise mit PKW
A 4, A 14 bis Zentrum Magdeburg

Anreise mit ÖPNV
vom Hauptbahnhof Magdeburg ca. 10 Minuten Fußweg Richtung Elbe

Parkplätze
3 für Busse in der Fürstenwallstraße; PKW in den Parkhäusern der City

Informationsmaterial
Kataloge zu Sonderausstellungen sowie Bücher zur Geschichte des Klosters und Kunstmuseums gibt es im Museumsshop.

Verkaufsangebot im Bauwerk
Kataloge, Postkarten, Plakate, Grafiken, Souvenirs

Toiletten
im Servicebereich (barrierefrei)

Internet
www.kunstmuseum-magdeburg.de

der Klosterkirche auf das Niveau des Langhauses gebracht. Nach schweren Beschädigungen im Zweiten Weltkrieg erfolgte nach 1945 der Wiederaufbau. Heute werden Kirche und Kloster als Konzerthalle und Museum genutzt.

Die erste Klosterkirche Erzbischof Geros wird wohl ein bescheidener Bau gewesen sein, von dem nichts überliefert ist. Zwischen 1063 und 1078 erfolgte der steinerne Neubau einer kreuzförmigen dreischiffigen Säulenbasilika mit einer Krypta, die dann im 12. Jahrhundert ausgebaut wurde. In dieser Zeit entstand der wehrhaft anmutende und gegenüber dem Schiff stark überhöhte Westbau, bestehend aus einem quadratischen Mittelturm und zwei Rundtürmen an den Flanken. Nach einem Stadtbrand 1188 ersetzte man die Säulen durch Pfeiler und fügte zwischen Chor und Nordquerhaus die sogenannte Hochsäulige Kapelle an. 1220–1240

Tonsur im Kreuzgang

wurde nach dem Vorbild des Domes eine frühgotische Wölbung eingebracht, die den Innenraum seither prägt.

Nach der Heiligsprechung des Prämonstratensergründers Norbert von Xanten im Jahre 1582 wurde in der Kirche eine riesige Grabstätte errichtet; die Gebeine des Heiligen wurden jedoch ins Prager Prämonstratenserkloster Strahov gebracht.

Mit dem Neubau der Kirche begann 1129 auch der Neubau der Klostergebäude, von denen der Kreuzgang nahezu vollständig erhalten ist.

Auch wenn sich heute die Bauornamentik im Vergleich zu anderen Kirchenbauten dieser Zeit wie St. Servatius in Quedlinburg (1070–1129) und St. Ulrici in Sangerhausen (Weihe 1135/1140) bescheidener ausnimmt, so sprechen die Quellen und die vorhandenen Reste doch dafür, dass auch hier eine herausragende Bauplastik vorhanden war. Die frühesten Zeugnisse hierfür finden sich in der dreischiffigen Hallenkrypta. Das Kreuzgratgewölbe ruht auf Säulen mit Würfelkapitellen. Einige der Halb- und Viertelsäulen, die entlang der Außenwände zu finden sind, haben Würfelkapitelle, die mit einem Knoten oder einer Rosette geschmückt wurden – also mit Motiven, die Dämonen abwehrende Funktionen haben und sehr alte Formen aufgreifen, die teilweise der Kunst der Germanen und Kopten entlehnt sind.

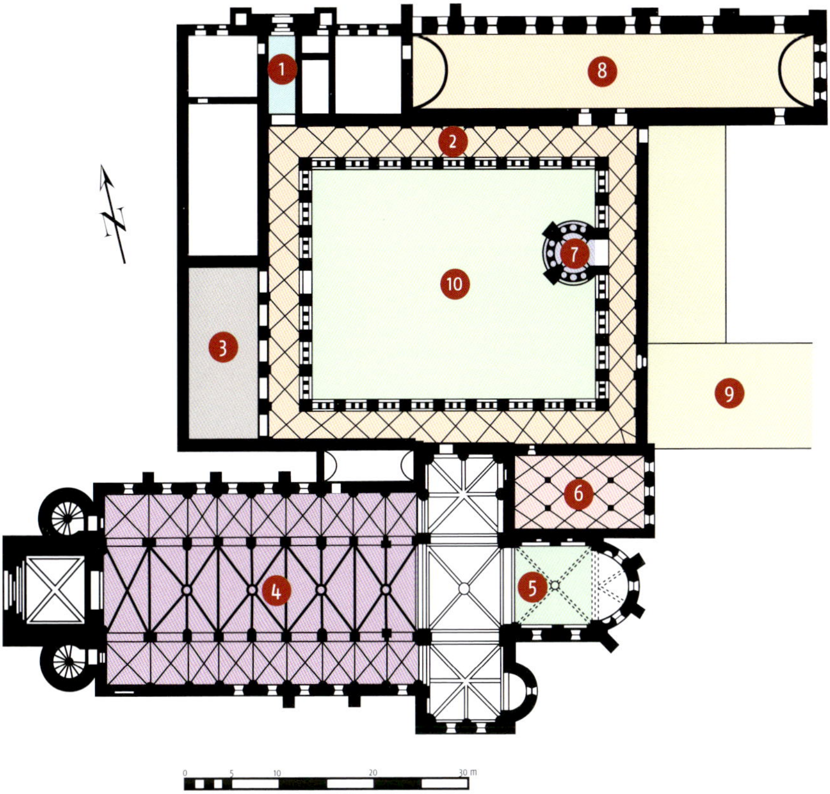

1 Eingangsbereich
2 Kreuzgang
3 Ehemaliges Sommerrefektorium
4 Kirche
5 Sanktuarium mit Konzertorgel, darunter Krypta
6 Hochsäulige Kapelle
7 Tonsur
8 Ehemaliges Winterrefektorium
9 Verwaltung
10 Innerer Klostergarten

Für die Bauphase nach 1188 lassen sich Vorbilder aus der Bauornamentik Oberitaliens finden, z. B. das Flechtband des Mittelschifffrieses und der Kämpferplatte. Die westliche Vorhalle dagegen ist sparsamer dekoriert und folgt hirsauischen Formen.

Blick in das Mittelschiff der Kirche

Magdeburg

Katholische Universitätskirche St. Petri

An der Stelle, wo im Bau der Petri-Kirche heute Gotik und Romanik aufeinandertreffen, lag im 12. Jahrhundert das kleine Fischer- und Schifferdorf Frohse vor den Toren Magdeburgs. Das erklärt wohl auch die Wahl des Schutzheiligen, des Apostels Petrus, der zunächst ein Fischer war.

Vom Gründungsbau blieb nur der massige Wehrturm erhalten, der im oberen Teil durch Ecklisenen und Bogenfriese gegliedert ist, aus denen sich die Entstehungszeit um 1150 erschließen lässt. Um

Auffällig an der St.-Petri-Kirche sind ihre spannungsvollen Proportionen, die sie als Bauwerk zweier Baustile kennzeichnen. Sie bildet mit der gotischen Magdalenenkapelle und der Wallonerkirche zusammen eine eindrucksvolle sakrale Baugruppe über dem Elbufer.

Katholische Universitäts-kirche St. Petri
Neustädter Straße 4
39104 Magdeburg

Öffnungszeiten
Mo–Fr 10.00–16.00 Uhr,
So 11.00 Uhr Gottesdienst
und anschließend bis
18.00 Uhr geöffnet

Eintrittspreise
Eintritt frei

Führungen
nach Voranmeldung

Ansprechpartner für Führungen
Katholische
Universitätskirche St. Petri
Neustädter Straße 4

39104 Magdeburg
Tel.: (03 91) 5 43 58 95
Fax: (03 91) 53 53 95 29
buero@ksg-magdeburg.de

Unsere Tipps
Konzerte, Ausstellungen,
Skulptur des mittelalter-
lichen Gelehrten Albertus
Magnus im Eingangsbereich
des Kirchhofes (Künstler:
Heinrich Apel)

Angebote im Ort
Wallonerkirche (gotische
Hallenkirche), gotische
Magdalenenkapelle
(April–Oktober
10.00–19.00 Uhr,
November–März
10.00–18.00 Uhr),
alle drei Kirchen am

Hochufer der Elbe gelegen, am Petriförder Anlegestelle der Weißen Flotte für Ausflugsschiffe, historische Schiffsmühle mit kleinem Museum und Strandbar im Sommer, Lukasklause, mittelalterlicher Festungsturm und ehemaliges Haus der Magdeburger Künstlervereinigung St. Lukas (heute Museum)

Parkplätze
Parkmöglichkeit vorhanden

Informationsmaterial
Kirchenführer

Verkaufsangebot im Bauwerk
Karten und Kirchenführer werden am Schriftenstand in der Kirche angeboten.

Toiletten
im angrenzenden Gemeindehaus

Internet
www.st-petri-magdeburg.de

1 Romanischer Westturm
2 Spätgotische Halle
3 Chor mit Glasmalereien von Charles Crodel, 1970/72
4 Marienkapelle – Werktagskapelle
5 Sakristei (abgerissen)

1380 wurde das Langhaus der romanischen Wehr-kirche durch einen gotischen Neubau ersetzt. Die große, dreischiffige Halle – ihr Kreuzrippengewölbe wurde im Krieg zerstört – beeindruckt durch ihre stimmigen Proportionen. Die fünf hohen gotischen Fenster verwandeln den Chor in einen lichtdurch-fluteten Raum.

Blick durch das Langhaus in den Chor

Die gotische Magdalenenkapelle

Katholische Kathedrale St. Sebastian

Erzbischof Gero gründete um 1015 die St.-Sebastian-Kirche als Kirche für ein Kollegiatstift. 1170 wurde der Bau der romanischen Basilika vollendet. Zur gotischen Hallenkirche im 14. und 15. Jahrhundert umgebaut, wurde sie 1489 abermals geweiht. Im Mittelalter war St. Sebastian das vornehmste Stift Magdeburgs. Starb ein Erzbischof, so wurde er zunächst in der Stiftskirche St. Sebastian aufgebahrt. Erst am nächsten Tag erfolgte mit einer prächtigen Prozession die Überführung in die Kirche des Klosters Unser Lieben Frauen. Dort bahrte man den Verstorbenen erneut auf, damit öffentlich von ihm Abschied genommen werden konnte. Am folgenden Tag erst brachte man den Leichnam in den Dom, wo er dann nach einer neuerlichen Aufbahrung zumeist auch bestattet wurde.

Nach den Verwüstungen des Dreißigjährigen Krieges konnten in der Kirche erst ab 1692 wieder

St. Sebastian, Blick zur Orgel

Gottesdienste stattfinden. Aber schon 1756 wurde sie nicht mehr für kirchliche Zwecke genutzt, sondern als Magazin. Mit dem Jahr 1810 kam die Auflösung des Stifts. Napoleonische Truppen nutzten die Kirche als Speicher, Feldschmiede und Werkstatt. 1873 erhielt sie die katholische Gemeinde zurück.

Auch St. Sebastian blieb von den Bomben am 16. Januar 1945 nicht verschont. Bereits wenige Monate nach Kriegsende wurde sie jedoch als erste Kirche Magdeburgs wiederhergestellt und ökumenisch

Die wuchtige Doppelturmfassade, Reste des Querhauses und der erhaltene Grundriss weisen auf den hochromanischen Vorgängerbau von St. Sebastian hin. Charakteristische Wahrzeichen sind heute die barocken Zwiebelhauben.

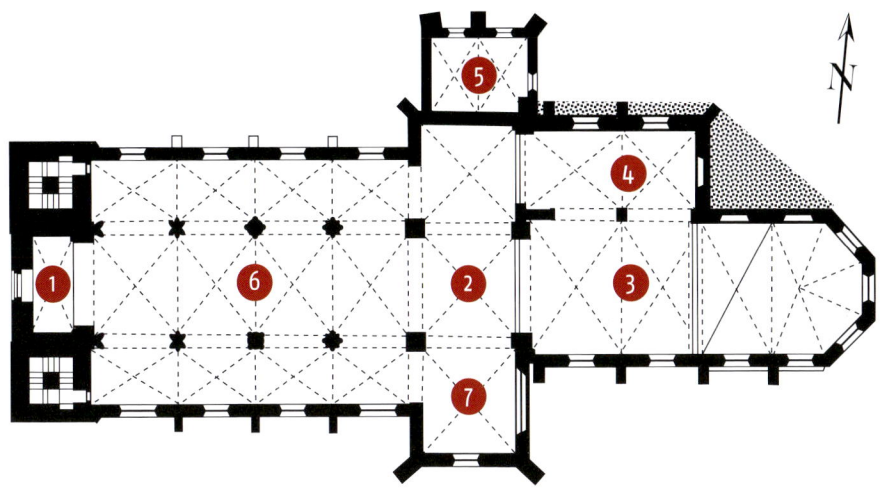

1 Romanischer Westbau mit zwei Türmen
2 Vierung mit romanischen Pfeilern
3 Gotischer Chor mit spätgotischem Flügelaltar (um 1510–1520) aus Polleben
4 Sakraments-Kapelle mit Marienfenster
5 Beichtkapelle
6 Spätgotisches Hallenlanghaus
7 Querhaus mit spätgotischem Flügelaltar

Katholische Kathedrale St. Sebastian
Max-Josef-Metzger-Straße 4
39104 Magdeburg

Öffnungszeiten
täglich 9.30–18.00 Uhr

Eintrittspreise
Eintritt frei, Spenden erwünscht

Führungen
nach Voranmeldung

Ansprechpartner für Führungen
Katholisches Kathedralpfarramt
Dompropst
Max-Josef-Metzger-Straße 1 a
39104 Magdeburg
Tel.: (03 91) 5 96 13 00
Fax: (03 91) 5 96 13 23
magdeburg.st-sebastian@bistum-magdeburg.de

Anreise mit PKW
A 2 Abfahrt MD-Zentrum,
Stadtautobahn Abfahrt Zentrum, danach Ausschilderung „Landtag" folgen

Anreise mit ÖPNV
Straßenbahn, zu Fuß
ca. 10 Minuten vom Hauptbahnhof in südöstlicher Richtung/Richtung Dom

Parkplätze
50 für PKW, Busparkplatz hinter dem Kulturhistorischen Museum, weitere Parkmöglichkeiten im umliegenden Wohngebiet

Informationsmaterial
Publikationen

Verkaufsangebot im Bauwerk
Publikationen und Ansichtskarten

Toiletten
im Bauwerk barrierefrei und Rollstuhlzugang

Internet
www.st-sebastian-magdeburg.de

genutzt, bis andere Gotteshäuser wieder instand gesetzt waren. Seit 1994 ist St. Sebastian als Kathedrale Mittelpunkt des neugeschaffenen katholischen Bistums Magdeburg. Dazu wurde der Innenraum neugestaltet und ein überdachter Kreuzgang hinzugefügt

Groß Ammensleben

Katholische Kirche St. Peter und St. Paul

Das Kloster Groß Ammensleben, 1124 als Augustiner-Chorherrenstift gegründet und 1129 auf Veranlassung des Erzbischofs Norbert von Xanten den Benediktinern Hirsauer Prägung übertragen, gehört zu den wenigen Klöstern Mitteldeutschlands, die auch noch nach der Reformation bestanden. Erst 1804 wurde es durch die preußische Regierung säkularisiert. Damit setzte auch der Zerfall ein, den nur die 1135 geweihte Klosterkirche überdauerte. Vom hirsauisch beeinflussten Ursprungsbau aus Bruchsteinen, einer dreischiffigen Pfeilerbasilika, ist im Wesentlichen das erst im 15. Jahrhundert eingewölbte Langhaus erhalten, in dessen südliches Seitenschiff 1170 ein feingegliedertes Säulenportal eingefügt wurde. Es lässt den Einfluss von Königslutter erahnen und zeigt im

Tympanon das Agnus Dei (Lamm Gottes) und eine Wirbelrosette.

Dem Bau der romanischen Zeit fügte die Spätgotik in der zweiten Hälfte des 15. Jahrhunderts die Sakristei und die Marienkapelle hinzu. Auch der Chor erhielt damals seinen jetzigen Abschluss mit drei Maßwerkfenstern.

Ende des 19. Jahrhunderts wird die Westpartie durch den Einbau einer neoromanischen Empore ergänzt.

Von der romanischen Ausstattung finden sich in der Kreuzkapelle bemerkenswerte Reste des alten Fußbodens mit unterschiedlichen Tonfliesen.

Bedeutende Arbeiten der Bildhauerei des späten 14. Jahrhunderts sind zwei Sandsteinfiguren auf

Groß Ammensleben, Südostansicht der ehemaligen Benediktinerklosterkirche St. Peter und St. Paul

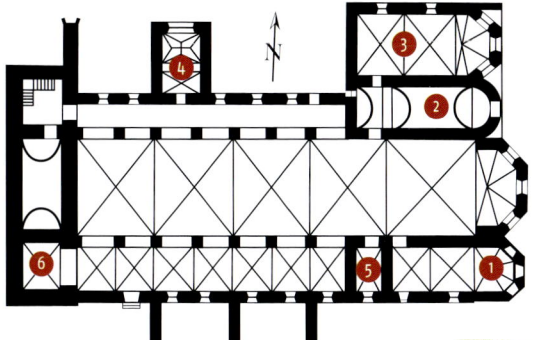

1 Heilig-Kreuz-Kapelle mit mittelalterlichem Fliesenboden und Altarkruzifixus
2 Nikolauskapelle mit romanischer Apsis und Tonnengewölbe von 1600
3 Marienkapelle mit zwei gotischen Steinfiguren seitlich des Barockaltars
4 Ursulakapelle (heute evangelische Sakristei)
5 Katholische Sakristei, Stumpf des romanischen Südostturmes
6 Taufkapelle, Stumpf des romanischen Südwestturmes

spätgotischen Konsolen neben dem Altar. Sie stellen heilige Märtyrerinnen dar.

Die Kirche wird seit 1614 simultan genutzt, also sowohl für evangelische als auch katholische Gottesdienste.

Innenansicht nach Osten

Katholische Kirche St. Peter und St. Paul
Kirchplatz 10
39326 Einheitsgemeinde Niedere Börde OT Groß Ammensleben

Öffnungszeiten
Mo–Fr 11.00–17.00 Uhr
Schlüssel zu erfragen:
Informationszentrum Domäne
Tel.: (03 92 02) 5 04 40

Eintrittspreise
Eintritt frei, Spenden erwünscht

Führungen
nach Voranmeldung

Ansprechpartner für Führungen
Katholische Pfarrei
St. Christopherus
Kirchgang 1
39340 Haldensleben
Tel.: (0 39 04) 4 41 08
Fax: (0 39 04) 49 96 74
haldensleben.st-christopherus@bistum-magdeburg.de

Informationszentrum Domäne
Tel.: (03 92 02) 5 91 48
Fax: (03 92 02) 5 92 66
info@domaene-gross-ammensleben.de

Anreise mit PKW
über die A 14 aus Richtung Halle,
über die A 2 bis Magdeburger Kreuz, weiter in Richtung Haldensleben

Anreise mit ÖPNV
Zugverbindung:
Magdeburg–Haldensleben

Parkplätze
auf der Domäne ausreichend vorhanden

Informationsmaterial
Romanik im Bördekreis, Teil I „Hillersleben und Groß Ammensleben"

Toiletten
im Informationszentrum

Internet
www.kath-kirche-haldensleben.de

Der berühmte Chronist und Bischof Thietmar von Merseburg erwähnte 1002 erstmals das Benediktinerinnenkloster Hillersleben, das dem besonders unter Otto I. verehrten hl. Laurentius sowie den Heiligen Petrus und Stephanus geweiht war. Es fiel jedoch bereits unter Otto III. den Slawen zum Opfer. Danach ließ es Gero von Magdeburg mit seiner Schwester Enhilde von Domersleben wohl als Hauskloster erneuern. Für das 11. Jahrhundert weisen die Quellen vorübergehend ein Kanonikerstift nach, später folgte die Besetzung mit Mönchen aus Ilsenburg.

In der wechselvollen Geschichte des Klosters erfolgte im ausgehenden 12. Jahrhundert die Zerstörung während der Kämpfe mit Heinrich dem Löwen.

Im 13. Jahrhundert ermöglichten jedoch die ertragreichen Güter einen wirtschaftlichen Aufschwung, der durch Ablassprivilegien um 1400 noch gesteigert wurde.

Erst 1577 wurde die Augsburger Konfession übernommen und 1687 wurde ein brandenburgisches Domänenamt eingerichtet, dessen Einkünfte im 18. Jahrhundert vorübergehend auch für die Ausstattung der theologischen Fakultät der Universität Halle verwendet wurden.

Der Grundriss der erhaltenen Klosterkirche geht wohl auf einen Bau der Zeit um 1100 zurück. Erhalten sind jedoch nur Teile des Neubaus nach 1179, der vermutlich eine flachgedeckte Pfeilerbasilika mit Querschiff, ausgeschiedener Vierung, rechteckigem

Hillersleben, Kirche des ehemaligen Benediktinerinnenklosters

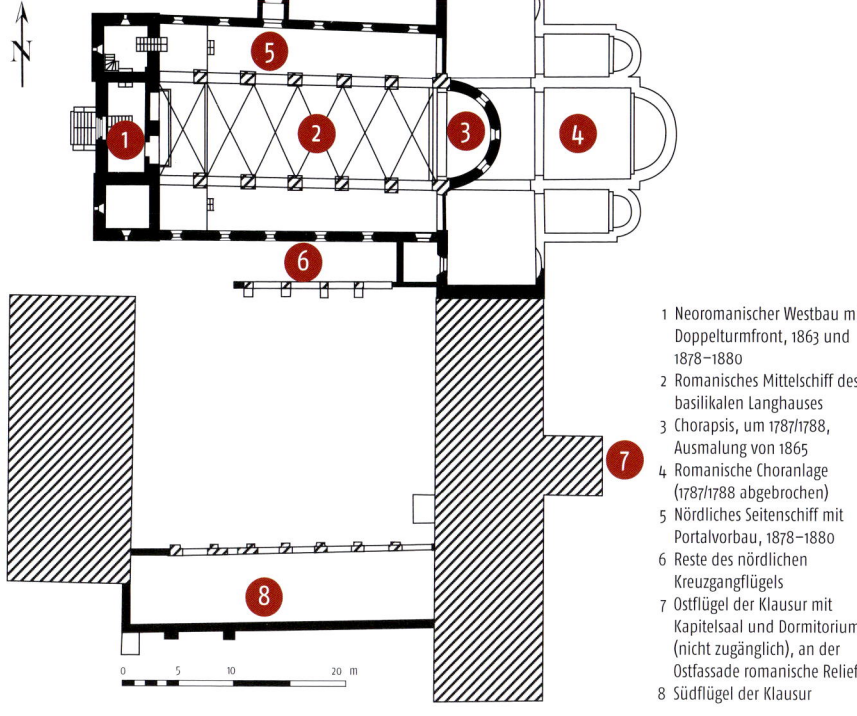

1 Neoromanischer Westbau mit Doppelturmfront, 1863 und 1878–1880
2 Romanisches Mittelschiff des basilikalen Langhauses
3 Chorapsis, um 1787/1788, Ausmalung von 1865
4 Romanische Choranlage (1787/1788 abgebrochen)
5 Nördliches Seitenschiff mit Portalvorbau, 1878–1880
6 Reste des nördlichen Kreuzgangflügels
7 Ostflügel der Klausur mit Kapitelsaal und Dormitorium (nicht zugänglich), an der Ostfassade romanische Reliefs
8 Südflügel der Klausur

Chor mit Apsis und zwei ebenfalls apsidial geschlossenen Nebenchören war. Der dreiteilige Westquerbau ähnelte dem Dom zu Minden. Der heutige Bau geht allerdings hauptsächlich auf einen Wiederaufbau nach Zerstörungen 1550 zurück; die romanischen Ostteile wurden 1788 abgebrochen.

Hervorzuheben sind die restauratorischen Arbeiten im 19. Jahrhundert. Ferdinand von Quast hatte als Konservator der Kunstdenkmäler in Preußen den Wiederaufbau des „einzigen Benediktinerklosters der Mark" empfohlen. Mit drei Kreuzgangflügeln war die Klausur noch vollständiger als heute, jedoch nahm der „vorhandene Unterbau des 1811 eingestürzten Turmes dem sonst schmucklosen Gebäude ganz das kirchliche Aussehen" (Quast). Entsprechend erfolgte 1859–1880 nicht nur der Anbau einer neuen Ostapsis, sondern auch die Errichtung einer „benediktinischen" Doppelturmfassade nach dem Vorbild der Jerichower und Burger Türme, entworfen von Friedrich August Stüler.

Benediktinerinnenkloster St. Laurentius
Freiheit
39343 Gemeinde Westheide
OT Hillersleben

Öffnungszeiten
Besichtigung nur von außen jederzeit möglich

Eintrittspreise
Eintritt frei, Spenden erwünscht

Führungen
nur nach Voranmeldung

Ansprechpartner für Führungen
Benediktinerinnenkloster
Breite Straße 22 a
39343 Gemeinde Westheide
OT Hillersleben
Tel.: (03 92 02) 6 14 36

Unsere Tipps
Sommerkirche und Veranstaltungen im Kellergewölbe,
Radtour über den „Elbe-Aller-Radweg"

Angebot in der Umgebung
romanische Dorfkirche in Wedringen

Anreise mit PKW
B 71 in Richtung Wolmirstedt

Anreise mit ÖPNV
Busverkehr Haldensleben und Wolmirstedt

Parkplätze
10 für PKW, 3 für Busse

Toiletten
in der Gaststätte „Kastanieneck"

Die malerisch gelegene Kirchturmruine Hundisburg gehörte zu dem jetzt wüsten Dorf Nordhusen, das schon seit dem 15. Jahrhundert verlassen war.

Der stattliche Westquerturm (12. Jahrhundert) ist 17 Meter hoch und besteht aus dem für die Landschaft typischen regelmäßigen Bruchsteinmauerwerk.

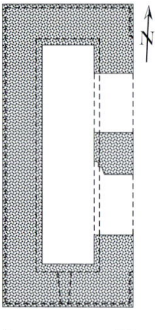

0   5 m

Ruine Nordhusen
39343 Haldensleben
OT Hundisburg

Öffnungszeiten
frei zugänglich

Eintrittspreise
Eintritt frei

Führungen
nach Voranmeldung

Ansprechpartner für Führungen
Museum Haldensleben
Tel.: (0 39 04) 27 10
museumhaldensleben@t-online.de

Angebote in der Umgebung
Museum Haldensleben, Hundisburg mit Schloss, Barockgarten, Landschaftspark, Ziegelei und Haus des Waldes, Schloss-Café und Restaurant

Anreise mit PKW
A 2 Abfahrt Haldensleben, weiter auf der B 245 bis Abzweig Hundisburg, von der B 71 über Haldensleben

Anreise mit ÖPNV
Busverbindungen

Parkplätze
40 für PKW, 5 für Busse, keine Parkgebühren

Informationsmaterial
Kunstführer „Die Ruine Nordhusen", Ansichtskarten, Broschüren

Toiletten
in der Ziegelei und im Schlossrestaurant

Internet
www.museumhaldensleben.de
www.ecomusee.de

Bebertal

Friedhofskapelle

Ursprünglich bestanden im Tal der Bever vier selbstständige Gemeinden. Die Großgemeinde Alvensleben entstand erst 1928 durch Zusammenlegen des bisherigen Dorfes, der Burg und des Marktfleckens Alvensleben und bildet seit 1950 mit Dönstedt die Gemeinde Bebertal. Der älteste Teil des Ortes Alvensleben liegt sicher um die Kirche, die heute als Friedhofskapelle dient. Sie gehört zu den selten erhaltenen Kleinkirchen aus dem 9. Jahrhundert.

Im Verlaufe der Christianisierung unter Karl dem Großen errichtete man vereinzelt christliche Bauten in Sachsen. Die Salvatorkapelle in Paderborn verkörpert den Ursprung einer Gruppe von Saalkirchen, die im ganzen karolingischen Reich und bis ins hohe Mittelalter als Dorfkirchen, gelegentlich um eine Rundapsis oder ein Chorquadrat erweitert, anzutreffen sind. Allerdings wurden Steinbauten im mitteldeutschen Gebiet verstärkt erst im 11. Jahrhundert errichtet.

Der Sage nach gründete Bischof Hildegrim von Halberstadt im 9. Jahrhundert auf Veranlassung des Kaisers Ludwig des Frommen 35 Kirchen und weihte sie dem hl. Stephanus, dem ersten Märtyrer der Christenheit. Dazu gehörte wohl auch die Kirche von Alvensleben.

Der kleine rechteckige Saal ist aus Feldsteinen errichtet. Nord- und Südwand besitzen ein feingliedriges Gesims aus Platte und Wulst. Die beiden ursprünglich romanischen Fenster in der Südwand sind erneuert.

Die Ostwand fiel im 19. Jahrhundert der Umwandlung in einen altgriechischen Tempel mit einer Vorhalle zum Opfer. Zwei hölzerne Säulen stützen jetzt den Giebel. Die ursprüngliche Dachform kann nicht mehr nachgewiesen werden.

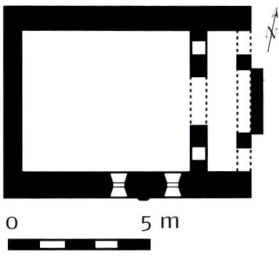

Friedhofskapelle
39343 Gemeinde Hohe Börde
OT Bebertal

Öffnungszeiten
richten sich nach den Öffnungszeiten des Friedhofs

Eintrittspreise
Eintritt frei

Führungen
nach Voranmeldung

Ansprechpartner für Führungen
Am Alten Markt 11
39343 Gemeinde Hohe Börde
OT Bebertal
Tel.: (03 90 62) 4 02

Angebote in der Umgebung
romanische, barock erweiterte Marktkirche St. Jacobi, Veltheimsburg mit romanischem Landratsturm

Informationsmaterial
Romanik im Ohrekreis, Teil II „Friedhofskapelle Bebertal und Kirchenruine Nordhusen"

Anreise mit PKW
B 245 von Haldensleben kommend in Richtung Uhrsleben, Ortsausgang

Anreise mit ÖPNV
Busverbindungen vorhanden

Parkplätze
15 für PKW, 1 für Busse

Toiletten
keine

Walbeck

Ruine der Stiftskirche St. Marien und
Grabplatte Graf Lothars II. in der Dorfkirche

Die Burg Walbeck über der Aller wurde bereits im 9. Jahrhundert Sitz einer Hochadelsfamilie, die im 11. Jahrhundert die Markgrafenwürde der Nordmark erlangte. Berühmtester Vertreter der Grafen von Walbeck ist Thietmar, Bischof von Merseburg (1009 bis 1018) und Verfasser einer der bedeutendsten Chroniken des Hochmittelalters.

Um 942 musste Graf Lothar II. als Sühne für die Beteiligung an einer Verschwörung gegen Otto I. in seiner Hauptburg ein Chorherrenstift errichten, das ihm zugleich als Grablege diente.

Die ottonische Stiftskirche, eine flachgedeckte kreuzförmige und vierjochige Pfeilerbasilika, wurde vermutlich um 1000 nach Westen erweitert. Für 1100 lassen sich weitere Veränderungen nachweisen. Die westlichen Teile wurden 1219 mit der Burg geschleift.

Dabei trug man auch den Westquerturm der Stiftskirche ab, vermauerte die Arkaden zum Mittelschiff, brach hohe Rundbogenfenster zwischen die Kreisfenster der Langhausobergaden sowie in Querhaus, Chor und Apsis ein und erneuerte den westlichen Triumphbogen.

Das seit 1591 evangelische Stift wurde erst 1811 aufgelöst und 1832 der Ortsgemeinde zur Schaffung von Armenwohnungen überlassen.

Im 19. Jahrhundert bemühte sich Ferdinand von Quast unter dem Hinweis auf die besondere landschaftliche Lage und den geschichtlichen Wert des frühen Bauwerkes um die Erhaltung der Stiftskirche. Die preußische Regierung bewilligte jedoch die mit 1600 Talern veranschlagte Restaurierung nicht, obwohl bereits das 18. Jahrhundert den

Die Ruine der Stiftskirche in Walbeck gehört neben der Stiftskirche Gernrode zu den wertvollsten Zeugnissen der ottonischen Kunst in Sachsen-Anhalt.

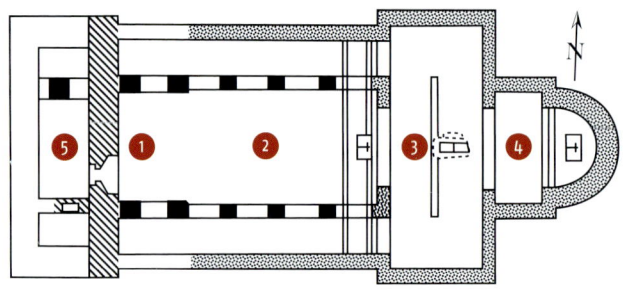

1 Ort des ottonischen Westbaus
2 Ottonisches einschiffiges Langhaus, später mit Seitenschiffen zur Basilika ergänzt
3 Ottonisches Querhaus mit Grab- oder Gedächtnisanlage für Graf Lothar II. von Walbeck
4 Chor mit Apsis
5 Romanischer Westquerbau

kunstgeschichtlichen Wert und die Bedeutung der in die „deutsche Vorzeit" weisenden Geschichte der Stiftskirche erkannt hatte. Erst um 1900 führte man mit Unterstützung der Provinzial-Denkmälerkommission Sicherungsarbeiten am inzwischen ruinösen Bauwerk durch.

1934 erfolgte die Sicherung der Nordwand durch einen Pfeiler im Nordseitenschiff. Gleichzeitig wurde das Querhaus ergraben. Dabei konnte man die Grabanlage des Stifters als Zentrum des Gründungsbaus inmitten des Querhauses nachweisen. In einer nach Osten vorspringenden Grabkammer war dort Lothar II. in einem Holzsarg bestattet. Der sarkophagähnliche Stuckaufsatz über der Grabkammer konnte geborgen und in die neoromanische Dorfkirche von Walbeck gebracht werden. Dort wird zudem eine romanische Bronzeglocke aus der Stiftskirche aufbewahrt. Sie ist mit eingeritztem Anker, Kreuzen und Alpha und Omega geschmückt.

Ruine der Stiftskirche St. Marien
39356 Oebisfelde-Weferlingen OT Walbeck

Öffnungszeiten
frei zugänglich

Eintrittspreise
Eintritt frei

Führungen
nach Voranmeldung, 1,50 EUR pro Person

Ansprechpartner für Führungen
Kantorat
39356 Oebisfelde-Weferlingen OT Walbeck
Tel.: (03 90 61) 26 03
j-paetz@t-online.de

Angebote im Ort
Ausstellung in der Heimatstube (Geschichte des Walbecker Grafengeschlechts und der Stiftskirche)

Anreise mit PKW
A 2, Abfahrt Alleringersleben Richtung Morsleben, Weferlingen

Anreise mit ÖPNV
Busverbindung von Haldensleben und Helmstedt

Parkplätze
10 für PKW, 3 für Busse

Toiletten
in der Heimatstube

Der Sarkophag des Stifters Lothar II. von Walbeck ist eines der wenigen erhaltenen fürstlichen Grabmäler der ottonischen Zeit. Seine Boden- und Deckelkanten sind feinteilig profiliert. Die Seiten umläuft ein Arkadenfries. Die gedrungenen Säulchen besitzen blockartige Basen und tektonische Kapitelle. Den Deckelrahmen bilden weiße, rote und schwarze gleichseitige Dreiecke und eine Wellenranke mit Blättchen und Trauben neben Doppelwulsten.

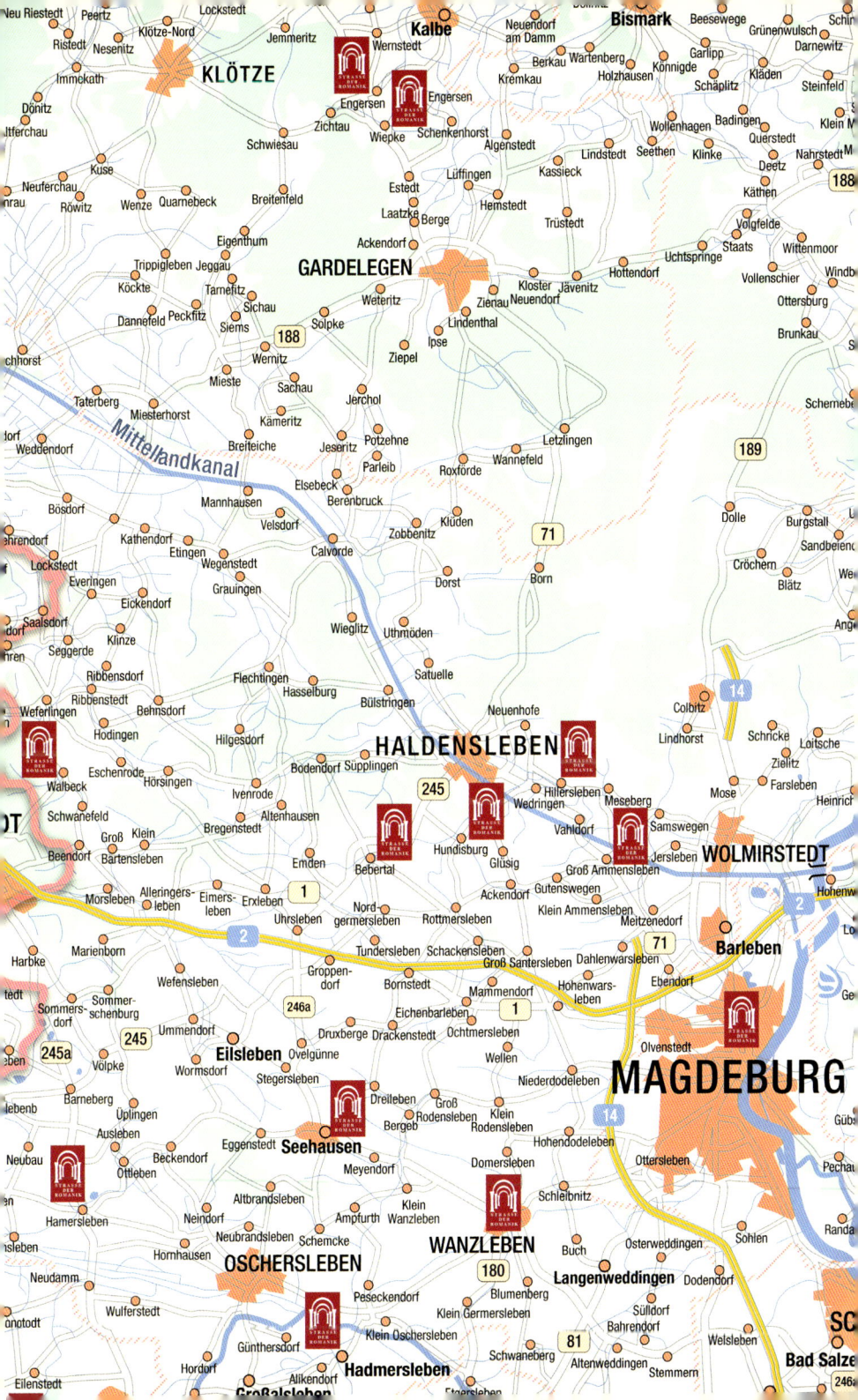

Dorfkirche
Alte Dorfstraße
39638 Hansestadt
Gardelegen
OT Wiepke

Öffnungszeiten
Tag des offenen Denkmals:
13.00–17.00 Uhr und nach
Voranmeldung

Eintrittspreise
Eintritt frei

Führungen
auf Anfrage vor Ort oder
nach Voranmeldung

**Ansprechpartner für
Führungen**
www.strassederromanik.de/
de/bauwerk/dorfkirche-
wiepke.html

Unser Tipp
auf Konzertankündigungen
achten

reiter abgeschlossen ist. Die Öffnungen wurden bis
auf eine rundbogige Priesterpforte an der Nordseite
verändert. Von der Innenausstattung ist neben der
bemalten Kassettendecke im Chor (1602) die frühgotische Taufe in Pokalform mit Kugelschmuck am
Schaft hervorzuheben.

Angebote in der Umgebung
kreatives Handwerks-
zentrum, Wassermühle
Wiepke, Wallanlagen
Gardelegen, Klosteranlage in
Klosterneuendorf, Radweg
von Gardelegen bis Zichtau

Anreise mit PKW
direkt an der B 71

Anreise mit ÖPNV
Buslinie

Parkplätze
20 für PKW, 3 für Busse

**Verkaufsangebot im
Bauwerk**
Informationsstand

Toiletten
20 m vom Bauwerk entfernt

Internet
www.wiepke.de

Die Dorfkirche in Wiepke verkörpert einen Bautypus,
wie er für zahlreiche romanische Dorfkirchen der
Alten Mark bezeichnend ist. Es handelt sich um
einen flachgedeckten Feldsteinbau mit kurzem, ge-
drungenem Schiff, eingezogenem quadratischen
Chor und Westturm, der im Glockengeschoss leicht
zurückgesetzt und durch ein Satteldach mit Dach-

Die im Kern spätromanische Feldkirche mit ein-gezogenem Chor und Westquerturm zeigt nachmit-telalterliche Veränderungen, die für Kleinkirchen-bauten des heutigen Sachsen-Anhalt typisch sind. Um 1600 erfolgte der Bau der verglasten Patronats-loge an der Südwand des Chores, im 18. Jahrhundert wurde die Innenausstattung barockisiert und 1877 die Hufeisenempore gebaut.

Dorfkirche
Dorfplatz
39638 Kalbe (Milde)
OT Engersen

Öffnungszeiten
keine

Eintrittspreise
Eintritt frei, Spenden
erwünscht

Führungen
nach Voranmeldung

Ansprechpartner für Führungen
Tourist-Information
Kalbe (Milde)
Schulstraße 11
39624 Kalbe (Milde)
Tel.: (03 90 80) 9 71 22
touristinfo@
stadt-kalbe-milde.de **oder**
www.strassederromanik.de/
de/bauwerk/dorfkirche-
engersen.html

Angebote in der Umgebung
Stadtführung mit Burg-
besichtigung in
Kalbe (Milde), Heimatstube
Altes Wachhaus, Kurpark mit
dem größten Buchsbaum-
garten der Altmark in Kalbe

Anreise mit PKW
B 71 Abzweig Kalbe (Milde),
danach „Straße der
Romanik" folgen

Anreise mit ÖPNV
Bahnverbindung bis
Gardelegen, danach weiter
mit Bus

Parkplätze
13 für PKW, 2 für Busse

Toiletten
keine

Internet
www.stadt-kalbe-milde.de

Wohl in der zweiten Hälfte des 12. Jahrhunderts wurde die Kirche als flachgedeckter Feldsteinbau mit rechteckigem Chor und halbkreisförmiger Apsis errichtet. Der aus der gleichen Zeit stammende Westquerturm mit seinen gekuppelten Schallöffnungen im Glockengeschoss erhielt 1752 einen Fachwerkaufsatz, der kreuzförmige Ausbau des Langhauses erfolgte 1884.

Die Innenausstattung spiegelt mehrere Jahrhunderte regionaler Kunstgeschichte wider: Eine romanische Taufe in Kelchform mit Würfelkapitell hat sich ebenso erhalten wie eine kielbogenförmige spätgotische Sakramentsnische mit Fialen und Krabbenschmuck. Die Kanzel stammt von 1691, wenig jünger ist der Altaraufsatz.

Nachträgliche Veränderungen bestimmen heute den Außenbau der Kirche Rohrberg: der Fachwerkaufsatz auf dem romanischen Westturm und die querschiffartige Erweiterung des Langhauses von 1884.

Dorfkirche
Breite Straße
38489 Rohrberg (Altmark)

Öffnungszeiten
April–Oktober
8.00–18.00 Uhr „offene Kirche"

Eintrittspreise
Eintritt frei, Spenden erwünscht

Führungen
nach Voranmeldung

Ansprechpartner für Führungen
Evangelisches Pfarramt
Breite Straße 38
38489 Rohrberg (Altmark)
Tel.: (03 90 00) 9 06 70

Angebote in der Umgebung
Gaststätte „Alter Bahnhof",
„Alte Burg" in Apenburg

(erbaut 1351 bis 1363), Kloster Dambeck, Park Beetzendorf mit seltenen Gehölzen und artenreicher Vogelwelt, Großsteingrab Gemeinde Lüdelsen, Ahlumer See mit Café und Campingmöglichkeit

Anreise mit PKW
direkt an der B 248

Anreise mit ÖPNV
Bahnlinien bis Salzwedel, danach Buslinien

Parkplätze
Parkbuchten B 248
Gaststätte „Alter Bahnhof"

Informationsmaterial
Faltblatt zur „Straße der Romanik"

Toiletten
im Pfarrhaus

Augustinerinnen-Klosterkirche St. Maria und St. Crucis

Graf Hermann von Warpke-Lüchow stiftete 1161 ein Chorherrenstift, das jedoch gegen 1200 von Chorfrauen übernommen wurde, denen ein nachgeordnetes Priesterkollegium zugesellt war. Neben der Grablege für die Stifterfamilie wurde dem Stift ausdrücklich die Mission der ansässigen Slawen übertragen. Diesdorf, das wegen seiner von Wassergräben umgebenen Lage auch als Marienwerder bezeichnet wird, erhielt eine reiche Güterausstattung: 33 bewohnte Dörfer und fünf Wüstungen gehörten diesem reichsten Kloster der Altmark. 1551 wurde der Konvent in ein evangelisches weltliches Damenstift umgewandelt, 1810 erfolgte die Auflösung.

Im beginnenden 13. Jahrhundert errichtete man die Klosterkirche mit besonderer handwerklicher Sorgfalt als dreischiffige Basilika mit Westbau und Querhaus. Das Innere wird ganz vom Rot des Backsteines und dem Weiß der Fugen beherrscht. Das nur 5,70 m breite Mittelschiff ist durch doppelte Gurtbögen und Säulen bzw. Pfeiler streng gegliedert und scheint sich in den deutlich sichtbaren Graten der weißen Gewölbe zu weiten. Chor und Querhäuser werden im Osten durch halbrunde Apsiden abgeschlossen. Im nördlichen Querhaus ist die Nonnenempore überkommen, durch einen gotischen Anbau nach Westen erweitert. Er beherbergt im Untergeschoss eine 1332 genannte Heilig-Grab-Kapelle, in der sich als Heiliges Grab ein aufklappbarer, hölzerner Schrein mit einer geschnitzten Figur des beigesetzten Christus befindet.

Ein Grabstein für den 1273 verstorbenen Grafen Heinrich von Lüchow zeigt diesen in einer Ritzzeichnung mit Schild und geschultertem Schwert. Die Kreuzigungsgruppe auf dem Triumphbalken ist eine Arbeit aus dem 15. Jahrhundert. Von der mittelalterlichen Ausstattung hat sich ein hölzernes Armreliquiar erhalten.

**Augustinerinnen-Klosterkirche
St. Maria und St. Crucis**
Kloster 1
29413 Diesdorf

Öffnungszeiten
April–September:
Mi–So 10.00–18.00 Uhr

Eintrittspreise
Eintritt frei, Spenden
erwünscht

Führungen
nach Voranmeldung

**Ansprechpartner für
Führungen**
Evangelische
Kirchengemeinde
Schäfertor 7
29413 Diesdorf
Tel.: (0 39 02) 3 27

Angebote in der Umgebung
Dorfkirche in Osterwohle
(Innenausstattung aus
dunklem Eichen- und
hellem Lindenholz,
einmalig in Deutschland),

Freilichtmuseum,
Klosterrundgang,
Hünengrabwanderung,
Radwanderweg
„Altmarkrundkurs",
Heimatverein Diesdorf
Tel.: (03 90 03) 8 05 69

Anreise mit PKW
von Salzwedel in Richtung
Diesdorf/Wittingen
(ca. 25 km),
von Rohrberg in Richtung
Diesdorf (ca. 15 km)

Anreise mit ÖPNV
mit Bus

Parkplätze
30 für PKW, 2 für Busse

Informationsmaterial
Informationsblatt und
Broschüre

**Verkaufsangebot im
Bauwerk**
Postkarten und Broschüren

Toiletten
im Bauwerk

Die Klosterkirche Diesdorf zählt zu den besterhaltenen spätromanischen Bauwerken der Altmark und ist die älteste gewölbte altmärkische Kirche im reif ausgebildeten, gebundenen Stil. Der zweigeschossige Turm und die Giebelabschlüsse des Westriegels sind Ergänzungen der Restaurierung von 1872.

rechts: St. Maria und St. Crucis, Blick durch das Mittelschiff zum Altar

Die Restaurierung der Klosterkirche wurde im 19. Jahrhundert großzügig finanziert, 1872 sogar eine Turmerhöhung ausgeführt. Damit erreichte man die beabsichtigte Monumentalisierung des Baus. Im Inneren schließen sich die neuen Einbauten (Emporen, Brüstungen, Kanzel, Taufe) dem spätromanischen Bestand an und sind ebenfalls als Backsteinrohbau behandelt und gefasst.

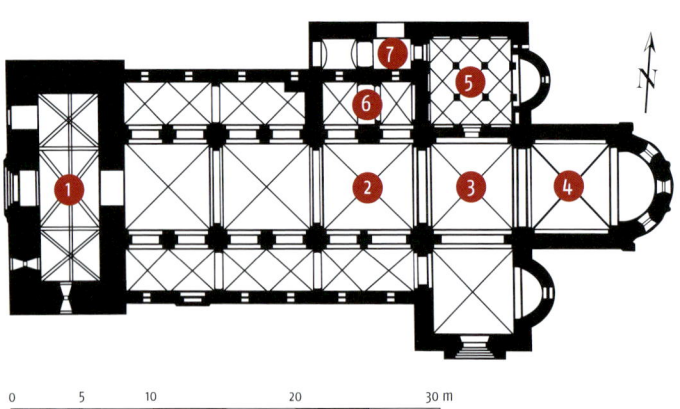

1 Westriegel mit Turm
2 Basilikales Langhaus
3 Vierung, im Chorbogen
  Triumphkreuzgruppe
4 Chor mit Altar
5 Gewölberaum (Krypta)
  unter der ehemaligen
  Nonnenempore
6 Heilig-Grab-Krypta mit
  gotischem Heiligem Grab
7 Rest des Kreuzgang-
  Südflügels

Die Lorenzkirche ist wohl im 10. Jahrhundert als Kirche der Burgsiedlung, die der Sicherung der alten Salzstraße von Lüneburg nach Magdeburg diente, errichtet worden. Im Schutze der 1112 erstmals erwähnten Burg im Tal der Jeetze hatte sich ein kleiner Marktflecken gebildet, in dem bereits im 12. Jahrhundert Münzen geprägt wurden und der sich nach 1233 als voll entwickeltes städtisches Gemeinwesen belegen lässt. Um diese Zeit ist der jetzige Bau entstanden.

An der schiffbaren Jeetze entstand ein kleiner Hafen und bis zu Beginn des 16. Jahrhunderts war die Stadt Mitglied der Hanse. Ihr Name Salzwedel (Salzfurt) deutet auf den Zusammenhang mit dem Lüneburger Salzhandel hin.

Im Inneren wird die Freude an unterschiedlichen Formen spürbar. Der rechteckige Chor und die Nischengliederung sind auch in anderen altmärkischen Backsteinbauten nachweisbar und verraten westfälischen Einfluss.

Katholische Pfarrkirche St. Lorenz
Holzmarktstraße
29410 Hansestadt Salzwedel

Öffnungszeiten
zu den Gottesdienstzeiten,
Di–Fr 14.00–15.00 Uhr
oder nach Anfrage im
Pfarramt:
Katholisches Pfarramt
An der Marienkirche 5
29410 Hansestadt Salzwedel
Tel.: (0 39 01) 42 33 57
Fax: (0 39 01) 3 05 96 09
salzwedel.st-
laurentius@bistum-
magdeburg.de

Eintrittspreise
Eintritt frei, Spenden
erwünscht

Führungen
nach Voranmeldung

Ansprechpartner für Führungen
Tourist-Information
Salzwedel
Neuperverstraße 29
29410 Hansestadt Salzwedel
Tel.: (0 39 01) 42 24 38 oder
1 94 33
Fax: (0 39 01) 3 10 77
tourist-info@salzwedel.de

Angebote im Ort
Mitternachtsstadtführungen
und Hansefest, Burggarten
mit Burgruine, Danneil-
Museum, Neuperver Tor,
Steintor, Karlsturm,
Jenny-Marx-Haus,
Bürgermeisterhof,
Baumkuchenschaubacken,
Romanikteller in den
Gaststätten der Stadt,
Abstecher in den Märchen-
garten (südlich an der B 248)

Auch für die kleine Lorenzkirche spielte das Salz eine schicksalhafte Rolle: Ab 1692 diente die romanische Backsteinbasilika für 150 Jahre als Salzlager der „Königlichen Salzfactorey". Dafür wurden die Arkaden vermauert sowie die Seitenschiffe abgebrochen; 1794 erfolgte die Beseitigung des Turmes. Salzschäden blieben nicht aus, sodass man in der Mitte des 19. Jahrhunderts sogar einen totalen Abriss erwog. Doch die katholische Gemeinde kaufte die Kirche und bewahrte sie vor der endgültigen Zerstörung.

Nach den Restaurierungen im 19. Jahrhundert erfolgten 1961–1964 und 1983–1990 umfangreiche Instandsetzungen. So präsentiert sich die Kirche nun mit dem einst den Turm tragenden Westbau, der sein ursprüngliches Kreuzgratgewölbe bewahrt hat, dem Mittelschiff und dem wiedererstellten nördlichen Seitenschiff, dem Chor und der nördlich anschließenden spätgotischen Sakristei. Sie besticht durch den bemerkenswerten Formenreichtum mittelalterlicher Bauornamentik. Die Baugeschichte

Anreise mit PKW
über die B 71, B 190 oder B 248

Anreise mit ÖPNV
Bus- und Bahnlinien

Parkplätze
8 für PKW, 2 für Busse und 1 barrierefrei (gebührenpflichtig), gebührenfreie Parkplätze am Rande der Altstadt

Informationsmaterial
Informationsblatt und Broschüren

Verkaufsangebot im Bauwerk
Postkarten, Fotos

Toiletten
im Burggarten (ca. 300 m vom Bauwerk entfernt)

lässt erahnen, dass die mittelalterliche Ausstattung verloren ging. Nur ein spätromanischer Bronzeleuchter wurde bei Grabungen gefunden und steht jetzt im Danneil-Museum.

1 Westbau, der Turm 1794 abgebrochen
2 Mittelschiff des romanischen basilikalen Langhauses
3 Chor mit gotischem Gewölbe
4 Spätgotische Sakristei
5 Auf mittelalterlichen Fundamenten neu errichtetes Nordseitenschiff
6 Abgebrochenes Südseitenschiff

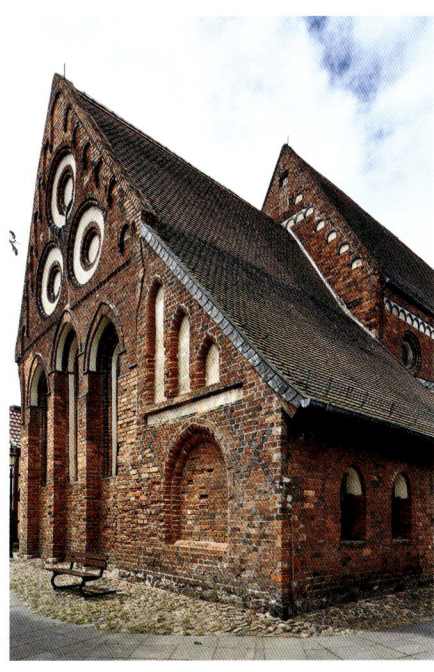

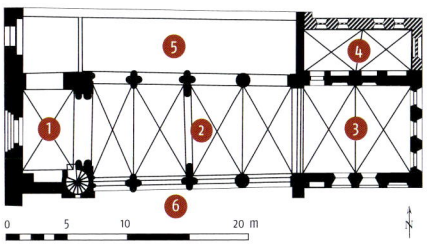

Benediktinerinnen-Klosterkirche St. Marien

Markgraf Otto I., Sohn Albrechts des Bären, stiftete 1183 ein Benediktinerinnenkloster am Arendsee. Unter der Vogtei der brandenburgischen Markgrafen erhielt es reiche Schenkungen und war um 1480 mit bis zu 70 Nonnen eines der größten Klöster im damaligen brandenburgischen Bereich. Kurfürst Joachim II. wandelte es 1540 infolge der Reformation in ein adliges Damenstift um, das erst 1812 aufgehoben wurde. Seither dient die Klosterkirche als evangelische Pfarrkirche.

Die Klosterkirche entstand ab 1185, wurde 1208 geweiht und ist seit einem Planwechsel gewölbt. Das Ende dieser zweiten Bauphase im Jahr 1219 ist dendrochronologisch gesichert. Damit gilt die Klosterkirche Arendsee als der älteste vollständig gewölbte Backsteinbau im nordöstlichen Deutschland.

Die Pfeilerbasilika mit ursprünglich drei Apsiden steht stilistisch zwischen der flachgedeckten Klosterkirche in Jerichow und der gewölbten Klosterkirche in Diesdorf. Das großzügige Innere ist über dem Mittelschiff, dem Querschiff und dem Chor von einem kuppeligen Gewölbe mit verlaufenden Graten überspannt. Die Nonnenempore befand sich ursprünglich an der Nordseite und ist abgerissen worden. Der jetzige Anbau wurde im gotischen Stil errichtet.

Der heutige Zustand der Kirche geht wesentlich auf Maßnahmen des 19. Jahrhunderts zurück. Für ihre Erhaltung wurden 1849 Vorschläge zur „gründlichen und würdigen Restaurierung" genehmigt. Bei der Restaurierung öffnete man das vermauerte Querhaus und entfernte das Türmchen über dem Westgiebel. Weiterhin erfolgte der Bau eines Dach-

Die Klosterkirche St. Mariae, St. Johannis und St. Nikolai in Arendsee ist einer der größten gewölbten Ziegelbauten Sachsen-Anhalts. Das weiße Fugennetz über dem roten Grund der Wände bestimmt wie in Diesdorf den Eindruck des Inneren. (rechts: Blick zum Chor)

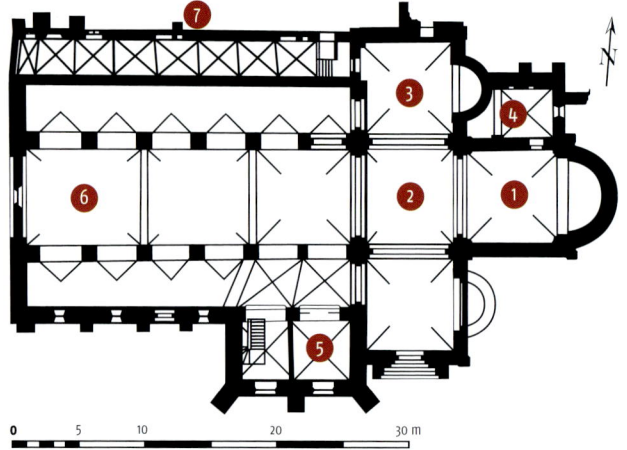

1 Chor mit Altar
2 Vierung mit Triumphkreuz
3 Nordquerhaus, Ort der ehemaligen Nonnenempore
4 Sakristei
5 Zweigeschossiger Südanbau, heute im Obergeschoss Aufstellungsort mittelalterlicher Skulpturen
6 Langhaus mit Orgelempore
7 Südflügel des Kreuzganges

reiters über der Vierung nach frühgotischem Vorbild sowie die Neugestaltung der Westfassade. Das im Barock veränderte Innere erhielt eine Raumfassung als Backsteinrohbau mit weißen Putzflächen auf Wänden und Gewölben.

Benediktinerinnen-Klosterkirche St. Marien
Amtsfreiheit
39619 Arendsee

Öffnungszeiten
Mai–Oktober:
Di–So 10.00–17.00 Uhr
November–März:
nach Vereinbarung

Eintrittspreise
Museum und Kloster-Areal:
4,– EUR, Kinder 1,– EUR
Kirche:
Eintritt frei, Spenden erwünscht

Führungen
nach Voranmeldung, spezielle Angebote für Kinder

Ansprechpartner für Führungen
Kulturelles Zentrum Kloster Arendsee
Tel.: (03 93 84) 24 79
klosterarendsee@gmx.de
oder
Evangelisches Pfarramt des Kirchspieles am Arendsee
Dessauer Worth 23
39619 Arendsee
Tel.: (03 93 84) 22 26
goebel@kirchenkreis-stendal.de

Unsere Tipps
Theatervorstellungen des Theaters der Altmark, Handwerkermarkt,

Ausstellungen und Konzerte, Gottesdienste im Kloster: sonntags 10.30 Uhr

Angebote im Ort
Bockwindmühle, Dampferfahrt, Heimatmuseum, Planwagenfahrten, Gustav Nagel Areal, Fischessen beim Fischer in Zießau

Anreise mit PKW
B 190 zwischen Seehausen und Salzwedel

Anreise mit ÖPNV
Buslinie, Salzwedel, Seehausen, Wittenberge

Parkplätze
10 für PKW, weitere PKW- und Busparkplätze ca. 300 m vom Bauwerk entfernt (Stadtmitte)

Informationsmaterial
Kirchenführer

Verkaufsangebot im Bauwerk
Eine-Welt-Laden und Klosterladen

Toiletten
im Museum

Internet
www.luftkurort-arendsee.de

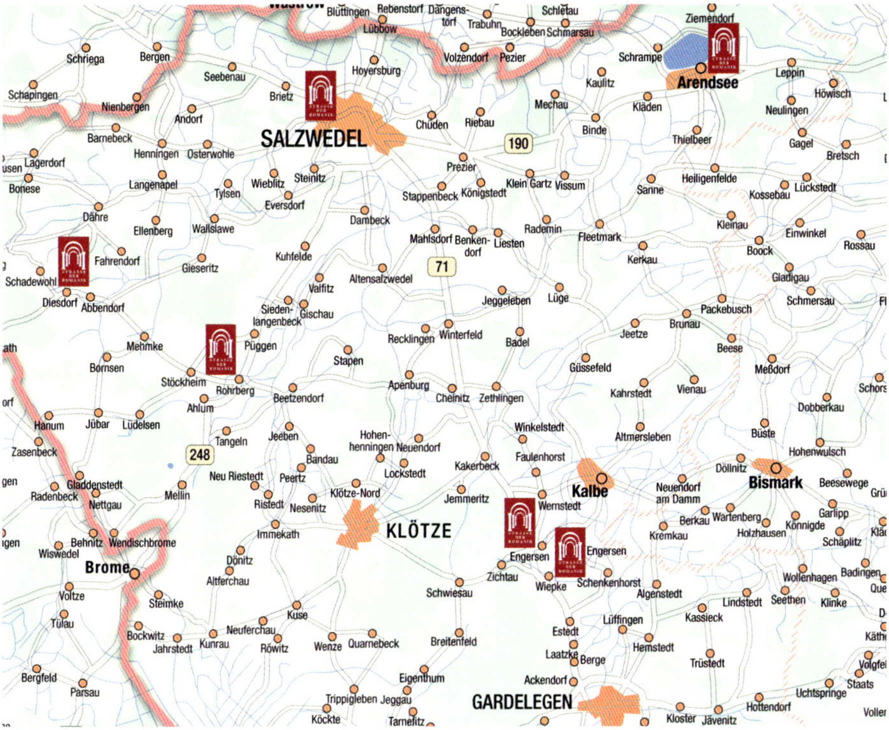

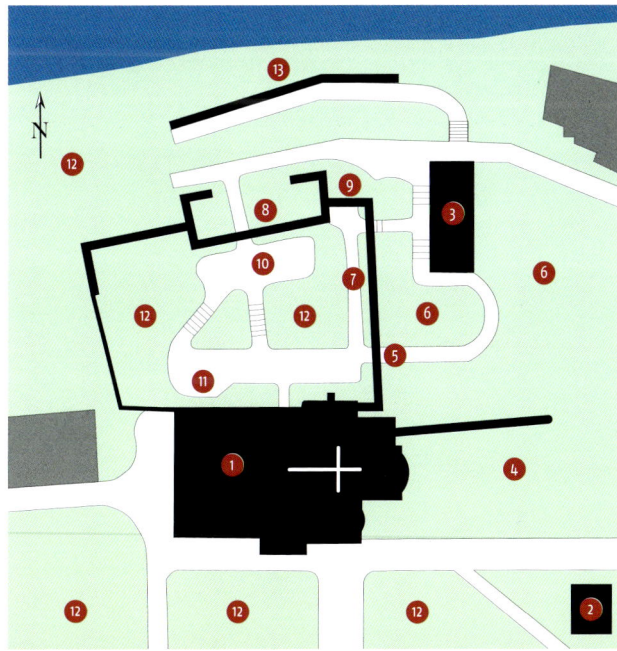

Lageplan der Klosteranlage Arendsee

1 Klosterkirche
2 Glockenturm (Kluthturm)
3 Heimatmuseum (ehem. Klosterhospital)
4 Laienfriedhof
5 „Demutspforte"
6 Klostergarten
7 Östlicher Klausurflügel
8 Nördlicher Klausurflügel
9 Bronzeplastik „Pietà 74"
10 Veranstaltungsbühne
11 Mahlsteine der versunkenen Mühle vom Arendsee
12 Grünfläche
13 Reste der nördlichen Klostermauer

Altarretabel, spätgotische Schnitzfiguren

Von der mittelalterlichen Innenausstattung der Klosterkirche blieben aus romanischer Zeit nur ein achteckiger Taufstein, aus frühgotischer Zeit ein Kruzifix sowie zahlreiche spätgotische Schnitzfiguren bewahrt.

Von den ehemaligen Klostergebäuden sind weitere bauliche Reste erhalten. So nutzt das Heimatmuseum das ehemalige Hospital und den süd-

westlichen Kreuzgang. Weitgehend bestehen blieben auch die Außenmauer des Ostflügels, der den Kapitelsaal und das Dormitorium beherbergte, die Innenmauer des Nordflügels, der die Klausur zum See hin abschloss, und der ebenfalls zum Klosterkomplex gehörende Glockenturm, der sogenannte Kluthturm.

Romanischer Taufstein

Bronzeplastik „Pietà 74"

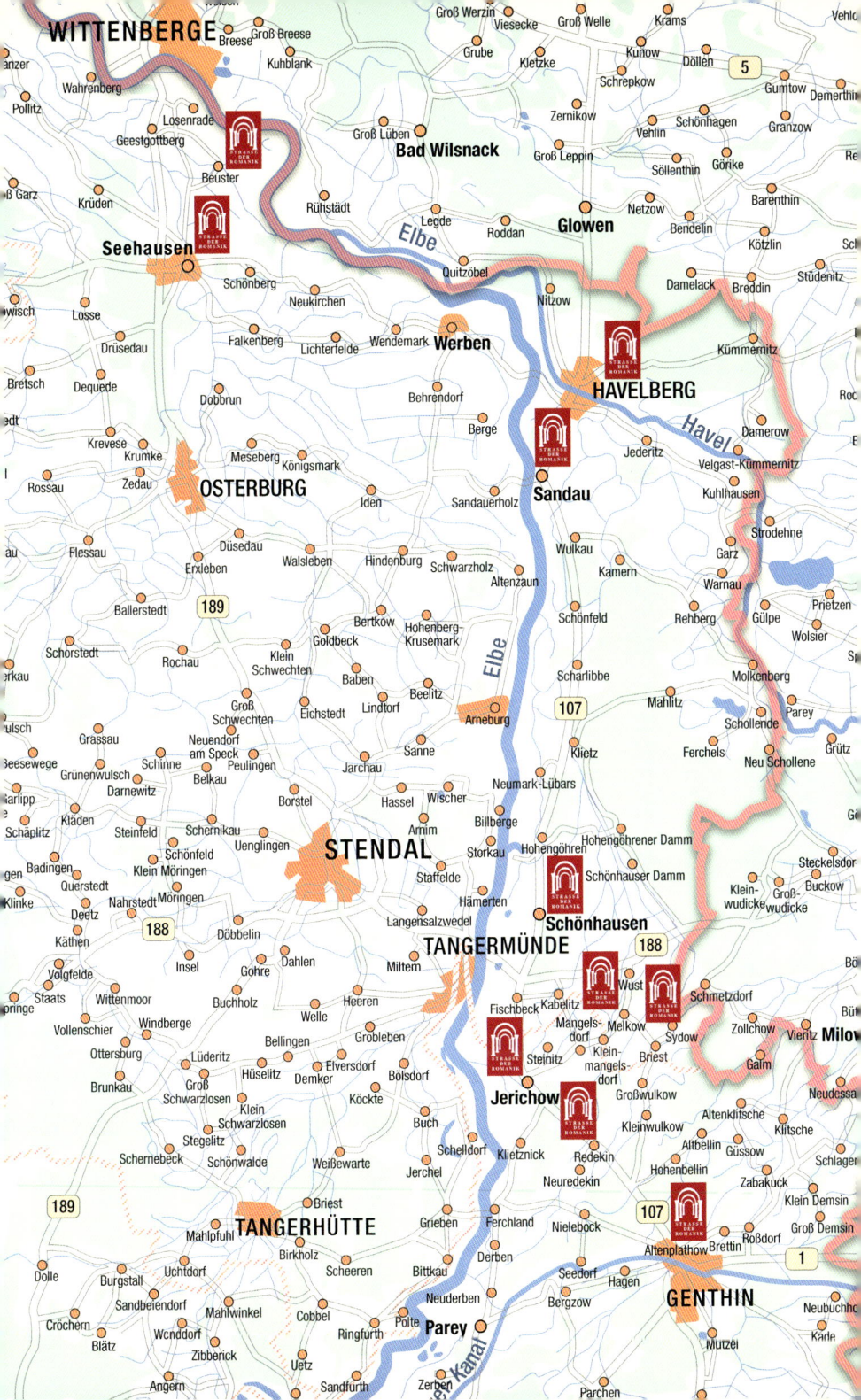

Beuster

Stiftskirche St. Nikolaus

Die Auswertung dendrochronologischer Untersuchungen der Stiftskirche St. Nikolaus in Beuster entsprach einer wissenschaftlichen Sensation: Ein Balken konnte in die Zeit um 1172 datiert und dem Ende der ersten Bauphase und der Fertigstellung des Chores zugeordnet werden. Damit gehört die Kirche zu den ältesten Backsteinbauten nördlich der Alpen und kann sich durchaus mit der ehemaligen Klosterkirche St. Marien und St. Nikolai in Jerichow oder dem Dom St. Marien in Havelberg messen.

Beuster liegt in der altmärkischen Wische, und gehörte im Mittelalter zum Bistum Verden. Durch seine Lage im Grenzraum zwischen den Bistümern Havelberg und Halberstadt und in der Nähe eines Elbüberganges in die historische Landschaft der Prignitz besaß der Ort eine wichtige strategische Bedeutung.
Die Außenfassaden des Langhauses und des Chores zeichnen sich durch eine ziegelsichtige Lisenengliederung aus. Die Lisenen schließen oben mit einem Rundbogenfries ab.

Stiftskirche St. Nikolaus
Schulhof 5
39615 Seehausen OT Beuster

Öffnungszeiten
April–Oktober:
täglich 10.00–17.00 Uhr
November–März:
nur auf Voranmeldung

Eintrittspreise
Eintritt frei, Spenden
erwünscht

Ansprechpartner für Führungen
Förderverein Beuster
Tel.: (03 93 97) 9 74 58
Fax: (03 93 97) 9 74 59
www.foerderverein-beuster.de
fvbeuster@web.de

Angebote im Ort
Alte Dorfschmiede,
„Blaulichtmuseum" mit
historischen Fahrzeugen,

Schäferei mit Hofcafé
(Öffnungszeiten Do/Fr/Sa/So,
Ferienwohnungen),
Alte Landbäckerei

Anreise mit PKW
B 189 aus Richtung
Wittenberge oder über
Stendal und Osterburg

Anreise mit ÖPNV
Bahnlinien

Parkplätze
für PKW und Busse

Informationsmaterial
Broschüre (40 S.), Faltblatt
über Kirche und Ort dt./engl.

Verkaufsangebot im Bauwerk
Büchertisch mit Karten und
Ansichtskarten

Toiletten
im Pfarrhaus

Der innere Raumeindruck besticht durch Klarheit und Geschlossenheit. Die Einbauten sind von 1885.

Die Urkunden allerdings schweigen über die Entstehung des Stiftes zu Beuster. Auch konnte bisher nicht eindeutig geklärt werden, zu welchem geistlichen Orden – Augustinerchorherren oder Prämonstratenser – die Stiftskirche gehörte.

1541 hob Joachim II. Kurfürst von Brandenburg – unter seiner Herrschaft wurde die Reformation in Brandenburg eingeführt – das Stift auf, seine Güter wurden zunächst dem Amt Tangermünde unterstellt und später der 1506 gegründeten Universität Viadrina in Frankfurt an der Oder zur Ausstattung überwiesen. Die Kirche selbst wurde die evangelische Pfarrkirche des Ortes.

Die Behebung von Feuchtschäden in den vergangenen Jahren wurde begleitet von bauarchäologischen Forschungen, die nicht nur weitere Details der Baugeschichte klären konnten, sondern überraschende Ergebnisse, wie den Nachweis eines romanischen quadratischen Westturmes und das Sockelmauerwerk der ursprünglichen Seitenschiffe, brachten.

Besonders bemerkenswert an diesem reinen Mauerziegelbau ist auch, dass die Backsteine in dieser frühen Phase der Backsteinarchitektur noch wie Werksteine steinmetzmäßig bearbeitet wurden. Formsteine fanden noch keine Anwendung.

Die dem Schutzheiligen der Schiffer und Kaufleute, dem heiligen Nikolaus von Myra, geweihte Kirche ist eine dreischiffige, querschiffslose Basilika mit quadratischem Chorjoch und leicht eingezogener Apsis.

Den westlichen Abschluss bildet ein massiver, über den zwei letzten inneren Pfeilerpaaren quer errichteter Turm.

Im Inneren trennen fünf Pfeilerpaare Haupt- und Seitenschiffe voneinander. Unter die südliche Reihe mischen sich zwei gemauerte Rundstützen mit trapezförmigen Kapitellen. Wohl gleichzeitig mit der Neuerrichtung des Turmes erfolgte im 14. Jahrhundert die Einwölbung des Langhauses und des Chores, die Seitenschiffe sind mit einer hölzernen Flachdecke versehen.

Insgesamt ist St. Nikolaus in Beuster ein über die Jahrhunderte gewachsenes vielschichtiges Dokument für baugeschichtliche Veränderungen und stellt eine einzigartige Bestätigung für die frühe Entwicklung der norddeutschen Backsteinkunst dar.

Ausgangspunkt der Stadt am Aland ist wohl eine landesherrliche Grenzburg des 10. Jahrhunderts, in deren Schutz um 1150 vermutlich holländische Kolonisten die Altstadt mit der St. Jakobikirche gründeten. Wenige Jahrzehnte später entstand daneben die Neustadt als planmäßige Anlage mit Dreiecksmarkt, die bald die ältere Gründung verdrängte. Im Westen der Stadt wurde ein künstlicher Graben angelegt, sodass sie seither von allen Seiten verteidigungstechnisch günstig mit Wasser umgeben war. Teile der westlichen Stadtmauer sowie das Beustertor sind als Zeugnisse der einst mächtigen Hansestadt erhalten.

Nach Aufgabe der Altstadt wird die im 12. Jahrhundert gegründete St.-Peter-Paul-Kirche zur alleinigen Stadtpfarrkirche, Sitz eines Archidiakons und 1337 dem Kloster Beuster angeschlossen.

Kirche St. Peter und Paul
Kirchplatz 1
39615 Seehausen

Öffnungszeiten
Mitte Mai–Mitte Oktober:
Mo–Sa 10.00–13.00 Uhr
und 14.00–17.00 Uhr

Eintrittspreise
Eintritt frei, Spenden erwünscht

Führungen
nach Voranmeldung im Pfarramt

Ansprechpartner für Führungen
Pfarrbereich Seehausen
Tel.: (03 93 86) 5 20 10

riemann@kirchenkreis-stendal.de

Anreise mit PKW
über B 189, B 190

Anreise mit ÖPNV
mit Bus und Bahn

Parkplätze
in der Nähe

Informationsmaterial
Prospekte

Toiletten
im Gemeindehaus

Verkaufsangebot
Karten, Kunstführer

Seit Jahrhunderten prägt die mächtige Kirche mit ihren hoch aufragenden Türmen die Silhouette der Stadt Seehausen (Altmark). Sie wurde ursprünglich als romanische dreischiffige, kreuzförmige Feldstein-Basilika in der Zeit um 1170–1180 errichtet. Um 1220 kam das quergestellte Westwerk in Backsteinmauerwerk hinzu, im 15. Jahrhundert wurde St. Peter und Paul zu einer großen dreischiffigen gotischen Hallenkirche umgebaut. Die Türme wurden aufgestockt, im Sockel die Feldsteine wieder verwendet, und vor dem Westeingang wurde die 1486 gestiftete Marienkapelle – heute Turmvorhalle – errichtet. Der ursprüngliche Haupteingang, das romanische Westportal wurde zum Innenportal und hat dadurch die Zeiten unbeschadet überdauert.

Für das prachtvolle Portal wird z. T. Sandstein als Baumaterial verwendet, so für Sockel, Gewändesäulen mit ornamentierten Kelchblockkapitellen, Kämpfer und Archivoltenwülste. Damit beruht das ungemein Festliche des ursprünglichen Westeinganges auch auf dem Wechsel des verwendeten Baumaterials und wird gesteigert durch den von Zahnschnittfriesen eingefassten Wimperg, der teilweise durch die spätgotischen Gewölbe der Marienkapelle überschnitten wird.

Dom St. Marien

Auf einer eiszeitlichen Anhöhe über der Havel entstand nach 929 als Brückenkopf für die Expansion in den slawisch besiedelten ostelbischen Raum eine Burganlage. Nach der Gründung des Missionssprengels Havelberg 948 übereignete Otto I. dem ersten Bischof Dudo umfangreiche Besitzungen, u. a. die Hälfte der Burg und des Burgbezirkes Havelberg.

Im großen Slawenaufstand von 983 zerstörte das liutizische Heer den Bischofssitz. Erst Albrecht der Bär brach als Markgraf der Ostmark 1136–1138 den bewaffneten Widerstand der Liutizen.

Anselm, ein enger Freund und Vertrauter des Ordensstifters der Prämonstratenser Norbert von Xanten, wurde 1129 von diesem zum Titularbischof von Havelberg ernannt. Jedoch erst nach 1147 be-

Prignitz-Museum	**Führungen**
Domplatz 3	Domführung, Stadtführung,
39539 Havelberg	Museumsführung,
Tel.: (03 93 87) 2 14 22	Themenführung
Öffnungszeiten	**Internet**
April–September:	www.prignitz-museum.de
Di–So 10.00–12.00 Uhr und	
13.00–18.00 Uhr	
Oktober–März:	
Mi–So 10.00–12.00 Uhr und	
13.00–17.00 Uhr	

gann er, seine Diözese auch de facto in Besitz zu nehmen. Havelberg wurde der Anlaufpunkt eines Heeres des „Wendenkreuzzuges", wiederum unter Führung Albrecht des Bären.

Anselm veranlasste 1149/50 den Bau einer Kathedralkirche und siedelte gleichzeitig einen Prämonstratenser-Konvent an, der vom Kloster Unser Lieben Frauen in Magdeburg besetzt wurde. Außerdem sicherte er sich bei König Konrad III. die Un-

Mit turmartigen Anbauten an den Chorjochseiten stellt der Dom eine ungewöhnliche Ausnahme in der Architektur des 12. Jahrhunderts dar.

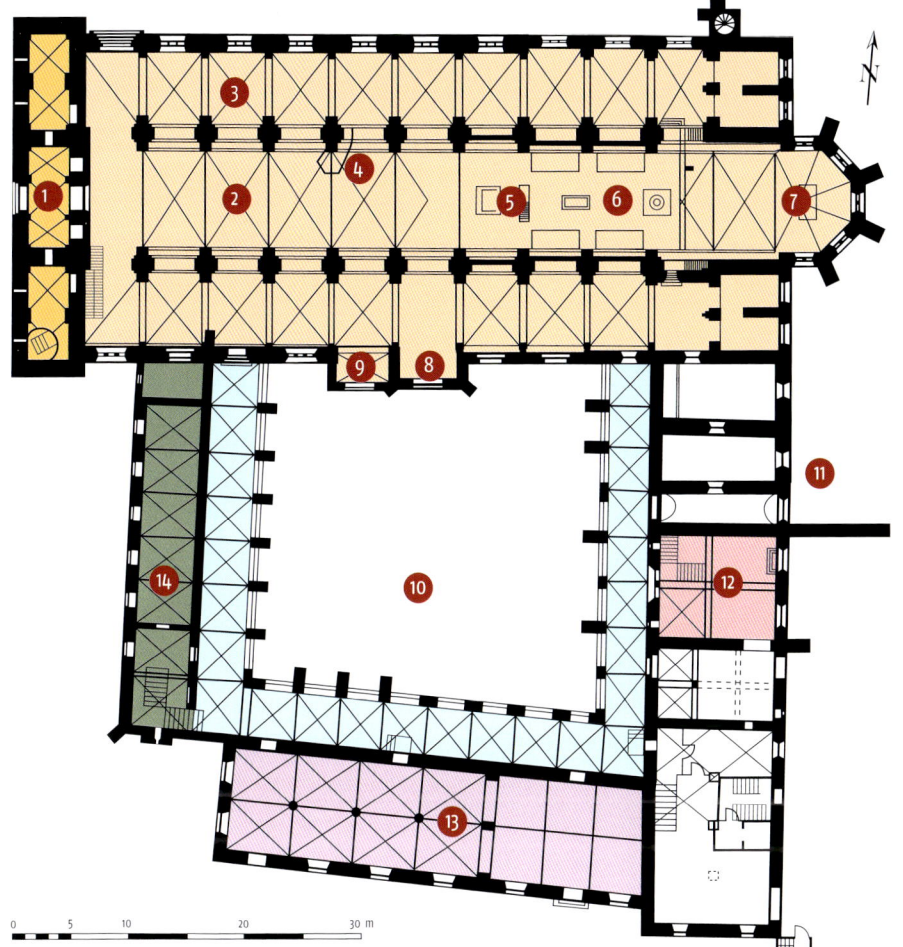

1 Romanischer Westquerriegel
2 Romanisches Langhaus, gotisch umgebaut
3 Nördliches Seitenschiff mit gotischen Glasmalereien (um 1320
   bis 15. Jahrhundert)
4 Barocke Kanzel von 1693
5 Spätgotischer Lettner
6 Chor mit frühgotischem Chorgestühl
7 Barocker Altar von 1700
8 Marienkapelle
9 Annenkapelle
10 Klosterhof mit Kreuzgang
11 Ostflügel der Klausur
12 Reste des ehemaligen Kapitelsaals
13 Südflügel der Klausur mit Sommer- und Winterrefektorium
14 Westflügel der Klausur mit Cellarium (Speicher), heute
   kath. Kapelle St. Norbert

terstützung für Kolonisten, die ausschließlich dem Bistum unterstellt waren.

Erzbischof Wichmann von Magdeburg weihte 1170 den romanischen Dom St. Marien in Havelberg, eine langgestreckte, dreischiffige Pfeilerbasilika. Diese fiel 1279 einem Brand zum Opfer; der Wiederaufbau war 1330 abgeschlossen. Dabei blieb im Grundriss und im baulichen Kern die romanische Anlage erhalten – eine harmonische Synthese zwischen romanischen und gotischen Elementen entstand. Der 30 Meter breite und 6 Meter tiefe Westquerriegel endete zunächst mit einem umlaufenden Zinnenkranz. Um 1200 erfolgte eine Aufstockung mit

Dom St. Marien
Domplatz
39539 Havelberg

Öffnungszeiten
April–Oktober:
Mo–Sa 10.00–18.00 Uhr,
So 12.00–18.00 Uhr
November–März:
Mi–Sa 10.00–16.00 Uhr,
So 12.00–16.00 Uhr

Eintrittspreise
Eintritt frei, Spenden
erwünscht

Führungen
nach Vereinbarung (1 Woche
Voranmeldung erwünscht,
3,– EUR pro Person)

Spezialführungen
Themen nach Absprache,
z. B. Domführung mit
Orgelmusik, Lettnerführung,
Orgelführung ab 3,50 EUR

Ansprechpartner für
Führungen
Besucherinformation
Tel.: (01 52) 27 66 19 89
information@havelberg
-dom.de

Unsere Tipps
Prignitz-Museum am Dom,
„Dekanatsgarten-
Paradiesgarten"
mit Blick auf die Stadt und
die Havelberger Ebene

Angebote im Ort
Stadtkirche St. Laurentius,
Kunst im Rathaus, Heimat-
und Naturmuseum
Havelberg, Naturlehrpfade,
Beobachtungspunkte im NSG
Stremel, Zugvögelbeobach-
tung im Frühjahr und Herbst
(u. a. Kraniche), Biber-
beobachtung

Anreise mit PKW
über die B 107

Anreise mit ÖPNV
mit Bus

Parkplätze
50 für PKW, 1 für Busse am
Platz des Friedens,
Busbahnhof am Wasserturm,
ca. 100 m entfernt

Verkaufsangebot im
Bauwerk
Kunstführer zum Dom,
Lettner,
Spezialheft Glasmalerei,
Postkarten,
regionale Produkte

Toiletten
am Parkplatz und in der
Klosteranlage

Internet
www.havelberg-dom.de
www.kulturstiftung-st.de

Die Klausur mit dem malerischen Kreuzgarten bildet zusammen mit der ehemaligen Bischofskirche ein Ensemble von außergewöhnlicher Schönheit und kulturhistorischer Bedeutung.

dem Glockengeschoss, das 1907/1908 noch um ein neoromanisches Klanggeschoss erhöht wurde.

Die Stiftsgebäude schließen sich südlich des Domes an. Der Ost- und der Südflügel gehören zu den frühesten Ziegelbauten östlich der Elbe. Der älteste Teil ist der zweigeschossige Ostflügel (um 1150) mit dem Kapitelsaal, der Küche und dem Dormitorium. Er zeigt noch heute überwiegend romanische Bauelemente. Der östliche Kreuzgang wiederum dokumentiert in seinem Untergeschoss den Übergang zur Gotik und wurde erst im 15. Jahrhundert aufgestockt, während der südliche Kreuzgang mit reicher

Zu den besonderen Schätzen des Havelberger Doms gehören bedeutende Reste der mittelalterlichen Verglasung mit hervorragenden Glasmalereien des 14. Jahrhunderts; dargestellt sind Szenen aus dem Leben Jesu von der Darbringung im Tempel bis zum Ostergeschehen.

rechts: Der spätgotische Lettner

Ein umfangreicher Passionszyklus bildet auch das Hauptprogramm des spätgotischen Lettners, der unter Bischof Johann von Wöpelitz 1396–1411 entstand. Seine reich gegliederte Schauwand ist zum Langhaus gerichtet; der hervorragende Skulpturenschmuck stammt wohl von verschiedenen Künstlern.

Fassadengliederung um 1250 bereits zweigeschossig ausgeführt wurde. Der Westbau im Stil der norddeutschen Backsteingotik entstand nach 1250. Zu dem großen Komplex gehört der Dombezirk, in dem weitere Stiftsgebäude aus sechs Jahrhunderten zu finden sind.

Unter Kurfürst Joachim I. von Brandenburg wurde 1506 der Prämonstratenserkonvent in ein Kapitel von Weltgeistlichen umgewandelt. 1561 wurde das Domkapitel evangelisch.

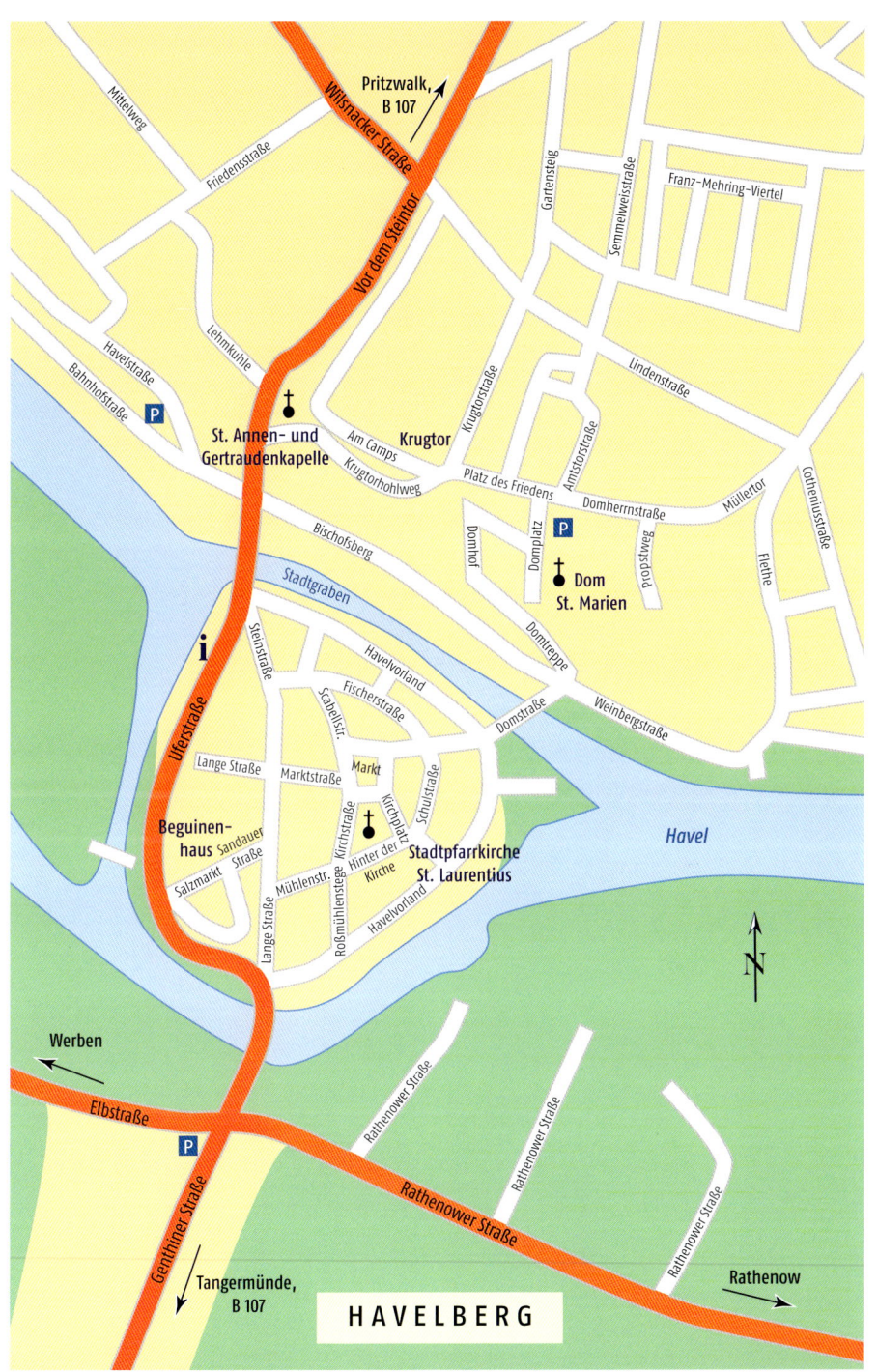

HAVELBERG

Sandau

Pfarrkirche St. Laurentius und St. Nikolaus

In der kleinen Ackerbürgerstadt Sandau, die sich durch ein gitterförmiges Straßennetz als planmäßige Gründung ausweist, entstand um 1200 die Pfarrkirche. Es handelt sich um eine dreischiffige Backstein-Basilika ohne Querschiff, mit längsrechteckigem Chor und halbkreisförmiger Apsis.

Der Turm tritt – ähnlich wie beim Havelberger Dom – massig über die Fluchten der Seitenschiffe hervor. Die Kirche ist flachgedeckt, nur im Chor ist ein zweijochiges spätgotisches Kreuzrippengewölbe vorhanden. Nach einem Brand 1695 wurde die Kirche barock erneuert.

St. Nikolai in Sandau ist nicht nur ein vereinfachter Nachfolgebau der Jerichower Klosterkirche; auch in der Restaurierung des 19. Jahrhunderts haben beide Kirchen Gemeinsamkeiten: Die Wiederherstellung von Jerichow wird als beispielgebend für die Restaurierung der romanischen Backsteinbauten von Diesdorf und Sandau angesehen.

Pfarrkirche St. Laurentius und St. Nikolaus
Offene- und Radwegekirche am Elberadweg
Kirchberg 1
39524 Sandau (Elbe)

Öffnungszeiten
April–Oktober:
10.00–16.00 Uhr
November–März:
täglich nach Voranmeldung

Eintrittspreise
Eintritt frei, Spenden erwünscht

Führungen
täglich nach Voranmeldung

Ansprechpartner für Führungen
Pfarramt Sandau
Tel.: (03 93 83) 2 36
janus_h@kirchenkreis-stendal.de

Unsere Tipps
Kirchturmbesteigung
(64 Stufen, sagenhafter Blick über die Elblandschaft),

Kirchturm mit Winterkirche und Empore (Veranstaltungen)

Angebote im Ort
Gierseilfähre über die Elbe, Radwanderwege

Anreise mit PKW
über B 107

Anreise mit ÖPNV
mit Bus

Parkplätze
10 für PKW, 3 für Busse

Informationsmaterial
Broschüre über Sandau

Toiletten
in der Kirche

Internet
www.kirchturm-sandau.de

Verkaufsangebot im Bauwerk
Basar des Fördervereins, Sandauer Keramik

links: Noch in den letzten Kriegstagen im April 1945 wurde der Westturm der Kirche durch eine Granate stark zerstört. Ab August 2002–2013 wurde der Westturm wieder aufgebaut.

Der Innenraum zeigt die für die Jerichower Nachfolge bezeichnenden strengen Architekturformen. Infolge der 1858/59 erfolgten Restaurierung präsentiert sich der Raum heute nüchtern und ohne nachträgliche Ausstattung.

17

Schönhausen

Dorfkirche St. Marien und St. Willebrord

Der Ort ist 1202 in einem Verzeichnis bischöflich-havelbergischer Tafelgüter erstmals erwähnt und war wohl eine Gründung niederländischer Siedler, welche die hochwassergefährdete Elbaue durch Deichbauten sicherten. Die im Mittelalter recht ausgedehnte Siedlung wurde im 16. Jahrhundert zeitweise als „stedtlein" mit Richter und Schöppen charakterisiert, geriet dann aber zum Tauschobjekt der brandenburgischen Landesherren, sodass 1562 das altmärkische Adelsgeschlecht derer von Bismarck seinen altmärkischen Besitz gegen Schönhausen, Fischbeck und Crevese tauschen musste. Am 1. April

Die Dorfkirche Schönhausen steht in der baulichen Nachfolge der ehemaligen Klosterkirche Jerichow und ist durch klare spätromanische Formen und sorgfältig ausgeführte Gliederungselemente ausgezeichnet. Hervorzuheben ist auch die harmonische Einbindung der Kirche in die altmärkische Landschaft.

1815 erblickte in Schönhausen der nachmalige Reichskanzler Fürst Otto von Bismarck das Licht der Welt und erhielt in dieser Kirche von Pastor Petri die Taufe. Seit 1998, dem 100. Todesjahr Bismarcks, ist der erhaltene Seitenflügel des 1958 gesprengten Schlosses wieder als Museum zugänglich.

Die romanische Backsteinkirche wurde 1212 von Bischof Segebodo von Havelberg dem hl. Willebrord geweiht – dies belegt eine Urkunde, die man 1712 fand, als der alte Altar durch einen großen Barockaufbau ersetzt wurde. Der Bau selbst, eine dreischiffige Basilika mit breitem Westquerturm und quadratischem Chor mit halbkreisförmiger Apsis, ist in seiner spätromanischen Gestalt weitgehend erhalten.

Dorfkirche St. Marien und St. Willebrord
Kirchberg 3
39524 Schönhausen

Öffnungszeiten
www.pfarrbereich
-schoenhausen.de

Eintrittspreise
Eintritt frei, Spenden erwünscht, Gruppen mit Führung 2,– EUR p. P.

Ansprechpartner für Führungen
Evangelische Kirchengemeinde Schönhausen
Kirchberg 1
39524 Schönhausen
Tel.: (03 93 23) 3 82 06
schoenhausen@kirchenkreis
-stendal.de

Unser Tipp
auf Bismarcks Spuren (Kirche mit Scholtze-Orgel)

Angebote im Ort
Bismarck-Museum und Schlosspark, Krieger-
denkmal, ehemaliges Gutshaus

Anreise mit PKW
über die B 107

Anreise mit ÖPNV
Bus- und Bahnlinien

Parkplätze
10 für PKW, 5 für Busse

Informationsmaterial
Kirchenführer, Publikation „Otto von Bismarck – Kanzler der Altmark", Broschüren „Die Bismarcks in der Dorfkirche zu Schönhausen", „Die Scholtze-Orgel"

Verkaufsangebot im Bauwerk
Karten, Kirchenführer, Broschüren

Toiletten
gegenüber der Kirche im Gemeinschaftshaus

Internet
www.kirchenkreis-
stendal.de/schoenhausen

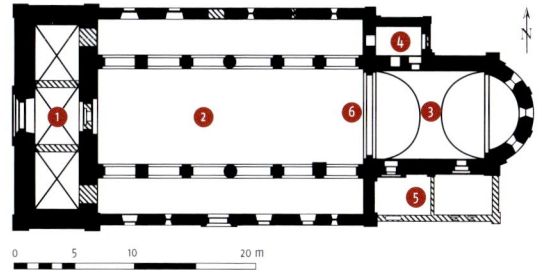

1 Romanischer Westbau mit Turm, im Erdgeschoss barocke Familiengruft derer von Bismarck
2 Dreischiffiges basilikales Langhaus
3 Chor mit barockem Altar und Herrschaftsempore
4 Romanische Sakristei
5 Barocke Sakristei
6 Spätromanisches Triumphkreuz

0   5   10   20 m

Die Beschädigungen des Dreißigjährigen Krieges sind von 1665 bis 1712 behoben worden. Dabei wurde das Innere teilweise barockisiert. So erhielt das Mittelschiff ein Spiegelgewölbe mit Stuckdekor. Die jetzige Sakristei wurde im ausgehenden 19. Jahrhundert hinzugefügt.

Wertvollstes Ausstattungsstück der Taufkirche Bismarcks ist der spätromanische hölzerne Kruzifixus, der 1212 – noch vor dem Halberstädter Triumphkreuz – entstand. Der tiefe Innigkeit und Demut ausstrahlende Gekreuzigte gehört zu den ergreifendsten niedersächsischen Kunstwerken der Spätromanik. Kanzel, Altar und Herrschaftsempore sind barock. Die Kirche beherbergt auch zahlreiche Epitaphe der Familie Bismarck.

18

Wust

Dorfkirche

Das kleine altmärkische Dörfchen Wust war seit 1380 Sitz derer von Katte, die mit zahlreichen anderen altmärkischen Adelsfamilien, u. a. auch mit denen von Bismarck, verwandt waren.

Die Dorfkirche entstand um 1200 und besteht aus Westturm, flachgedecktem Schiff, eingezogenem quadratischem Chor und halbkreisförmiger Apsis. Sie wurde im 17. und 18. Jahrhundert eingreifend verändert.

Der preußische König Friedrich Wilhelm I. weilte wiederholt mit seinem Sohn Friedrich in Wust. Dabei freundete sich der Kronprinz mit Hans Hermann von Katte an und weihte ihn in seine später misslungenen Fluchtpläne ein. Von Katte wurde wegen Bei-

hilfe zur Flucht von einem Kriegsgericht zum Tode verurteilt und am 6. November 1730 in Küstrin vor den Augen des gefangenen Kronprinzen hingerichtet. Seine sterblichen Überreste ruhen in der auf Geheiß seines Vaters Hans Heinrich von Katte errichteten Familiengruft, die sich an die romanische Kirche anschließt.

Die Dorfkirche Wust zeigt bereits am Äußeren mit dem Fachwerkturm und der barocken Haube die Veränderungen des 18. Jahrhunderts. Damit unterscheidet sie sich von den anderen Kirchen, die in der Nachfolge von Jerichow stehen.

Dorfkirche Wust
Breite Straße
39524 Wust-Fischbeck
OT Wust

Öffnungszeiten mit Führungen
April–Oktober:
Sa, So 10.00–17.00 Uhr
an den Wochentagen sowie
November–März:
nach Vereinbarung (Mail)

Eintrittspreise
Eintritt frei

Führungen
2,50 EUR pro Person,
Fotoerlaubnis 2,50 EUR

Ansprechpartner
GuM-Wulkow-Wust
Briest Nr. 18a/Kirche Briest
39524 Wust-Fischbeck
Tel.: (01 74) 3 16 98 53
gum@freenet.de

Ausstellungen
„Familie von Katte"

Angebote in der Umgebung
Kirche Melkow,
Marionettenbühne

„Märchenvogel", Kirche
St. Anna Großwulkow
(älteste romanische
Backsteindorfkirche
Deutschlands mit
Triumphkreuz um 1160),
Kirche Kleinwulkow
(interessante Synthese
zwischen Romanik,
Jugendstil und Moderne),
„Ein Tag auf der Straße der
Romanik" (Geschichtskreis
und Marionettenbühne)

Parkplätze
10 für PKW, 2 für Busse

Anreise mit PKW
über die B 188 oder
die B 107

Anreise mit ÖVPN
Buslinie

Informationsmaterial
Karten und Broschüren

Verkaufsangebot im Bauwerk
Karten, Broschüren, Videos

Toiletten
keine

19

Melkow

Dorfkirche

Im Gegensatz zu der unmittelbar benachbarten Kirche in Wust hat die Kirche in Melkow, erbaut um 1200, sowohl im Inneren als auch am Äußeren ihren spätromanischen Charakter behalten. Hervorzuheben sind die erhaltenen originalen Fenster und der das gesamte Bauwerk umziehende Backsteinfries.

Das Innere der 1960 restaurierten Kirche mit ihrem markant abgetreppten Triumphbogen lässt die Verwandtschaft zu St. Marien und St. Nikolaus in Jerichow erkennen.

Frühgotisches Altarkruzifix im Chor (Detail)

S. 75 unten rechts: Romanischer Taufstein

Der breite, gedrungene Westturm unterstreicht den wehrhaften Charakter des spätromanischen Backsteinbaus in Melkow.

Dorfkirche Melkow

Kleine Straße
39524 Wust-Fischbeck
OT Melkow

Öffnungszeiten

April–Oktober:
Sa, So 10.00–17.00 Uhr
an den Wochentagen sowie
November–März:
nach Vereinbarung (Mail)

Führungen

nach Vereinbarung,
1,– EUR pro Person,
Fotoerlaubnis: 2,50 EUR

Ansprechpartner

GuM-Wulkow-Wust
Briest Nr. 18a/Kirche Briest
39524 Wust-Fischbeck
Tel.: (01 74) 3 16 98 53
gum@freenet.de

Unser Tipp

Ausstellung
„Backsteinkirchen im
Elb-Havel-Winkel, Wiege
der norddeutschen
Backsteinbaukunst"

Angebote in der Umgebung

Kirche Wust und Kattegruft
mit der Grablege des 1730
hingerichteten Hans
Hermann von Katte,
Kirche Briest,
Marionettenbühne
„Märchenvogel",
Kirche St. Anna Großwulkow
(älteste romanische
Backsteindorfkirche
Deutschlands mit einem
Triumphkreuz um 1160),
Kirche Kleinwulkow
(interessante Synthese
zwischen Romanik,
Jugendstil, Moderne),
„Ein Tag auf der Straße der
Romanik" (Geschichtskreis
und Marionettenbühne)

Parkplätze

5 für PKW, 1 für Busse

Verkaufsangebot im Bauwerk

Büchertisch mit Karten,
Broschüren und
Informationsmaterial

Toiletten

keine

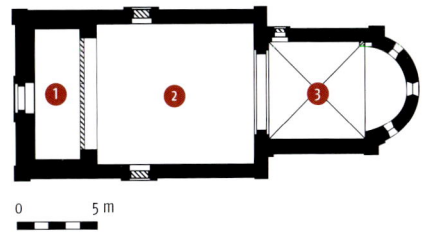

1 Westturm mit romanischem Westportal
2 Langhaus
3 Chor mit Apsis, frühgotisches Altarkruzifix

Jerichow

Prämonstratenserstift
St. Marien und St. Nikolai

Das Elbe-Havel-Gebiet war seit dem 11. Jahrhundert Besitz der Grafen von Stade. Der letzte männliche Nachkomme, Hartwig, Erzbischof von Bremen, stiftete das strategisch wichtige Gebiet dem Erzbistum Magdeburg mit der Verfügung, zum Seelenheil seiner Familie in Jerichow ein Prämonstratenserkloster zu gründen. Das Erzbistum Magdeburg veranlasste auf Bitten des Bischofs von Havelberg die Gründung eines von Unser Lieben Frauen in Magdeburg besetzten und abhängigen Prämonstratenserklosters. Bischof Anselm von Havelberg erhoffte sich, dass „durch den heiligen Lebenswandel der Brüder jenes schlechte und böse Volk [die Slawen] gebessert werden möge".

Das Kloster Jerichow wurde allerdings nicht mit reichem Grundbesitz versehen. Den wirtschaftlichen Niedergang besiegelten Machtstreitigkeiten zwischen geistlichen und weltlichen Fürsten, die erst im Vertrag von Zinna 1449 zugunsten des Erzbistums Magdeburg entschieden wurden.

Die Aufhebung des Prämonstratenserstiftes Jerichow erfolgte 1552. Dem Herzogtum Magdeburg unterstellt, erfuhr es eine Nutzung u. a. als Malz- und Brauhaus. Die Kirche diente zeitweise dem Gutsbezirk als „Amtskirche", dann der reformierten Gemeinde und seit dem 19. Jahrhundert als zweite evangelische Pfarrkirche der Stadt.

Das Innere der Kirche zeigt einen in der Mitte des 19. Jahrhunderts und nochmals von 1955 bis 1960 wiederhergestellten und durch diese Maßnahmen in seiner feierlichen Strenge noch gesteigerten Raum, der insgesamt durch seine harmonischen und klaren Verhältnisse besticht. Die roten Backsteinwände stehen in kontrastreichem und wirkungsvollem Gegensatz zu den weißen Hausteinkämpfern, den weiß geputzten Leibungen und Putzblenden.

Die Klosterkirche in Jerichow beweist, trotz Krypta und repräsentativer Turmanlage, dass auch die Prämonstratenser das an der frühchristlichen Basilika orientierte Kirchenbauideal verwirklichen konnten. Die klare, rahmenartige Gliederung der Außenwände der Kirche mit Lisenen, Sockelzone und Friesen sowie der schlichte Innenraum entsprechen dem reformkirchlichen Bauprogramm des Ordens. Die Prämonstratenser hatten sich an der hirsauischen Baureform orientiert, wie es sich auch für die mittelalterliche Reformarchitektur anderer Mönchs- und Kanonikergemeinschaften nachweisen lässt.

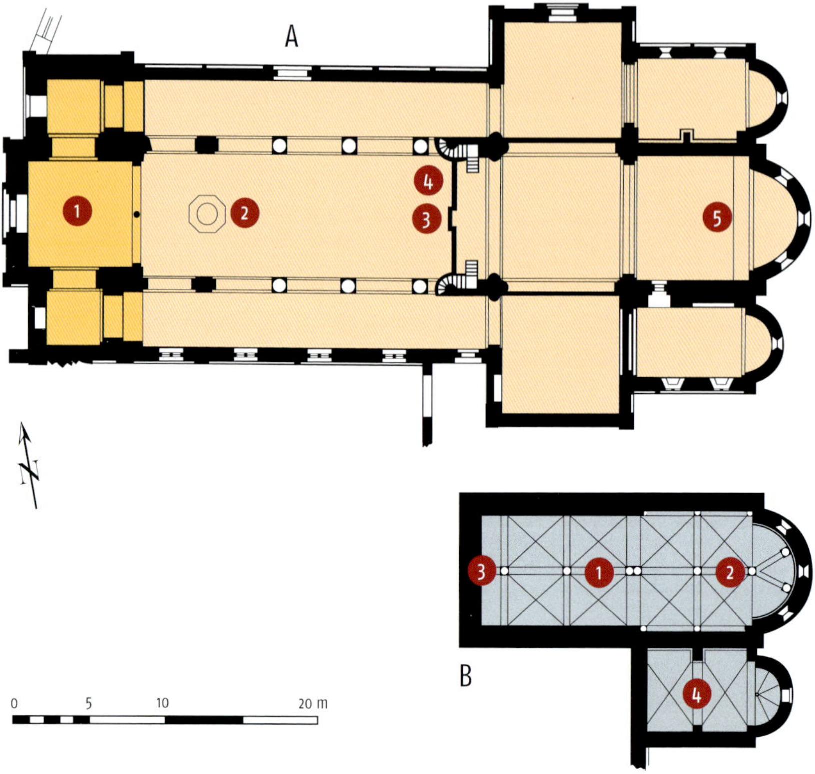

A

B

0   5   10   20 m

Einer der schönsten
Räume der Klausur ist
das ehemalige Som-
merrefektorium im
Südflügel, dessen drei
Säulen Kelchblock-
kapitelle mit
ausgesprochen lebendig
gearbeitetem Ranken-
und Akanthusdekor
aufweisen.

A KIRCHE

1 Westbau mit Hauptportal,
   darüber Empore
2 Taufstein aus der Stadtkirche
3 Lettner und ehemaliger Kreuzaltar, darüber Chorbühne
4 Osterleuchter
5 Romanischer Hochaltar

B KRYPTA

1 Zweischiffige Krypta unter dem Chor
2 Antike Säule aus Quarzdiorit
3 Sandsteinrelief mit Marienkrönung
4 Südlicher Nebenchor mit gotischem Kreuzrippengewölbe

Die heutige Stadtkirche von Jerichow war die erste Kirche der Prämonstratenser. Bald störte die Mönche jedoch das umtriebige Leben in der Nähe eines Marktes. Sie ließen sich deshalb nordwestlich außerhalb des Dorfes nieder. Bereits Wichmann von Magdeburg stellte 1172 fest, dass die Brüder am neuen Ort „eine Kirche mit Kloster" erbaut hatten.

KLOSTER

1 Kreuzhof mit Kreuzgang
2 Sakristei
3 Wahrscheinlich ehemals Armarium (Bibliothek)
4 Kapitelsaal
5 Parlatorium
6 Brüdersaal/Calefaktorium (Wärmestube)
7 Sommerremter (Speisesaal)
8 Winterremter (Speisesaal)
9 Ehemalige Küche
10 Ehemaliges Konversenhaus, später Amtshaus

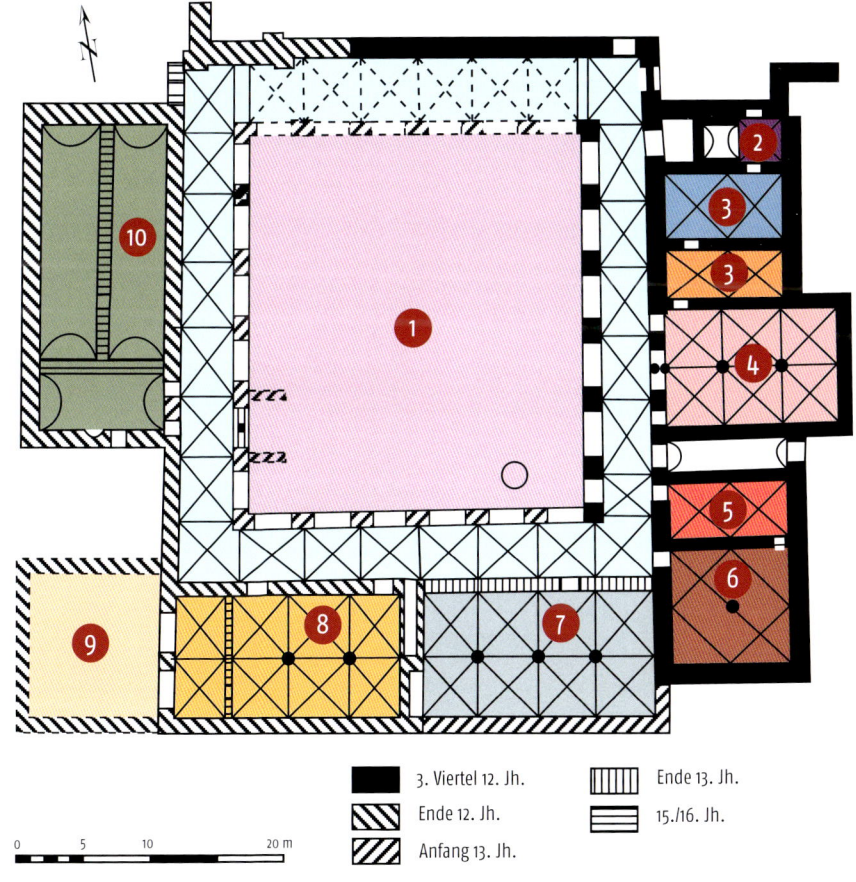

■ 3. Viertel 12. Jh.	⦀ Ende 13. Jh.
▨ Ende 12. Jh.	☰ 15./16. Jh.
▨ Anfang 13. Jh.	

0   5   10   20 m

Prämonstratenserstift St. Marien und St. Nikolai

Am Kloster 1
39319 Jerichow

Öffnungszeiten

April–Oktober:
täglich 9.30–18.00 Uhr
November–März:
Di–So und Feiertage
10.00–16.00 Uhr
24. Dezember–8. Januar
geschlossen

Eintrittspreise

Erwachsene: 6,– EUR
ermäßigt: 3,50 EUR
Gruppen ab 15 Personen:
4,50,– EUR pro Person
Schulklassen:
2,50 EUR pro Person
Jahreskarte: 15,– EUR
Fotogebühr: 2,– EUR

Führungen

durch Kloster, Brennerei
oder Klostergarten nach
Voranmeldung,
2,– EUR pro Person,
mindestens 30,– EUR,
Schulklassen:
0,50 EUR pro Schüler

Ansprechpartner für Führungen

Stiftung Kloster Jerichow
Am Kloster 1
39319 Jerichow
Tel.: (03 93 43) 2 85
Fax: (03 93 43) 92 99 26
info@stiftung-kloster-jerichow.de

Unsere Tipps

ständige Ausstellung
„Geschichte und Bauge-schichte des Klosters",
Klostergarten mit
mittelalterlichen Hochbeeten
(Nutz- und Heilpflanzen),
Konzertreihe „Jerichower
Sommermusiken",
Wirtshaus Klostermahl,
Ferienwohnungen

Angebote im Ort

slawischer Burgwall,
Holländer Windmühle,
spätromanische Stadtkirche

Anreise mit PKW

A 2 Abfahrt Burg Zentrum
oder Ziesar,
B 1 bis Genthin, B 107 bis
Jerichow

Anreise mit ÖPNV

Busverkehr ab Genthin und
Tangermünde

Parkplätze

50 für PKW, 3 für Busse,
5 für Wohnmobile

Informationsmaterial

Prospekte,
Fachpublikationen

Verkaufsangebot im Bauwerk

Literatur und
Souvenirangebote

Toiletten

am Parkplatz, barrierefrei
sowie auf der Klosteranlage

Internet

www.stiftung-kloster-jerichow.de

und die Querschiffapsiden zu Nebenchören erweitert; gleichzeitig erhielt das Langhaus eine Verlängerung nach Westen. Im Zuge dieser Planänderung entstand die mächtige Doppelturmanlage, die jedoch erst in der Gotik ihre Vollendung erfuhr. Bautechnische Details wie Lisenen, Friese und Fensterrahmungen lassen auf italienische Einflüsse schließen.

Die südlich an die Kirche sich anschließenden Räume wie Kapitelsaal, Refektorium und weitere für das Leben in der klösterlichen Gemeinschaft notwendige Bauten entstanden noch im 12. und 13. Jahrhundert. Der leere, quadratische Innenhof war zunächst gartenartig gestaltet. Der ihn umgebende Kreuzgang wurde den Gebäuden um 1220 vorgelagert und trägt durch den Einfluss des Magdeburger Domneubaus bereits gotische Züge. Der Ostflügel besitzt noch weitgehend seinen originalen

Der reich ornamentierte, achteckige Sockel zeigt sechs Halbfiguren des Osterleuchters in hochromanischer Strenge. Der Mittelpunkt wird von Christus mit einer Schriftrolle gebildet, daneben sind Petrus und Paulus dargestellt sowie ein Bischof, vermutlich Augustinus als Ordensheiliger der Prämonstratenser.
Der heute aufgesetzte gedrehte Säulenschaft gehörte ursprünglich wohl nicht dazu.

Die Prämonstratenser nutzten die reichen Lehmvorkommen der Elbeniederung, um Backsteine zu brennen. Damit entstand der älteste Backsteinbau Nord- und Mitteleuropas, der Vorbildwirkung für den gesamten altmärkischen Raum besaß.

Zwischen 1149 und 1172 entstand die dreischiffige, kreuzförmige Basilika, nach Osten mit Chor und Apsis versehen sowie mit kleineren Apsiden an den Querschiffarmen. Der Westabschluss, zunächst ohne Türme ausgeführt, reichte bis zu den beiden nachträglich errichteten Pfeilern.

Noch im 12. Jahrhundert hat man im Ostteil der Kirche die zweischiffige, gewölbte Krypta eingefügt

Bereits im 17. Jahrhundert waren Kirche und Kreuzgang baufällig. Nachdem das Herzogtum Magdeburg 1680 an Brandenburg gefallen war, ließ 1684 Kurfürst Friedrich Wilhelm die Kirche instandsetzen und übergab sie einer Gemeinde zugewanderter süddeutscher Emigranten.

Im Verlaufe des 18. Jahrhunderts verschlechterte sich der bauliche Zustand weiter; 1779 musste der Dachreiter auf der Vierung abgetragen werden. Erst Karl Friedrich Schinkel vermerkte 1835 den architektonischen Wert von Kirche und Krypta und Franz Kugler stellte den Rang der Klosterkirche als „eines der zierlichsten und vollendetsten Beispiele des romanischen Styles" fest. Die umfassende Restaurierung und Historisierung erfolgte von 1853 bis 1856.

1955 begannen wiederum zahlreiche Restaurierungen, die auch nach Gründung der Stiftung „Kloster Jerichow" 2004 bis heute fortdauern.

Charakter aus der Erbauungszeit um 1200. Über den gewölbten Erdgeschossräumen mit Kapitelsaal und Küche befindet sich der gemeinsame Schlafsaal der Mönche (Dormitorium). Er wird heute als Ausstellungsraum genutzt.

In der Krypta sind an den Kapitellen der Mittelsäulen eigenwillige plastische Dekors zu erkennen. Der östliche Säulenschaft aus ungewöhnlich grünlich schimmerndem Granit war ein Geschenk der Ordensbrüder aus Magdeburg. Vermutlich hatte ihn Otto I. von einem römischen Tempel aus Italien mitgebracht.

Die spätromanische Stadtkirche wurde Ende des 12. Jahrhunderts errichtet. Sie steht im Schatten der berühmteren Klostergebäude, weist jedoch die gleichen klaren romanischen Formen auf. Der flachgedeckte, einschiffige und ursprünglich turmlose Backsteinbau mit eingezogenem Rechteckchor erfuhr bis auf geringfügige Erneuerungen im Barock keine durchgreifenden Veränderungen. Der Fachwerkturm stammt aus dem 17. Jahrhundert.

Der westliche Dachturm der evangelischen Stadtkirche Jerichow wurde als Fachwerkbau erst im 17. Jahrhundert errichtet.

Stadtkirche
Karl-Liebknecht-Straße
39319 Jerichow

Öffnungszeiten und Führungen
nach Voranmeldung

Eintrittspreise
Eintritt frei, Spenden erwünscht

Ansprechpartner für Führungen
Bürgerhaus Jerichow
Karl-Liebknecht-Straße 55
39319 Jerichow
Tel.: (03 93 43) 3 49 88 oder 3 49 89

Angebote im Ort
Naturschutzgebiet „Alte Elbe", Ortsteil Klietzick mit Weinberg und Allee

Anreise mit PKW
A 2 Abfahrt Burg Zentrum oder Ziesar,
B 1 bis Genthin, B 107 bis Jerichow

Anreise mit ÖPNV
Busverkehr ab Genthin und Tangermünde

Parkplätze
direkt neben der Kirche

Informationsmaterial
Kunstführer

Toiletten
keine

Internet
www.pfarrbereich-jerichow.de

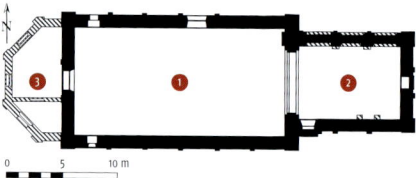

1 Romanisches Langhaus
2 Romanischer Rechteckchor mit barockem Altar und Spätrenaissance-Epitaph
3 Sakristei von 1833

Dorfkirche

Die Dorfkirche von Redekin, unter Jerichower Einfluss um 1200 entstanden, besteht aus einem breiten Westturm, dem flachgedeckten Schiff und einem kreuzgewölbten Chor mit hoher Apsis.

Aus dem 12. Jahrhundert hat sich ein kleiner bronzener Kruzifixus erhalten. Aus der gleichen Zeit stammt die halbkugelförmige Kuppa des Taufsteins mit Palmettenfries. Der Altarschrein entstand in der zweiten Hälfte des 15. Jahrhunderts. Die Innenausstattung des 17./18. Jahrhunderts mit hölzerner Kanzel, Hufeisenempore, Patronatsloge und kleiner Rokoko-Orgel vermittelt einen typischen Eindruck von der Wiederherstellung von Kirchen nach den Verwüstungen des Dreißigjährigen Krieges.

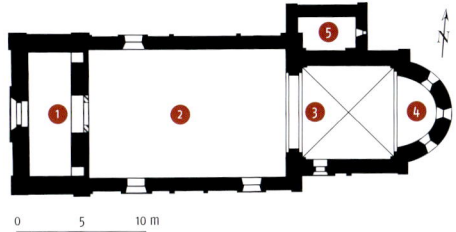

0   5   10 m

1 Westquerturm
2 Langhaus
3 Vorjoch
4 Apsis mit gotischem Flügelaltar
5 Sakristei

Dorfkirche
Karl-Liebknecht-Straße
39319 Jerichow OT Redekin

Öffnungszeiten
nur nach Voranmeldung

Eintrittspreise
Eintritt frei,
Spenden erwünscht

Führungen
nach Voranmeldung

**Ansprechpartner für
Führungen**
über
www.strassederromanik.de/
de/bauwerk/dorfkirche-
redekin.html
oder per Mail:
info@ltvlsa.de

Unser Tipp
Turmhalle mit Exponaten zur
Geschichte „Kirche und Ort"

Angebote in der Umgebung
Barockkirche Scharteucke,
Radwanderung

Anreise mit PKW
über B 107

Anreise mit ÖPNV
Buslinie

Parkplätze
10 für PKW, 2 für Busse

Informationsmaterial
Kirchenführer

Toiletten
keine

Grabstein des Herrn von Plotho

Die evangelische Dorfkirche in Genthin OT Altenplathow, ein gotisierender Neubau von 1904, beherbergt im Seitenschiff als besondere Kostbarkeit einen der ältesten erhaltenen Grabsteine der Region, den Figurengrabstein eines Herrn von Plotho, gestorben 1170. Der Verstorbene ist in Frontalgestalt abgebildet. Mit seiner im Hochrelief mit sparsamen Ritzungen wiedergegebenen starren Gestalt repräsentiert das Grabmal einen Typus, der sich schon in ottonischer Zeit herausgebildet hatte.

Der Figurengrabstein steht im zeitlichen Zusammenhang mit den Chorschranken in der Halberstädter Liebfrauenkirche (Nr. 34) und zum Apostelfries in der Kirche zu Kloster Gröningen (Nr. 30) an der Schwelle zur Vollplastik.

Grabstein des Herrn von Plotho

Dorfkirche Altenplathow
Altenplathower Straße 74
39307 Genthin
OT Altenplathow

Öffnungszeiten
ganzjährig, nach
Voranmeldung

Eintrittspreise
Eintritt frei,
Spenden erwünscht

Ansprechpartner für Führungen
Evangelisches Kirchspiel Genthin
Pfarramt St. Trinitatis
Große Schulstraße 3
39307 Genthin
Tel.: (0 39 33) 36 05
ev.pfarramt-genthin@
t-online.de

Unser Tipp
Konzerte

Angebote im Ort
barocke St.-Trinitatis-Kirche
im Stadtzentrum,
Kreisheimatmuseum,
Kunstausstellungen im
Wasserturm

Anreise mit PKW
A 2 Berlin Ausfahrt Ziesar,
weiter B 107, A 2 Ausfahrt
Burg Zentrum, weiter B 1;
Genthin liegt am Kreuzungspunkt der B 1 und B 107.
Die B 1 war die erste
Reichsstraße. Sie
verband die Kaiserstädte
Aachen und Königsberg
(Kaliningrad) über Berlin.

Anreise mit ÖPNV
Bahn Magdeburg–Berlin,
verschiedene Buslinien

Parkplätze
PKW am Pfarrhaus, Busse
auf der Altenplatower Straße

Toiletten
im Pfarrhaus an der Kirche

Burg

Unterkirche St. Nicolai

Bis heute sind die Ursprünge der Stadt Burg nicht geklärt und die Frage, ob hier ein Kastell Karls des Großen stand, kann vorläufig nicht beantwortet werden. Gesichert ist hingegen die Burganlage Heinrichs I. Die hochgelegene Oberstadt ging als gewachsene Siedlung aus jener Burg hervor. Den Mittelpunkt bilden Markt und Oberkirche Unser Lieben Frauen. Die Unterstadt – um 1150 erstmals erwähnt – behielt als planmäßige Siedlung mit unregelmäßigem gitterförmigem Straßennetz die alten Durchgangsstraßen von Magdeburg ins Brandenburgische bei.

Die Pfarrkirche wird in den Quellen 1186 erstmals erwähnt. Im späten 12. Jahrhundert dürfte auch der bestehende spätromanische Granitquaderbau entstanden sein – eine Pfeilerbasilika mit weit ausladendem, durchgehendem Querschiff, halbkreisförmigen Nebenapsiden und quadratischem Chorjoch mit halbkreisförmiger Apsis. Der

Unterkirche St. Nicolai
Nicolaistraße
39288 Burg

Öffnungszeiten
Mai–September:
Mo–Fr 15.00–17.00 Uhr,
Sa 10.00–12.00 Uhr
Oktober–April:
im Pfarrhaus melden

Eintrittspreise
Eintritt frei, Spenden
erwünscht

Führungen
nach Voranmeldung

Ansprechpartner für Führungen
Evangelische
Kirchengemeinde
St. Nicolai und Unser Lieben
Frauen
Kirchhof Unser Lieben
Frauen 1
39288 Burg
Tel.: (0 39 21) 94 44 30
Fax: (0 39 21) 94 44 31

Spezialführungen
auf Anfrage

Unsere Tipps
Sommerkonzerte,
Kleinkunstbühne (www.cat-stairs.de)

Angebote im Ort
Gerbereimuseum,
Stadttürme: Hexenturm,
Kuhturm, Berliner Torturm,
Bismarckturm,
Altstadtführungen
(Ansprechpartner
Heimatverein),
Wasserstraßenkreuz
Hohenwarthe,
Schiffshebewerk Rothensee,
Fahrradweg entlang Elbe-Havel-Kanal

Anreise mit PKW
B 1 Nordrand von Burg,
Beschilderung „Straße der
Romanik" folgen

Anreise mit ÖPNV
Bus- und Bahnlinien

Parkplätze
in der Nähe des Bauwerks

Informationsmaterial
Faltblatt und Kunstführer

Verkaufsangebot im Bauwerk
Büchertisch mit
Ansichtskarten,
Broschüren u. a.

Toiletten
vorhanden

zweitürmige Westbau mit spitzen, gotischen Turmhelmen schließt die Kirche ab und prägt zusammen mit der Oberkirche das Stadtbild von Burg.

Außer den kleinen Rücksprüngen in der Turmfront besitzt der Bau keinerlei Gliederungs- oder Schmuckelemente. Alle Öffnungen sind rundbogig; selbst das hölzerne Tonnengewölbe im Inneren unterstreicht den monumentalen Eindruck und damit

Der in vorzüglicher Technik ausgeführte Granitquaderbau der Unterkirche Burg, errichtet im ausgehenden 12. Jahrhundert, ist fast unverändert überkommen. Er bezieht seine mächtige Wirkung allein aus den klar voneinander abgesetzten Bauteilen.

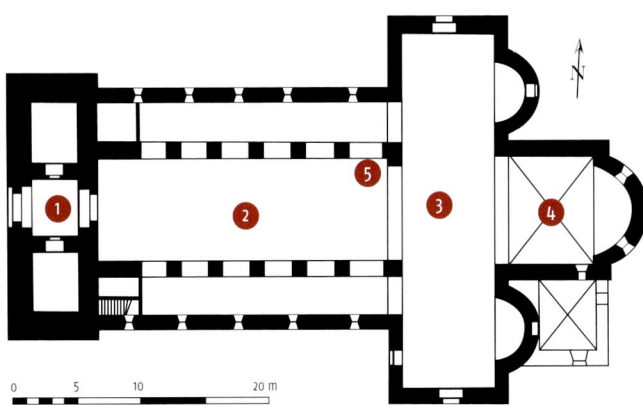

1 Westbau mit zwei Türmen
2 Romanisches
  Basilikalanghaus
3 Querhaus
4 Chor mit Altar von 1699
5 Kanzel von 1607

0   5   10   20 m

die konservative Haltung in der Architektur Ostfalens, in der noch lange an den einfachen, klaren Formen der Romanik festgehalten wurde.

Ebenso schmucklos wie das Äußere ist auch das Innere von St. Nicolai und somit von reiner, monumentaler Wirkung. Dem Raum passt sich die vom Magdeburger Bildhauer Michael Spies 1610 geschaffene sandsteinerne Kanzel an. Er signierte sein Werk unterhalb des Korbes, wo auch Alabasterreliefs der vier Evangelisten angeordnet sind.

23

Burg

Oberkirche Unser Lieben Frauen

Die Kirche Unser Lieben Frauen wird wie die Unterkirche erstmals 1186 urkundlich erwähnt. Von dem spätromanischen Bau ist der querrechteckige, im oberen Teil zweitürmige Westbau erhalten. Seine Entstehungszeit wird im mittleren 13. Jahrhundert vermutet, in seiner Form steht er jedoch dem älteren Turmmassiv der Unterkirche nahe. Auch die sorgfältige Verarbeitung des Baumaterials scheint von jenem Bau übernommen worden zu sein. Der zweijochige Chor wurde 1359 geweiht. Aus gleicher Zeit stammen die schlichten, rechteckigen Pfeiler des fünfjochigen Langhauses mit den sich daraus kämpferlos entwickelnden Spitzbogenarkaden. Der Umbau des Langhauses war 1455 abgeschlossen, wobei die Südseite als aufwendige Schauseite gestaltet wurde. Das Innere des Kirchenschiffes, noch von der ursprünglichen, von Backsteinrippen getragenen Wölbung überspannt, wurde 1962/63 restauriert. Auch in der Kirche Unser Lieben Frauen finden sich Werke von Michael Spies, der Anfang des 17. Jahrhunderts die Kanzel der Unterkirche schuf.

Oberkirche Unser Lieben Frauen
Berliner Straße
39288 Burg

Öffnungszeiten
Mai–September:
Mo–Fr 15.00–17.00 Uhr,
Sa 10.00–12.00 Uhr
Oktober–April:
nach Voranmeldung im Pfarramt

Eintrittspreise
Eintritt frei, Spenden erwünscht

Führungen
nach Voranmeldung

Ansprechpartner für Führungen
Evangelische Kirchengemeinde St. Nicolai und Unser Lieben Frauen

Kirchhof Unser Lieben Frauen 1
39288 Burg
Tel.: (0 39 21) 94 44 30
Fax: (0 39 21) 94 44 31

Unsere Tipps
Sommerkonzerte einmal im Monat, Kleinkunstbühne (www.cat-stairs.de)

Anreise mit PKW
B 1 Nordrand von Burg, Beschilderung „Straße der Romanik" folgen

Anreise mit ÖPNV
Bahn bis Burg, weiter mit Bus bis Berliner Straße

Parkplätze
in der Nähe des Bauwerks

Toiletten
vorhanden

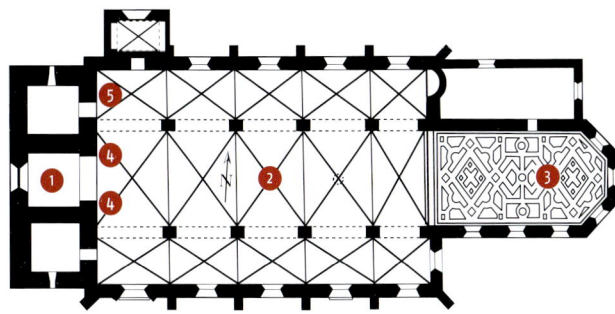

1 Spätromanischer Westbau mit zwei Türmen
2 Gotisches Hallenlanghaus
3 Gotischer Chor mit Renaissance-decke und Altar von 1607
4 Spätgotische Wandmalerei
5 Reliefs von ehemaliger Schranke

Der Westbau der Oberkirche besticht durch eine qualität-volle Bauausführung. Über einem Sandsteinsockel steigt das Feldsteinmauerwerk in vier Rücksprüngen bis zu den Doppeltürmen auf.

Von der mittelalterlichen Ausstattung haben sich unter anderem mehrere kleine Steinreliefs des späten 14. Jahrhunderts mit Heiligendarstellungen erhalten; sie stammen vermutlich von einer Chorschranke und sind heute in der Westwand eingelassen. Etwas jünger sind die Reste spätgotischer Wandmalerei, etwa die Darstellung einer Kreuzigungsgruppe.

24

Loburg

Ruine der Kirche Unser Lieben Frauen

Das kleine Städtchen Loburg entstand wohl durch Zusammenlegen der Dörfer Möckernitz und Ziemnitz, deren Fluren die beiden Stadtfelder bilden.

Von Ziemnitz steht nur noch die Ruine der Kirche Unser Lieben Frauen, einer dreischiffigen Basilika mit quadratischem Chor und Westturm aus dem 12. Jahrhundert. Der sorgfältig gequaderte Feldsteinbau wurde 1601 instandgesetzt, ist jedoch später verfallen und im Jahr 1900 als Ruine restauriert worden. Dabei verstand man es, die rundbogigen Obergadenfenster und Teile des Triumphbogens zu erhalten. Neuerliche Sicherungsmaßnahmen erfolgten in den Jahren 1990 bis 1992.

Ruine der Kirche Unser Lieben Frauen
Möckernitzer Damm
39279 Möckern OT Loburg

Öffnungszeiten
frei zugänglich

Eintrittspreise
Eintritt frei

Führungen
nach Vereinbarung

Ansprechpartner für Führungen
Touristinformation Loburg
Tel.: (03 92 45) 20 22
Fax: (03 92 45) 9 17 72
stoehr-loburg@t-online.de

Angebote im Ort
historische Stadtführung mit Nachtwächter Bernardo, Storchenhof Loburg, historische Eisenbahnanlage, Heimatstube Loburg

Anreise mit PKW
B 246 von Magdeburg und Wiesenburg, A 2 Abfahrt Ziesar

Anreise mit ÖPNV
Bahn von Magdeburg

Parkplätze
5 für PKW, 1 für Busse

Toiletten
keine

Pfarrkirche St. Petri

Obwohl Leitzkau in den Auseinandersetzungen mit den Slawen als Sammelplatz der deutschen Heere unter Otto III. und Heinrich II. im Mittelalter oft eine herausragende Rolle spielte, ist der Ort selbst nie über die Bedeutung eines Fleckens hinausgekommen.

Nachdem bereits 1107 eine hölzerne Kapelle genannt wurde, weihte 1114 Bischof Hartbert von Brandenburg eine steinerne Kirche. Sie diente als provisorischer Sitz des Bistums Brandenburg. Reste dieses Bauwerkes sind im Chor der heutigen Pfarrkirche zu finden. 1138/39 wurde auf Initiative Bischof Wiggers von Brandenburg (1138–1160) der Ort mit Prämonstratensern aus Unser Lieben Frauen in Magdeburg besetzt und mit wichtigen Privilegien ausgestattet, welche die Mönche wohl in den Rang von Domherren setzten. Zunächst bauten die Prämonstratenser die Kirche Hartberts um, planten wenig später jedoch eine neue Anlage.

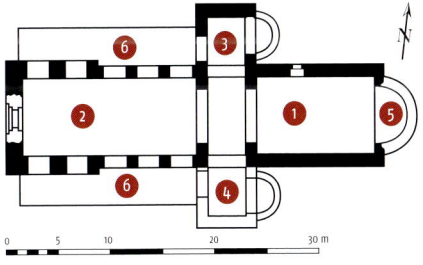

1 Chor, wahrscheinlich Kernbau von 1114
2 Mittelschiff der romanischen Basilika
3 Nordquerhaus mit Turm, Apsis abgebrochen, in der Vierung Kruzifix aus der Basilika
4 Barocke Gruft und Herrschaftsloge anstelle des Südquerhauses
5 Barocke Sakristei anstelle der romanischen Apsis
6 Abgebrochene Seitenschiffe

oben: Leitzkau, Pfarrkirche St. Petri, Blick zum Altar. Die heutige Dorfkirche, als provisorischer Sitz des Brandenburger Bistums gegründet, ist der älteste steinerne Neubau östlich der Elbe.

Pfarrkirche St. Petri
Kirchstraße 1
39279 Gommern OT Leitzkau

Kontakt
Kulturstiftung Sachsen-Anhalt
leitzkau@kulturstiftung-st.de

Öffnungszeiten
nach Voranmeldung oder im Pfarrhaus klingeln

Eintrittspreise
Eintritt frei, Spenden erwünscht

Führungen
März–Oktober: So 14.00 Uhr und nach Vereinbarung
Erwachsene: 3,50 EUR
Gruppen: 2,50 EUR
(16–35 Personen), 2,– EUR
(ab 36 Personen)

Ansprechpartner für Führungen
Fax: (03 92 41) 90 78 03
fk-leitzkau@gmx.de

Unsere Tipps
Sommernachtsmusiken (Posaunenchor), Blasmusik bei Kerzenschein, Weihnachtskonzerte am 3. Advent, Töpfermarkt am 2. Wochenende im September

Angebote in der Umgebung
Schloss Leitzkau, Adventsmarkt am 1. Advent, Standesamt im Schloss, Storchenhof Loburg, Schloss Wendgräben bei Loburg, Naherholungsgebiet Dannigkow-Plötzky-Pretzien, Fahrradtouren entlang dem Elberadweg, Wasserburg Gommern

Anreise mit PKW
A 2 Abfahrt Burg Ost oder Ziesar, weiter Loburg oder Möckern,
B 184 von Magdeburg

Anreise mit ÖPNV
Buslinie

Parkplätze
5 für PKW

Informationsmaterial
Informationsblatt, Kirchenführer vom Kirchenkreis Elbe-Fläming, Faltblätter

Verkaufsangebot im Bauwerk
Buchflohmarkt, Handarbeits- und Kartenbasar im Pfarrhaus

Internet
www.kulturstiftung-st.de
www.foerderkreis-schloss-leitzkau.de

Leitzkau

Stiftskirche „Sancta maria in monte"

Die neue, großartige Stiftsanlage wurde 1155 in Anwesenheit von Bischof Wigger von Brandenburg, Erzbischof Wichmann von Magdeburg und Markgraf Albrecht dem Bären geweiht.

Die Stiftskirche wurde als dreischiffige Basilika mit Querhaus, dreiapsidialem Chorschluss und zweiteiliger Westturmanlage errichtet. Der Südturm blieb als Fragment erhalten. Das erste Freigeschoss des Südturmes entspricht dem romanischen Glockengeschoss. Im Langhaus beeindruckt der

Die Klausurgebäude des 1537 säkularisierten Stiftes wurden ab 1564 durch Hilmar von Münchhausen zu einem Schloss umgebaut. Die überdachte Ruine der Stiftskirche ist immer noch von beeindruckender Monumentalität.

Stiftskirche
„Sancta maria in monte"
Am Schloss 4
39279 Gommern OT Leitzkau

Ansprechpartner
Kulturstiftung
Sachsen-Anhalt
Am Schloss 4
39279 Gommern OT Leitzkau
Tel.: (03 92 41) 93 40
Fax: (03 92 41) 9 34 34
leitzkau@
kulturstiftung-st.de

Öffnungszeiten
Schlosshof und Basilika
Mo–Do 8.00–16.00 Uhr
Fr 8.00–14.00 Uhr

Eintrittspreise
Eintritt frei

Führungen
März–Oktober:
So 14.00 Uhr
und nach Vereinbarung
Gruppen ab 16 Personen:
2,50 EUR, ab 36 Personen
2,– EUR pro Person

Unsere Tipps
Serenaden in der Basilika,
Amaliengeschichte,
Töpfermarkt auf dem
Schlosshof im September,
Adventsmarkt am 1. Advent,
Weihnachtskonzerte am
4. Advent, Standesamt im
Schloss

Obergaden des Mittelschiffes durch seine großen Rundbogenfenster, die jeweils in den Achsen der Erdgeschossarkaden angeordnet sind.

An das Langhaus schließt sich das ehemalige Querhaus an; allerdings wurde es im 16. Jahrhundert stark verändert. Der Chorbereich ist gänzlich abgetragen. Das Stift wurde zu dieser Zeit der Familie von Münchhausen übertragen, die es zu ihrem Familiensitz ausbaute. Damit besitzt Leitzkau das bedeutendste Schloss der Weserrenaissance in Sachsen-Anhalt.

In den letzten Tagen des Zweiten Weltkrieges wurde die Stiftskirche Leitzkau stark zerstört. Bei der Wiederherstellung in den 1960er Jahren legte man auch den historischen Stützenwechsel sowie beachtliche Reste der romanischen Kapitellplastik und Malerei frei.

Die Loggia des Schlosses Althaus ist ein dreiteiliger Arkadenbau mit abschließender Kolonnade. Im Erdgeschoss der Arkaden fanden romanische Kapitelle, wohl aus der Klausur stammend, eine Wiederverwendung.

Mittelschiff der ehemaligen Stiftskirche

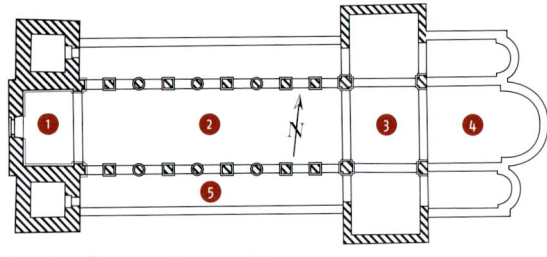

1 Westbau mit ehemals zwei Türmen
2 Basilikales Langhaus mit einfachem
  Stützenwechsel
3 Querhaus mit Resten des romanischen
  Schmuckfußbodens
4 Abgebrochene Chorpartie
5 Wiederaufgebautes Südseitenschiff

Freigelegte Fußbodenreste in der ehemaligen Stiftskirche

Angebote in der Umgebung
Storchenhof Loburg,
Fahrradtouren entlang der
Elbe

Anreise mit PKW
B 184 zwischen Dessau und
Magdeburg

Parkplätze
40 für PKW, 8 für Busse

Informationsmaterial
Schlossführer, diverse
Publikationen

Toiletten
im Schloss Neuhaus/Hofseite
und Toilette barrierefrei im
Erdgeschoss

Internet
www.kulturstiftung-st.de

Schloss Hobeck von Osten

Dorfkirche St. Thomas

Von Pretzien ist heute vor allem das große Wehr bekannt, das 1871–1875 von italienischen Handwerkern und französischen Kriegsgefangenen zusammen mit dem Elbe-Umflutkanal erbaut wurde. Auf der Pariser Weltausstellung 1889, deren größte Attraktion der Eiffelturm war, erhielt die sich nach wie vor bewährende Konstruktion des Pretziener Wehres eine Goldmedaille.

Jedoch wartet der kleine Ort noch mit einer weiteren Besonderheit auf: Es ist die im Gegensatz zum Wehr freilich bescheiden wirkende romanische Dorfkirche.

Pretzien kam 1151 als Schenkung Albrechts des Bären an das Kloster Unser Lieben Frauen in Magdeburg. In der zweiten Hälfte des 12. Jahrhunderts wurde die Dorfkirche erbaut. Sie besteht aus einem quadratischen Westbau und einem flachgedeckten Schiff mit eingezogenem rechteckigem Chor und halbkreisförmiger Apsis, die durch Lisenen und Rundbogenfries hervorgehoben ist. Der Turm erhielt 1769 einen Fachwerkaufsatz und eine Haube.

Damit unterscheidet sich St. Thomas wenig von anderen Kirchen; es besticht jedoch die sorgfältige Bauausführung. Einzigartig sind die romanischen Wandmalereien im Inneren. Sie wurden von der Restauratorin Maria Meussling bei Restaurierungsarbeiten 1973–1977 freigelegt und sind in ihrer hohen Qualität nur aus der Nähe zur Mutterkirche in Magdeburg zu erklären. Trotz unterschiedlichen Erhaltungszustandes – in der Apsis zeigt die Freskomalerei noch weitgehend ihre ursprüngliche Erscheinung – lässt sich das Bildprogramm insgesamt deuten: Der Kirchenraum wird beherrscht von der überlebensgroßen Darstellung einer Deesis in der Apsis. Im Zentrum sitzt Christus als Weltenrichter auf einem doppelten Regenbogen, umgeben von einer Mandorla. Neben Christus stehen Maria als Himmelskönigin und Johannes der Täufer. Die Bilder der Chorwände erzählen biblische Geschichten, z. B. die von den klugen und törichten Jungfrauen, von Isaak und seinen Söhnen. Den Triumphbogen umspannt eine Wurzel Jesse.

1 Westturm
2 Langhaus
3 Chorjoch mit spätromanischer Wandmalerei: Jakobsgeschichte; kluge und törichte Jungfrauen
4 Apsis mit spätromanischer Malerei: Deesis
5 Spätromanische Wandmalerei: Mahl
6 Spätromanische Wandmalerei: Lazarus-Gleichnis
7 Spätromanische Wandmalerei: Seelenwägung
8 Gotische Wandmalerei: hl. Christophorus
9 Gotische Wandmalerei: Seelenwägung
10 Gotischer Taufstein

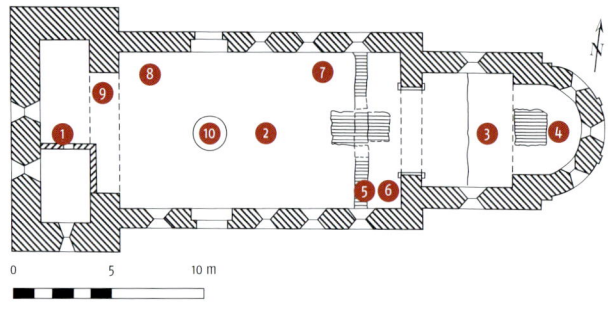

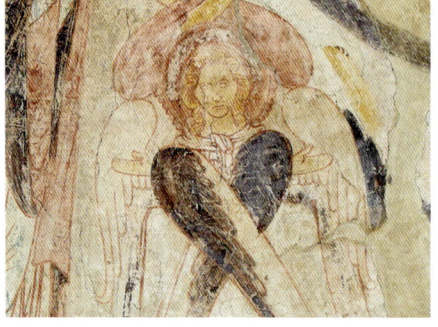

In der Bogenleibung des Turmes der Pretziener Dorfkirche ist eine kleine Seelenwägung zu sehen, die etwa um 1350 entstand und in heiteren, leicht grotesken Zügen eine Szene des Jüngsten Gerichtes zeigt.

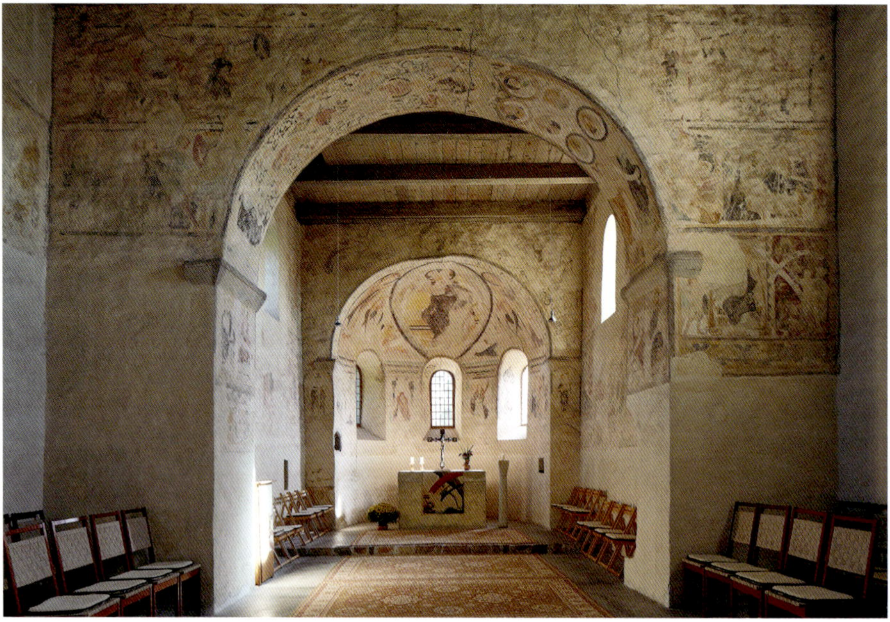

Dorfkirche St. Thomas

Martin-Luther-Straße
39217 Schönebeck OT Pretzien

Öffnungszeiten
Mai–September:
Sa, So 14.00–16.00 Uhr,
Feiertage 14.00–16.00 Uhr
Besichtigung nach
Anmeldung auch außerhalb
der Öffnungszeiten

Eintrittspreise
Eintritt frei, Spenden
erwünscht

Führungen
nach Voranmeldung

Ansprechpartner für Führungen
Evangelisches Pfarramt Gommern
Am Kirchplatz 3
39245 Gommern
Tel.: (03 92 00) 5 14 45
ev.kirche.gommern-
pretzien@
t-online.de

Touristinformation Pretzin
Am Park 26
39217 Schönebeck OT Pretzin
Tel.: (03 92 00) 7 68 28

Spezialführungen
Romanische Malerei und
Romanischer Baustil

Unsere Tipps
Musiksommer
Mai–September,
www.facebook.com/
Pretziner.Musiksommer/

Angebote in der Umgebung
Kirche Maria Magdalenen zu
Plötzky, ca. 2 km entfernt
am Elbe-Radweg

Anreise mit PKW
B 184 Gommern,
B 246 a Schönebeck,
Landstraße nach Pretzien

Parkplätze
10 für PKW, 1 für Busse

Informationsmaterial
Faltblatt und Kunstführer

Verkaufsangebot im Bauwerk
Kunstführer, Ansichtskarten

Toiletten
unterhalb des Bauwerkes

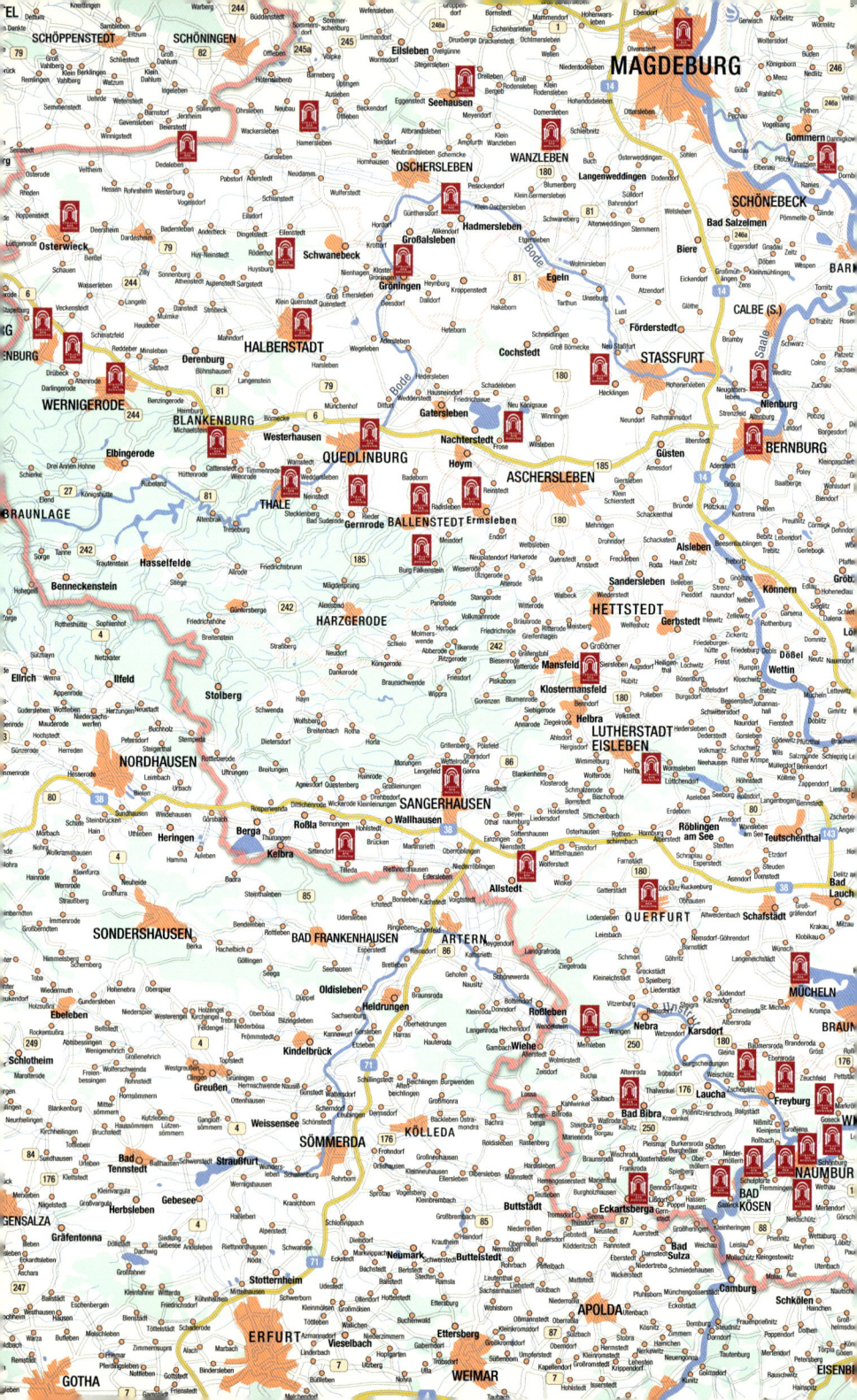

27

Wanzleben

Burg Wanzleben

Die kleine Stadt Wanzleben liegt in der Magdeburger Börde, von der es heißt, in ihr ist nichts höher, als die Rüben auf dem Acker. Der Ort gehört zu den ältesten Siedlungen Sachsen-Anhalts, die wohl im 5. Jahrhundert entstanden und später den Franken als Stützpunkte dienten. Wanzleben wurde 889 als „Uuanzleua" erstmals erwähnt. Es lässt sich nicht mehr sicher nachweisen, wann in der Gemarkung die Karolinger Güter erwarben.

Vor 877 war bereits der ostfränkische König Ludwig der Jüngere Eigentümer des königlichen Gutsbezirkes mit den dazugehörigen Gemeinden. Später ging dieser Besitz als Geschenk an die Liudolfingerin

Aus dem 12. Jahrhundert ist wie bei vielen vergleichbaren Burgen der 30 Meter hohe romanische Bergfried, ein rechteckiger Wohnturm, erhalten. Die fünf Geschosse besitzen gekuppelte spätromanische Fenster.

Oda über. Sie übergab ihn an das Familienstift der Ottonen in Gandersheim.

Im Schutze der Burg Wanzleben, die seit dem 10. Jahrhundert die alte Heerstraße zwischen Magdeburg und Halberstadt an der Sarre sicherte, entwickelte sich auch der Ort weiter. Er erhielt 1376 durch den Magdeburger Erzbischof Peter das Stadtrecht. In den folgenden Jahrhunderten ertrug die Bevölkerung aufgrund der strategisch bedeutsamen Lage der Burg häufig kriegerische Auseinandersetzungen: So wird Wanzleben 1555 im Zuge der Streitigkeiten um die Einführung der Reformation zerstört. Im Dreißigjährigen Krieg (1618–1648) litt die Bevölkerung sowohl unter den kaiserlichen als auch unter den schwedischen Truppen. Im Siebenjährigen Krieg (1756–1763) logierten französische Truppen auf der Burg, ebenso wie Kaiser Napoleon Bonaparte, dessen Armeen 1805 in Wanzleben rasteten.

Von 1816 bis 1994 war die Stadt Sitz des Landkreises Wanzleben. Mit der um 1850 einsetzenden Mechanisierung der Landwirtschaft begann auch der wirtschaftliche Aufschwung der kleinen Ackerbürgerstadt.

Die Burg Wanzleben ist eine ausgedehnte Niederungsburg mit gut erhaltenem mächtigem Wehr am nördlichen Ortsrand. Als älteste Anlage konnte eine Rundburg aus dem 10. Jahrhundert mit doppeltem Graben und Wällen nachgewiesen werden. 968 erfolgte die Nennung eines Burgwardes mit der Burg Wanzleben als Burgwardsmittelpunkt, der die Schutz- und Lehnfunktionen für die umliegenden Dörfer ausübte.

Nahe der mächtigen Kaiserpfalz Magdeburg gelegen, wurde die Anlage im 12. Jahrhundert zu einer der größten Flachlandburgen Europas erweitert.

1583 baute man auf Veranlassung des Brandenburger Kurfürsten und Administrators von Magdeburg, Erzbischof Joachim Friedrich, die neue Durchfahrt mit seinem Wappen in der Inschrifttafel.

Anfang des 18. Jahrhunderts entstand im Zuge der Neuordnung der preußischen Landwirtschaft nach dem Dreißigjährigen Krieg die Domäne Wanz-

Burg Wanzleben
Am Amt 1
39164 Wanzleben-Börde

Eintrittspreise
Eintritt frei

Unsere Tipps
Pferdestall mit
Kaminzimmer,
Kornhaus mit Terrasse,
Kulinarischer Kalender

Anreise mit PKW
A 14 Abfahrt Wanzleben

Anreise mit ÖPNV
Buslinie

Parkplätze
für PKW und Busse

Informationsmaterial
Prospekte

Toiletten
im Bauwerk

Internet
www.burgwanzleben.com

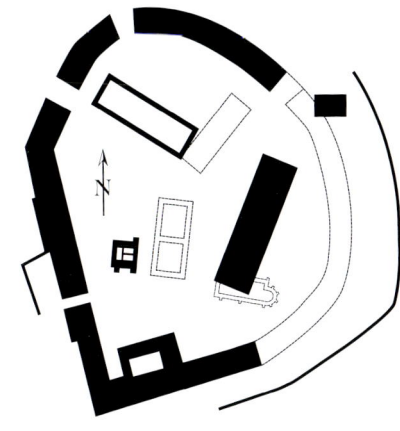

leben, die 1778 von der seit 1690 in Wanzleben ansässigen Rittergutsfamilie Kühne, ihres Zeichens königliche Amtsräte, gepachtet wurde. Sie passten Wohnhaus und Wirtschaftsgebäude jeweils den entsprechenden Erfordernissen baulich an. So entstanden das historische Kornhaus, das Brauhaus, das imposante Herrenhaus und der herrschaftliche Pferdestall.

Nach 1945 hatte zumeist die Verwaltung der LPG in der Burg ihren Sitz.

1993 wurde die Burg von Dr. Friedrich-Wilhelm Kühne, Enkel des letzten Amtsrates, erworben, schrittweise restauriert und in eine Hotelanlage umgewandelt.

Fast zeitgleich mit dem gewaltigen Bergfried entstand auch der kleinere rechteckige Turm, der bis in das 16. Jahrhundert als Torturm diente.

Seehausen (Börde)

Kirche St. Paulus

Der viergliedrige Staffelbau der ältesten Landkirche der Magdeburger Börde befindet sich auf einer Anhöhe vor der Stadtmauer. Erstmals 1148 als Archidiakonatskirche des Bistums Verden erwähnt, entstand der Bau als Kirche des Nordendorfes in der für die Altmark typischen Feldsteinarchitektur als Pfarr- und Schutzkirche. Das Kirchenschiff weist die gleiche Breite wie der Westturm auf und wird durch einen eingezogenen Chor mit halbkreisförmiger gewölbter Apsis abgeschlossen.

Kirche St. Paulus
August-Bebel-Straße
39164 Wanzleben-Börde
OT Seehausen

Öffnungszeiten
nur von außen zu besichtigen

Führungen
nach Voranmeldung

Ansprechpartner für Information
Evangelisches Pfarramt
Am Markt 17
39164 Wanzleben-Börde
OT Seehausen
pfarrer@boerdestadt-seehausen.de
Tel.: (03 94 07) 4 25
Fax: (03 94 07) 9 38 28

Unsere Tipps
Konzerte und Ausstellungen

Angebote in der Umgebung
Börde-Museum in Ummendorf,
Wanderung um den See (Landschaftsschutzgebiet),
Gaststätte „Mati"

Anreise mit PKW
A 2 Eilsleben, A 14 Wanzleben, weiter über die B 246 a

Anreise mit ÖPNV
ab Magdeburg mit dem Bus

Parkplätze
10 für PKW, 2 für Busse

Internet
www.boerdestadt-seehausen.de

Seehausen (Börde), Kirche St. Paulus

Benediktinerinnenkloster St. Peter und St. Paul

Im Jahre 961 stiftete Bischof Bernhard von Halberstadt auf seinem väterlichen Erbe in der Nähe der Burg Hadmersleben ein Benediktinerinnenkloster. Es war durch seine Lage auf einem Steilufer über dem ehemaligen Lauf der Bode am Übergang der Heerstraße Halberstadt–Magdeburg ausgezeichnet. Die Liudolfinger, besonders Kaiser Otto III., statteten das Kloster mit reichem Grundbesitz aus und begründeten damit seinen wirtschaftlichen Reichtum, der im 13. Jahrhundert zu einer Blüte führte. Das Kloster wurde erst 1810 durch die napoleonische Regierung Westphalens aufgehoben. Die seit der Reformation auch als Pfarrkirche benutzte Klosterkirche verblieb im Besitz der katholischen Gemeinde.

Drei Bauphasen bestimmen die heutige Erscheinung der Klosterkirche. Vom ersten Bau aus dem 10. Jahrhundert sind Teile eines fünfjochigen romanischen Raumes erhalten, der sich im Westen unter der Nonnenempore befindet und als dreischiffige Halle ausgebildet ist. Das Südschiff bildet den ältesten Baubestand, der ab Mitte des 11. Jahrhunderts in einen umfassenden Um- und Neubau einbezogen wurde. Damals erfolgte auch eine neue Weihe.

Die als romanische Basilika begonnene Oberkirche erhielt um 1160/1180 ihre heutige Höhe und Breite; gleichzeitig entstand der zweischiffige Kapitelsaal. In der zweiten Hälfte des 13. Jahrhunderts und im 14. Jahrhundert erfolgte die Bauplanänderung zur

Das Gewölbe des dreischiffigen Raumes unter der Nonnenempore des 12. Jahrhunderts wird abwechselnd von quadratischen Pfeilern mit Ecksäulchen und achteckigen Stützen getragen. Im Südschiff blieben vom Vorgängerbau die gedrungenen Säulen mit schweren Würfel- und Kelchkapitellen erhalten.

**Benediktinerinnenkloster
St. Peter und St. Paul**
Planstraße 36
39387 Oschersleben
OT Hadmersleben

Öffnungszeiten
nach Vereinbarung
Tel.: (03 94 08) 52 32

Eintrittspreise
Eintritt frei, Spenden
erwünscht

**Ansprechpartner für
Führungen**
Tel.: (03 94 08) 52 32
melgloe29@gmx.de

Spezialführungen
Architektur, Kunst und
Geschichte

Ausstellungen
Johann-Joachim-Winckel-
mann-Saal – „Leben und
Wirken des Begründers der
Archäologie", Ferdinand-
Heine-Museum – „Leben und
Wirken des Nestors der
deutschen Getreidezüch-
tung", „Französische
Panorama-Tapete" von 1827
zum Freiheitskampf der
Griechen gegen die Türken
(davon gibt es nur noch
5 Exemplare in Europa)

Unsere Tipps
Gemäldegalerie zur
Geschichte des Klosters

Hadmersleben 961–1986
und Leipziger Schule,
Michael Emig, Rudolf
Pötzsch, Symposium zur
Geschichte der Klöster
Mitteldeutschlands (speziell
Kloster Hadmersleben),
älteste gotische Glasmalerei
in der Magdeburger Börde

Angebote im Ort
Führungen zu Winckelmann
in Hadmersleben, Burg
Hadmersleben,
Heimatmuseum

Anreise mit PKW
Magdeburg–Wanzleben–
Hadmersleben,
Helmstedt–Oschersleben–
Hadmersleben,
Halberstadt–Kroppenstedt–
Hadmersleben

Anreise mit ÖPNV
Bahnlinie oder Busstation
Hadmersleben

Parkplätze
am Bauwerk

Informationsmaterial
Broschüre über Kloster

**Verkaufsangebot im
Bauwerk**
Literatur und Postkarten

Toiletten
im Bauwerk

zettfenstern umgeformt wurden. Das Kirchturmmassiv entstand um 1250. Das Glockengeschoss musste jedoch 1583 wegen Baufälligkeit abgetragen und neu aufgemauert werden.

Das Innere ist geprägt von den Umbauarbeiten nach den Schäden des Dreißigjährigen Krieges: Im Schiff wurde der Fußboden östlich der Nonnenempore höhergelegt, das Mittelschiff der Unterkirche mit einem Rundbogen zum Langhaus geöffnet und 1699–1710 die barocke Ausstattung harmonisch eingefügt.

Der Klosterbezirk nördlich der Kirche vermittelt trotz vielfältiger Umbauten noch immer einen geschlossenen Eindruck. Sehenswert sind der romanische Kapitelsaal (1160), der gotische Kreuzgang (1505) und das Parlatorium mit barocker Stuckdecke.

gotischen Saalkirche, wobei der Chor und die querschiffartigen Seitenkapellen neu errichtet und die bisherigen Rundbogenfenster zu spitzbogigen Lan-

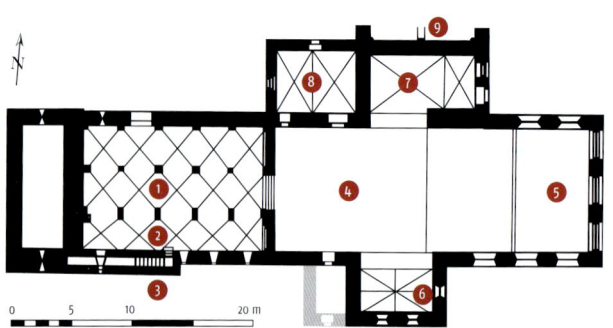

1 Unterkirche
2 Südschiff der Unterkirche: ältester
  Teil der Kirche (11. Jh.)
3 Treppe zur Nonnenempore (17. Jh.)
4 Langhaus, Kanzel von 1699
5 Gotischer Chor mit barockem
  Hochaltar
6 Südkapelle mit Altar von 1713
7 Nordkapelle mit Altar von 1713 und
  spätgotischen Skulpturen
8 Sakristei
9 Kapitelsaal

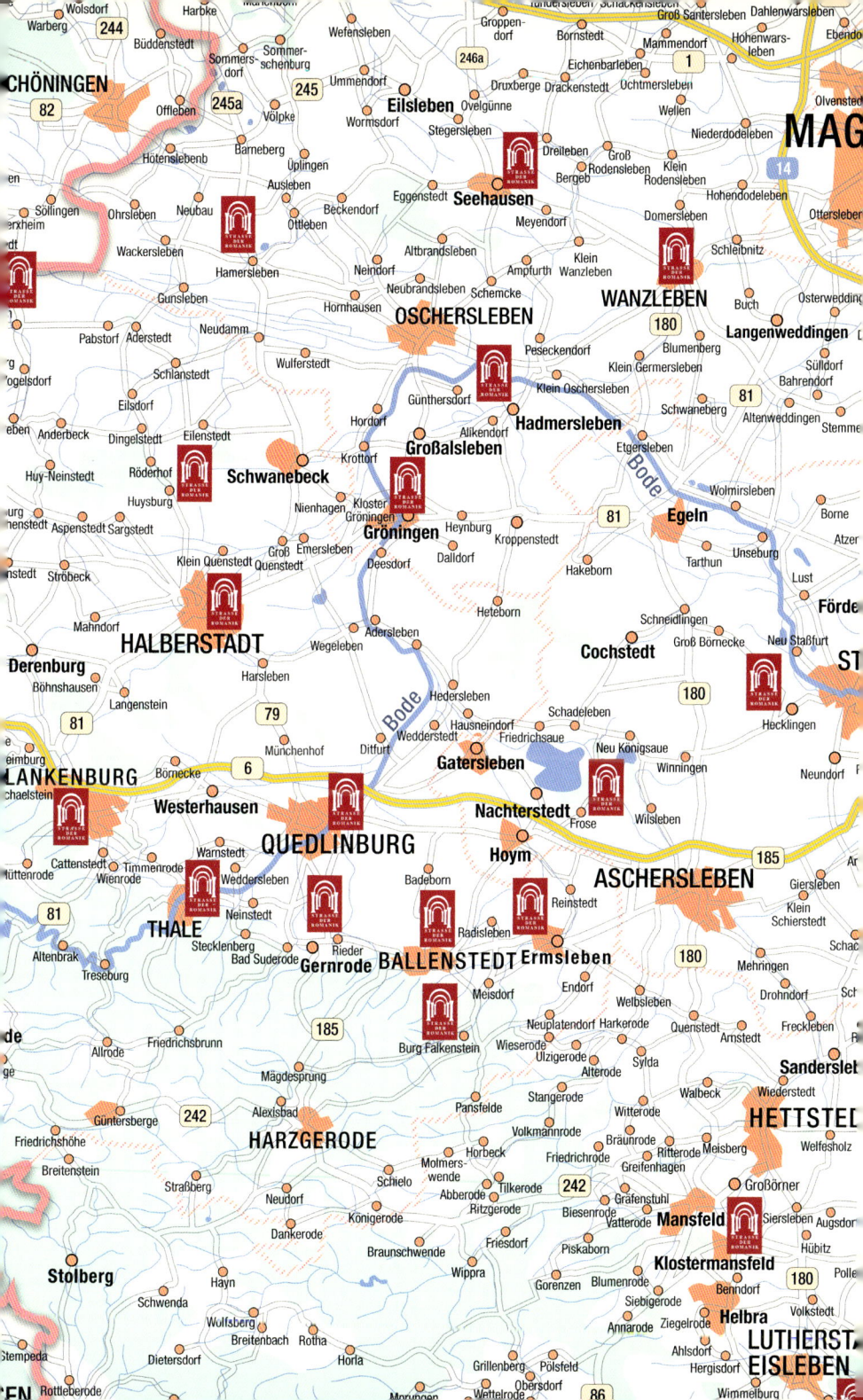

Die Klosterkirche Gröningen ist nah bei Halberstadt gelegen und eng mit der Geschichte der alten Bischofsstadt verbunden. Eine hier bereits im 12. Jahrhundert bestehende Burg wurde 1368 sogar Residenz der Bischöfe von Halberstadt.

Bereits 936 nennen die Quellen einen heute nicht mehr zu lokalisierenden Königshof. Graf Siegfried, Bruder des mächtigen Markgrafen Gero, erhielt von Heinrich I. diesen Besitz und stiftete nach dem plötzlichen Tod seiner Kinder ein Benediktinerkloster, das Corvey unterstellt wurde. Noch 1154 bestätigte der Papst die Abhängigkeit von jener westfälischen Abtei, zu der bis zur Auflösung enge Beziehungen bestanden. Ab 1247 waren die Bischöfe von Halberstadt die Vögte von Gröningen. Das Kloster wurde nach der Reformation 1550 aufgelöst.

Einige Fundamente des ottonischen Gründungsbaues wurden 1934 ausgegraben. Sie werden als Reste eines Saalbaues mit zellenartigen Flügel-

bauten gedeutet und weisen damit auch baulich auf die Corveyer Mutterkirche hin. Vom Ursprungsbau hat sich im westlichen Kapelleneinbau ein korinthisierendes Kapitell erhalten.

Anfang des 12. Jahrhunderts wurde der zweite Bau errichtet: eine dreischiffige Basilika mit Querschiff, ausgeschiedener Vierung und dreiapsidialem Staffelchor. Der zweigeschossige Westbau blieb unvollendet. Die unter dem Einfluss der Hirsauer Reformbewegung entstandene Klosterkirche erfuhr in ihrem äußeren Erscheinungsbild im Laufe der Jahrhunderte starke Veränderungen. So verschwanden im 16. Jahrhundert das südliche Seitenschiff, 1606 die beiden Chorseitenschiffe und 1819 schließlich das nördliche Seitenschiff sowie die Hauptapsis.

Die Pläne in der Mitte des 19. Jahrhunderts, die Gröninger Klosterkirche mit Doppelturmfassade, Apsiden und Seitenschiffen wieder vollständig zu erneuern, kamen nicht zur Ausführung. Jedoch gelang

Die Klosterkirche St. Vitus besitzt den frühesten Vierungsturm im Harzgebiet. Er prägt noch heute die Landschaft.

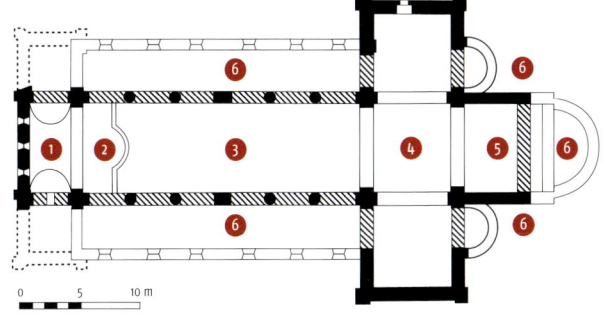

1 Rest des Westbaus, im Erdgeschoss Kapelle, darüber Empore
2 Emporenbrüstung mit Abgüssen der Stuckreliefs, darunter Wandmalereien
3 Mittelschiff mit vermauerten Arkaden im niedersächsischen Stützenwechsel
4 Vierung, darüber romanischer Vierungsturm, am nordwestlichen Pfeiler Engelsrelief
5 Chorraum, an der Südseite Rankentympanon
6 Abgebrochene Apsiden und Seitenschiffe

es mit der Restaurierung 1902, durch die Zurücknahme der Arkadenvermauerung das Stützensystem wieder freizulegen.

Trotz der Veränderungen gehört St. Vitus zu den eindrücklichsten Bauten an der Straße der Romanik. Weithin überragt der gewaltige oktogonale Vierungsturm die Landschaft. Sein Mauerwerk ist über zwei Etagen durch reizvolle Biforenfenster gegliedert. Nach dem schlichten Äußeren überrascht die reiche Gestaltung im Inneren. Die Säulen und Pfeiler sind wie in der Quedlinburger Stiftskirche nach dem niedersächsischen Stützenwechsel (zwei Säulen folgen auf einen Pfeiler) angeordnet. Auch die Kapitellplastik steht in unmittelbarer Nachfolge der Quedlinburger Langhauskapitelle. So finden wir nicht nur das Sternblattmuster, das Knotenband und den Akanthusfries wieder, sondern auch die von Drachen angegriffenen Eckmasken, das Adlerkapitell und die Weinranke.

Um 1170 erfolgte der Einbau der Westempore. In den Mittelraum der Westanlage wurde eine Kapelle eingefügt, die etwas unter dem Fußbodenniveau

Innenraum mit Blick nach Westen. In den nachträglich vermauerten Arkaden sind die einstige Raumgliederung und die Bauplastik des 12. Jahrhunderts erkennbar, an der Emporenbrüstung die Abgüsse der romanischen Stuckreliefs.

Christus als Weltenrichter, Abgüsse der romanischen Stuckreliefs an der Empore

des Langhauses liegt. In ihr haben sich Reste von romanischer Wandmalerei erhalten. Die Brüstung der Empore zieren Reliefs mit Christus als Weltenrichter, flankiert von den zwölf Aposteln. Die Köpfe

Engelsrelief, um 1220

heben sich bereits vollplastisch von der Wand ab und zeigen so den Übergang vom Halbrelief zur Plastik. Die Originale der Gröninger Emporenreliefs – heute im Bodemuseum Berlin – gehören zu den bedeutendsten plastischen Kunstwerken des 12. Jahrhunderts in Deutschland und gelten als beredte Beispiele für die Spätzeit des „strengen Stils".

Benediktinerklosterkirche St. Vitus
Poststraße
39397 Gröningen
OT Kloster Gröningen

Öffnungszeiten
Mo/Mi/Do 9.00–11.30 Uhr
und 13.00–16.00 Uhr,
Fr/Sa 14.00–17.00 Uhr,
Di und So nach
Voranmeldung

Eintrittspreise
Eintritt frei, Spenden
erwünscht

Führungen
während der Öffnungszeiten

Ansprechpartner für Führungen
www.strassederromanik.de/
de/bauwerk/klosterkirche-
st-vitus.html

Unser Tipp
Konzerte

Angebote im Ort
Heimatmuseum und
Zuckerpark, Fahrradweg von
Halberstadt bis Kloster
Gröningen

Anreise mit PKW
über die B 81

Anreise mit ÖPNV
Buslinie ab Halberstadt

Parkplätze
für PKW und Busse

Toiletten
auf dem Kirchengelände

St. Vitus, Blick zur Decke

Kapitelle mit Tierdarstellungen an der nördlichen Langhauswand

Stiftskirche St. Pankratius

In den Quellen wird ein Königshof erwähnt, den Kaiser Heinrich II. 1021 dem Bistum Merseburg übereignete. Dort entstand nach 1112 das erste regulierte Augustiner-Chorherrenstift auf ostdeutschem Boden, da man das ursprüngliche Kloster von Osterwieck 1109/11 hierher verlegte, nachdem das umtriebige Leben auf dem Osterwiecker Markt die Chorherren empfindlich gestört hatte. Ein umfangreicher Grundbesitz sicherte den Unterhalt des Konvents.

Der Einführung des evangelischen Gottesdienstes im 16. Jahrhundert widerstand das Stift mit Erfolg. Erst 1804 wurde der Konvent endgültig aufgehoben.

Bald nach der Verlegung baute man nach einheitlichem Plan die mächtige Klosterkirche, die bereits um 1140 fertig war. In kurzer Bauzeit entstand eine dreischiffige, flachgedeckte Säulenbasilika mit Querschiff und dreischiffigem Presbyterium, das durch halbrunde Apsiden abgeschlossen wird. Über der Vierung steht nur ein Dachreiter, dagegen erheben sich oktogonale Steintürme über den östlichen

Stiftskirche St. Pankratius
Klosterhof 8
39393 Am Großen Bruch
OT Hamersleben

Öffnungszeiten
Wegen Baumaßnahmen bleibt die Kirche bis ca. 2021 geschlossen. Bitte erkundigen Sie sich telefonisch beim Pfarramt.

Eintrittspreise
Eintritt frei, Spenden für die Orgel erwünscht

Führungen
nach Voranmeldung

Ansprechpartner für Führungen
www.strassederromanik.de/de/bauwerk/stiftskirche-st-pankratius.html
Katholisches Pfarramt
Klosterhof 8
39393 Am Großen Bruch
OT Hamersleben
Tel./Fax: (03 94 01) 4 83

Spezialführungen
nach Vereinbarung (z. B. für Kinder und Schulklassen)

Unsere Tipps
Orgelkonzerte im Sommer

Anreise mit PKW
über die B 246

Anreise mit ÖPNV
bis Oschersleben Bahnlinie, danach Buslinie

Parkplätze
für PKW und Busse

Verkaufsangebot im Bauwerk
Postkarten und Broschüren

Internet
www.kulturstiftung-st.de

Jochen der Seitenschiffe, die Ähnlichkeiten mit denen der Liebfrauenkirche in Halberstadt aufweisen. Die äußerste Perfektion der Bauausführung spiegelt sich in den sorgsam behauenen Sandsteinen der Außenwände wider. Mit dem Fehlen des Westwerkes, dem Verzicht auf Krypten und Einwölbung der Kirche sowie der differenzierten Gestaltung der Ostteile wurden gewisse Eigenheiten der Reformbaukunst der Benediktiner übernommen, was auch für den sparsamen Außenschmuck gilt. Nur ein Palmettenfries über einem Rundbogenfries am Dachgesims, ein Flechtbandfries am Traufgesims des südlichen Seitenschiffes und profilierte senkrechte Stäbe am südlichen Querschiffsgiebel schmücken das Bauwerk. Reicher gegliedert ist dagegen die Hauptapsis, datiert ca. 1111.

Stiftskirche St. Pankratius, Außenansicht von Osten

Im Inneren verzichteten die Chorherren jedoch nicht auf die Bauzier. Es entstanden Kapitelle von hoher künstlerischer Meisterschaft. In zwanzig verschiedenen symbolischen Bildern ließen die Augustiner-Chorherren für ihre Kirche das große Thema

Im Innenraum offenbaren sich mit Blick durch das Mittelschiff nach Osten die vornehmen Proportionen des Baus besonders eindrucksvoll. Außer den reichen Kapitellen schmückt nur ein Schachbrettmusterfries die glatten Seitenwände. Der barocke Hochaltar von 1687 schließt den Raum wirkungsvoll ab, verdeckt aber den Blick auf die Apsis.

unten links: Zu Beginn des 13. Jahrhunderts entstand im südlichen Querhausarm ein Altarziborium, das zu den ältesten Beispielen dieser Art auf deutschem Boden gehört.

unten rechts: der romanische Taufstein

folgende Doppelseite: Die Stiftskirche St. Pankratius in Hamersleben verdankt ihren Ruhm besonders den Tier- und Pflanzenornamenten an den Würfelkapitellen der Langhaussäulen. Es sind Bildwerke von starker Eindringlichkeit.

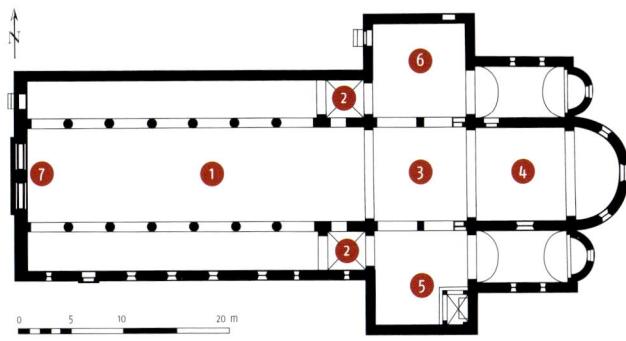

1 Basilikales dreischiffiges Langhaus
2 Gewölbte Seitenschiffjoche, darüber die Türme
3 Vierung mit Chorus minor (Mönchschor), Chorschranken mit Stuckreliefs
4 Chor mit barockem Hochaltar
5 Gotisches Altarziborium (Baldachin)
6 Nordquerhaus mit barocken Apostelfiguren
7 Empore mit barocker Orgel

des hohen Mittelalters in die Kapitelle des Langhauses meißeln: die Vorstellung von Gott, der Licht und Leben bedeutet und dem Bösen keine Chance zugesteht – ein beredtes Zeugnis mittelalterlicher Angst vor dem Unbegreiflichen, verbunden mit einer unendlichen Sehnsucht nach Frieden des Körpers und der Seele.

Der Innenraum wird von mächtigen glatten Säulenschäften gegliedert.

Bis zum 15. Jahrhundert veränderte sich die Kirche kaum. Die Türme erhielten nach 1512 ihre spitzen Helme. Die Restaurierungen des 19. und 20. Jahrhunderts beließen die barocke Ausstattung, nahmen sie jedoch in ihrer Wirkung zurück. Anstelle der spät- oder nachmittelalterlichen hölzernen „Gewölbe" wurden Balkendecken eingezogen, das ursprüngliche Fußbodenniveau wurde wieder freigelegt.

Von der Stuckierung der Chorschranken (ähnlich wie in der Liebfrauenkirche Halberstadt) aus dem frühen 13. Jahrhundert hat sich an der Nordseite ein Rest mit den drei Figuren von Christus und den Erzaposteln Petrus und Paulus erhalten.

Wasserschloss Westerburg

In der Nähe von Dedeleben liegt im Großen Bruch das romanische Wasserschloss Westerburg. Nach schriftlichen Quellen befand sich diese alte Harzgrafenburg ab 1052 im Besitz des Bistums Halberstadt, ab 1180 war sie ein Lehen der Grafen von Regenstein. Diese ließen die runde Kernburg zu einer stark befestigten, mit doppeltem Wassergraben gesicherten Anlage ausbauen und ab 1400 an den runden Bergfried anschließend um eine kastellartige Wohnburg erweitern. Der wehrhafte Charakter der Westerburg blieb bei den späteren Ergänzungen mit malerischen Fachwerkaufbauten bewahrt. Die Räumlichkeiten werden heute gastronomisch genutzt. Zugänglich sind zudem die barocke Schlosskapelle, der Fürsten- und Spiegelsaal, die Gräfliche Amtsstube, das Restaurant „Prinzessin Marie Pauline" und der Ritterkeller. In der Kernburg und im Kastell wurde ein Hotel für gehobene Ansprüche eingerichtet. Zum Verweilen lädt die Südterrasse am gepflegten Park ein.

Der Bergfried – dominierender und ältester Teil der Burg

Romanik-Hotel Wasserschloss Westerburg
38836 Huy OT Dedeleben

Öffnungszeiten
täglich

Eintrittspreise
Eintritt frei

Führungen
nach Voranmeldung,
3,– EUR pro Person

Ansprechpartner für Führungen
Romanik-Hotel
38836 Huy OT Dedeleben
Landkreis Harz
Rezeption
Tel.: (03 94 22) 95 50
Fax: (03 94 22) 9 55 66
info@hotel-westerburg.de

Unsere Tipps
Westerburger Kultursommer mit Theater und Konzerten, historischer Aufmarsch „Zeitreise" auf der Westerburg am 1. Juniwochenende, Trauungen in der barocken Schlosskapelle

Anreise mit PKW
A 2 Berlin–Hannover–Helmstedt, A 7 Ausfahrt Rhüden–Wernigerode, A 7 Kreuz Hannover–Braunschweig, Halberstadt, Dedeleben

Anreise mit ÖPNV
Bahn- und Buslinien ab Halberstadt, Transfer auf Anfrage

Parkplätze
für PKW und Busse

Verkaufsangebot im Bauwerk
Broschüren, Ansichtskarten

Toiletten
im Bauwerk

Internet
www.hotel-westerburg.de

Huysburg

Benediktinerkloster St. Marien

Die Halberstädter Bischöfe erhielten 997 von Kaiser Otto III. den Bann über den Huywald und wahrscheinlich auch die Burganlage, von der heute nur noch geringe Wallreste sichtbar sind.

Im 11. Jahrhundert besaß Bischof Burchard I. von Halberstadt am Huy – einem etwa 20 Kilometer langen, bewaldeten Höhenzug nördlich von Halberstadt – einen Hof, der als „curia" bezeichnet wurde. Darin wurde 1058 eine doppelgeschossige Kapelle geweiht. Aus der Kurie entwickelten sich eine Einsiedlerinnen-Kolonie und ein Benediktinerkloster, das Bischof Burchard II. von Halberstadt 1084 zur Abtei erhob. Nach einer wechselvollen Geschichte, in deren Verlauf sich im 15. Jahrhundert die Frauengemeinschaft auflöste und sich der Männerkonvent 1444 der Bursfelder Kongregation anschloss, nach Zerstörungen im Bauernkrieg, Konsolidierung im 18. Jahrhundert und Aufhebung 1804, bewohnt seit 1972 wieder ein kleiner Konvent von Benediktinern das Kloster.

Die 1121 geweihte Klosterkirche auf der Huysburg ist ein bedeutendes Denkmal niedersächsischer Baukunst an der Grenze zwischen früh- und hochromanischer Architektur.

Die wenige Jahrzehnte nach der Klostergründung 1121 geweihte Kirche ist eine dreischiffige, kreuzförmige Basilika. Ihr langgestreckter Chor entstand in zwei Bauetappen im Anschluss an die ältere Doppelkapelle. An die Querhausarme waren ursprünglich Apsiden angefügt. Das kurze, dreijochige Langhaus besitzt rheinischen Stützenwechsel und Entlastungsbögen, ein Westchor schließt sich an. Der zweitürmige Westbau erhielt 1487 seine jetzige Gestalt, der Dachreiter wurde im 19. Jahrhundert stilistisch korrigiert. Die Ausstattung stammt hauptsächlich aus dem 18. Jahrhundert. Außer den Kapitellen blieb vom Schmuck des 12. Jahrhunderts

Benediktinerkloster Priorat St. Marien
Huysburg 2
38838 Huy
OT Dingelstedt am Huy

Öffnungszeiten
Kirche:
täglich 7.00–19.30 Uhr
Der Innenhof des Klosters ist immer frei zugänglich.

Eintrittspreise
Eintritt frei

Führungen
nach Voranmeldung

Ansprechpartner für Führungen
Benediktinerkloster Huysburg
Huysburg 2
38838 Huy
OT Dingelstedt am Huy
Tel.: (03 94 25) 96 10
Fax: (03 94 25) 9 61 98
mail@huysburg.de
fuehrungen@huysburg.de

Unsere Tipps
Konzerte, romanischer Saal mit ständiger Ausstellung, Klostercafé bzw. Getränkeangebot im Klosterladen (täglich geöffnet), Ekkehard-Haus, Gäste- und Tagungshaus

gastanmeldung@huysburg.de
Teilnahme am Stundengebet, Festgottesdienste an kirchlichen Feiertagen, Wallfahrten

Angebote im Ort
gut ausgebaute Wanderwege im Huywald

Anreise mit PKW
Halberstadt, Dingelstedt, Helmstedt

Anreise mit ÖPNV
Bahnlinie bis Halberstadt, danach Buslinie bis Röderhof Abzweig Huysburg, ab Haltestelle ca. 1 km Fußweg

Parkplätze
40 für PKW, 5 für Busse

Informationsmaterial
Karten, Broschüren, Faltblatt

Verkaufsangebot im Bauwerk
Klosterladen (Bücher, Karten, Klosterprodukte, z. B. Wein)

Toiletten
im Innenhof

Internet
www.huysburg.de

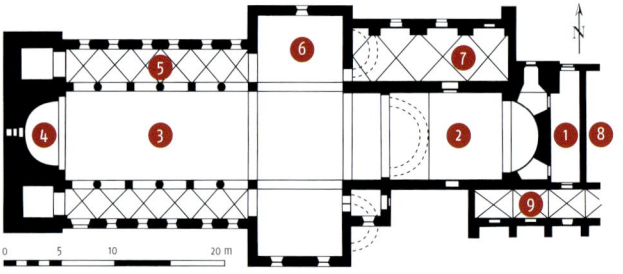

1 Reste der Doppelkapelle von 1058
2 Chor der romanischen Basilika
3 Dreischiffiges Langhaus der romanischen Basilika
4 Westbau mit Apsis und zwei Türmen
5 Nördliches Seitenschiff mit romanischem Türsturzfragment
6 Nördliches Querhaus mit Grabmal des ersten Abtes Ekkehard
7 Marienkapelle
8 Klostergebäude
9 Spätgotischer Kreuzgangflügel

einzig ein Türsturzfragment mit einem Engelrelief erhalten.

Von den romanischen Klostergebäuden im Südosten der Kirche haben sich Reste eines Kreuzgangflügels erhalten; Teile der Bauornamentik gelangten zudem in die Berliner Museen und in den Park des ehemaligen Huysburger Klostergutes Röderhof. Im Südflügel der Klausur (um 1160) konnte der Romanische Saal, einst wohl das Refektorium, wiederhergestellt werden.

Die barocke Ausstattung fügt sich harmonisch in den mittelalterlichen Raum ein.

Die Stützen der Arkaden wechseln sich nach rheinischer Art einfach ab.

Barocke Orgel in der Klosterkirche

Halberstadt

Neben Goslar war Halberstadt als „Tor zum Harz" dank seiner günstigen Verkehrslage und nicht zuletzt wegen seines Bischofssitzes die bedeutendste Stadt des nördlichen Harzvorlandes. Nach 780 wurde in dem heutigen Osterwieck (Seligenstadt) ein Missionsstift gegründet, das Bischof Hildegrim von Châlons-sur-Marne 804 nach Halberstadt verlegte. Zum Schutzpatron des Bistums wurde der heilige Stephanus bestimmt.

Das Bistum sollte über Jahrhunderte die Geschicke der Stadt bestimmen. So entwickelte es sich bereits unter dem angelsächsischen Theologen Haimo (amt. 840–853) zu einem der wichtigsten Bistümer in Sachsen, und der 992 geweihte Dom war nach wenigen Jahrzehnten mit einem Kranz von Kirchen umgeben. Im Investiturstreit begegnet uns Halberstadt als Zentrum der päpstlichen Partei. Bischof Reinhard nahm an der entscheidenden Schlacht 1115 am Welfesholz aufseiten der sächsischen Fürsten teil. 1179 eroberte Heinrich der Löwe die Stadt und ließ sie zum Teil in Schutt und Asche legen.

In der Reformation schloss sich der Bischof dem neuen Bekenntnis an, das Domkapitel verblieb jedoch in einer gemischt-konfessionellen Besetzung bis zu seiner Auflösung im Jahr 1810.

Die Altstadt von Halberstadt wurde wie jene Magdeburgs 1945 ein Raub der Flammen – eine der schönsten deutschen Fachwerkstädte ging damit für immer verloren. Noch immer beherrscht jedoch der Dombezirk mit seinen beiden gewaltigen Kirchen, dem Dom und der Liebfrauenkirche, neben den beiden ungleichen Türmen der Stadtpfarrkirche St. Martini das Stadtbild.

links: Pfeilerfiguren an der Nordseite des Langhauses des Doms St. Stephanus (Maria, um 1520; hl. Mauritius, 1513; hl. Sebastian, 1510)

Blick auf Halberstadt, links die Liebfrauenkirche, in der Mitte der Dom, rechts die Kirche St. Martini

Dom St. Stephanus und St. Sixtus und Domschatz Halberstadt

Beim ottonischen Vorgängerbau handelte es sich um eine Steinbasilika mit breitem Mittelschiff und Ostchor mit Kryptenanlage, der wohl in Konkurrenz zu der kaiserlichen Stiftung in Magdeburg entstand und 992 geweiht wurde. Entsprechend den Ansprüchen der Halberstädter Bischöfe wurde dieser Bau ab dem 13. Jahrhundert durch eine großartige Kathedrale in den reinsten Formen gotischer Baukunst im sächsisch-thüringischen Raum ersetzt.

Vor dem Westwerk des ottonischen Baues wuchs bis um 1250 ein neuer Westbau mit den beiden quadratischen Türmen empor. Dessen Fassade mit dem reich dekorierten Portal orientiert sich an Partien des Mainzer Domes. Nach einer Planänderung in der Mitte des 13. Jahrhunderts traten die drei westlichen Joche des Langhauses an die Stelle des ottonischen Westwerkes, deren Form auf das Vorbild von Kathedralen in der Champagne und in Lothringen zurückgeht. Die Maße des ottonischen Baues wurden jedoch beibehalten. Daher führte die Erhöhung der Mittel- und Seitenschiffwände zu der für Halberstadt typischen Steilheit der Proportionen. Mit der Marienkapelle, einer Chorscheitelkapelle, wurde der Bau im Osten fortgesetzt und mit dem spätgotischen Chor abgeschlossen.

Der großartige Innenraum von ausgeglichener Schönheit weist eine außerordentlich reiche figürliche Ausstattung auf mit einem vielfältigen Skulpturenschmuck an den Pfeilern und am Lettner. Unter dem bedeutenden Bestand an mittelalterlicher

rechts: Mittelschiff, Blick nach Osten

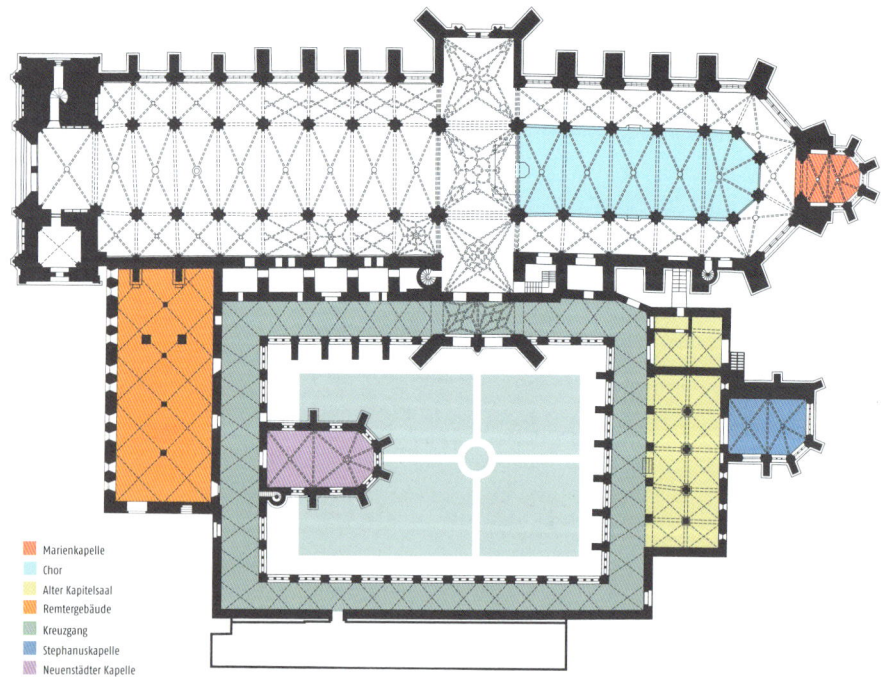

- Marienkapelle
- Chor
- Alter Kapitelsaal
- Remtergebäude
- Kreuzgang
- Stephanuskapelle
- Neuenstädter Kapelle

links: Spätromanische Triumphkreuzgruppe über dem gotischen Lettner (um 1210/15) aus dem älteren Dom: Christus in der Mitte, links und rechts von ihm Maria und Johannes der Evangelist, an beiden äußeren Seiten je ein Cherub

rechts: Ausschnitt aus dem Achsfenster in der Marienkapelle. Szenen aus dem Leben Jesu im Mittelstreifen, 14. Jahrhundert

Glasmalerei sind die Scheiben in der Marienkapelle hervorzuheben – sie bilden einen der wenigen, relativ gut erhaltenen hochgotischen Zyklen.

Im 19. Jahrhundert ähnelten sich die Geschicke der Dombauten in Halberstadt und Magdeburg. Gleichzeitig mit der Instandsetzung des Magdeburger Domes erklärte Friedrich Wilhelm III., „dass auch in Halberstadt die der Würde der Dom-Kirche ange-

Romanischer Taufstein aus Rübeländer Marmor im Langhaus des Domes (1195). Der Taufstein stammt vermutlich selbst aus Halberstadt und ist eine Stiftung Bischof Gardolfs für den romanischen Vorgängerbau des Domes.

Der alte Kapitelsaal aus der Mitte des 12. Jahrhunderts ist der älteste Raum der Klausur.

Dom St. Stephanus und St. Sixtus und Domschatz Halberstadt

Domplatz 16 a
38820 Halberstadt

Öffnungszeiten

Mai–Oktober:
Di–Sa 10.00–17.30 Uhr,
So/Feiertage 11.00–17.30 Uhr
November–April:
Di–Sa 10.00–16.00 Uhr,
So/Feiertage 11.00–16.00 Uhr

Eintrittspreise Domschatz

Erwachsene: 8,– EUR
ermäßigt: 6,– EUR
Kinder: Eintritt frei

Führungen Dom und Domschatz

Mai–Oktober:
Di–Fr 11.30
Sa/So/Feiertage 11.30 Uhr und
14.30 Uhr
November–April:
Sa/So/Feiertage 11.30 Uhr und
14.30 Uhr
Der Domschatz kann auch
ohne Führung besichtigt
werden.
Gruppen bitte voranmelden.

Ansprechpartner für Führungen

Domschatz Halberstadt
Domplatz 16 a
38820 Halberstadt
Tel.: (0 39 41) 2 42 37
Fax: (0 39 41) 62 12 93
halberstadt@die-
domschaetze.de
www.die-domschaetze.de

Ausstellungen

umfangreichster mittelalterlicher Domschatz Europas

Unsere Tipps

Johanniskirche (älteste Fach-
werkkirche Deutschlands),
Konzerte im Sommerhalbjahr

Angebote im Ort

Gleimhaus, Städtisches
Museum, Schraubemuseum,
Bernhard-Lehmann-
Museum, Heineanum,
John-Cage-Orgel-Kunst-
Projekt

Anreise mit PKW

über die B 79 oder B 81

Anreise mit ÖPNV

Bahn- und Buslinien

Parkplätze

550 für PKW am Düstern-
graben, 3 für Busse im
Hohen Weg ca. 300 m
entfernt und Parkhaus
Rathauspassage

Informationsmaterial

Prospekte

Verkaufsangebot im Bauwerk

Bücher, Karten, Broschüren

Toiletten

im Neubau des Domschatzes

Internet

www.dom-und-
domschatz.de
www.kulturstiftung-st.de

messene Herstellung" erfolgen sollte. Zunächst stellte man jedoch nur einen rein gotischen Innenraum wieder her; die barocke Ausstattung wurde aufge-geben. Ab 1847 sicherte man auch die Außenwände und vollendete die Arbeiten mit dem Neubau der Turmobergeschosse. Nach starken Zerstörungen 1945 folgten Sicherungs- und Sanierungsmaßnahmen.

Der außergewöhnliche Schatz des Halberstädter Domes gehört mit seinen 650 Stücken, darunter er-lesene Wandteppiche und liturgische Gewänder, zu den kostbarsten Kirchenschätzen der Welt. Ihn zeichnet besonders aus, dass er keine museale Sammlung ist, sondern dieses einzigartige Ensemble mittelalterlicher Kunstwerke war für den Gottes-dienst an der Halberstädter Bischofskirche bestimmt und verdankt seine Bewahrung dem zwischen 1591 und 1810 konfessionell gemischten Domkapitel. Hervorzuheben ist auch der großartige Bestand an li-turgischen Geräten und Reliquiaren. Im Mittelalter bedeutete der Besitz einer Reliquie ein Stück Heils-gewissheit, wobei man Reliquien aus dem Heiligen Land besondere Bedeutung und Wirkungskraft zu-sprach. Die Kreuzzüge wurden deshalb auch ge-nutzt, um in den Besitz solcher Heiligtümer zu kommen. Einen wertvollen Teil der Halberstädter Reliquien brachte Konrad von Krosigk nach der Er-oberung Konstantinopels 1204 bei seiner Rückkehr

Blick in den Teppichsaal. Die romanischen Bildteppiche aus dem 12. Jahrhundert, deren Farbintensität sich über die Jahrhunderte erhalten hat, stellen einen Höhepunkt der Domschatzsammlung dar.

Der Christus-Apostel-Teppich (Inv.-Nr. 517), Detail, Niedersachsen/Harzvorland, zweite Hälfte 12. Jahrhundert, Gesamtlänge: ca. 9 Meter

1205 mit. Als eine der kostbarsten und besterhaltenen Silbertreibarbeiten der mittelbyzantinischen Epoche gilt die Weihbrotschale aus dem 11. Jahrhundert. Die Ankunft des Reliquienschatzes in Halberstadt löste eine Umgestaltung des romanischen Domes aus. Zu dessen Ausstattung gehörte die um 1210–1215 geschaffene monumentale Triumphkreuzgruppe, ein Hauptwerk mittelalterlicher Skulptur in Europa.

In den letzten Jahren konnten die Räume des Halberstädter Domschatzes umfassend restauriert werden. Seit April 2008 sind die 300 wichtigsten Exponate in einer neuen Dauerausstellung in den historischen Räumen der Domklausur erlebbar.

Blick in die Schatzkammer

Löwenaquamanile um 1220–1230. Dieses spätromanische
Gießgefäß wurde aus Bronze gegossen und ziseliert.
Es wurde für sakrale Handwaschungen genutzt.

rechts: Die hl. Maria Magdalena mit Salbgefäß, um 1350

unten rechts: Karlsreliquiar aus der Domschatzkammer.
Ein byzantinischer Glasbecher aus dem 9./10. Jahrhundert wurde im 14. Jahrhundert durch eine kostbare
Goldschmiedefassung zum Reliquienpokal
umgearbeitet.

Bergkristallflasche, ägyptische Steinschneidekunst. Die
wertvolle Flasche diente zur Aufbewahrung einer
Reliquie. Die Flasche stammt aus der zweiten Hälfte des
10. oder der ersten Hälfte des 11. Jahrhunderts. Der
Verschluss wurde Ende des 12./Anfang des
13. Jahrhunderts gefertigt, die Manschette entstand im
13. und der Fußring vermutlich im 14. Jahrhundert.

Halberstadt

Liebfrauenkirche

Gegenüber dem Dom erhebt sich die Liebfrauenkirche, die ihre hochromanischen Formen bewahrte. Bischof Arnulf gründete 1005 ein Augustiner-Chorherrenstift; bis 1020 wurde daraufhin eine wahrscheinlich kreuzförmige Basilika mit Vierstützenkrypta errichtet. Die Untergeschosse der Westfassade stammen noch aus der Zeit um 1089.

Bischof Rudolph legte 1146 den Grundstein für den Bau der heutigen Kirche. Es entstand die einzige viertürmige romanische Basilika Mitteldeutschlands in blockhafter Gestalt mit ruhigen ausgewogenen Formen. Abweichend von der dreischiffigen Chorform mit Apsiden des cluniazensischen Vorbildes sind die Wände zwischen den Chorschiffen geschlossen, die Seitenschiffe wurden zu selbstständigen Kapellen.

Nach der Auflösung des Stiftes 1810 und Nutzung als Gefangenenlager verfiel der Bau, bis 1840

Liebfrauenkirche
Domplatz 46
38820 Halberstadt

Öffnungszeiten
November–Mai:
Di–Sa 10.00–16.00 Uhr,
So u. Feiertage
12.00–16.00 Uhr
Juni–Oktober:
Di–Sa 10.00–17.00 Uhr,
So u. Feiertage
12.00–17.00 Uhr

Eintrittspreise
Kirchenschiff: Eintritt frei,
Spenden erwünscht
Chorschranken: 2,– EUR

Führungen
nach Vereinbarung,
2,50 EUR pro Person

Ansprechpartner für Führungen
Evangelisch-reformierte
Kirchengemeinde zu
Liebfrauen in Halberstadt
Domplatz 46–47
38820 Halberstadt
Tel.: (0 39 41) 2 42 10
Fax: (0 39 41) 57 04 03
reformiert-hbs@t-online.de

Unsere Tipps
Chorschranken aus dem
frühen 13. Jahrhundert

Angebote im Ort
Dom, Moritzkirche, Museen,
Stadtführung

Anreise mit PKW
über die B 79 oder B 81

Anreise mit ÖPNV
Bahn- und Buslinien

Parkplätze
550 für PKW am
Düsterngraben,
3 für Busse im Hohen Weg
ca. 300 m entfernt und
Parkhaus Rathauspassage

Informationsmaterial
Prospekte, Bücher, Karten

Verkaufsangebot im Bauwerk
Bücher, Karten, Broschüren

Toiletten
am Kreuzgang

Internet
www.liebfrauenkirche-
halberstadt.de

eine umfassende Restaurierung einsetzte. Damals entdeckte man auch den hohen Rang der Chorschranken, die seither zu den großartigsten Schöpfungen der Kunst des frühen 13. Jahrhunderts gezählt werden. Eine wichtige Maßnahme der Restaurierung war der Neuaufbau des baufälligen Nordostturmes, wofür bis auf die Dachdeckung der erhaltene romanische Originalbestand verwendet wurde.

Leider hatten die Bemühungen Ferdinand von Quasts um den Erhalt der barocken Ausstattung keinen Erfolg. Nur der barocke Orgelprospekt blieb erhalten und gelangte in die Halberstädter Paulskirche.

Liebfrauenkirche von Osten

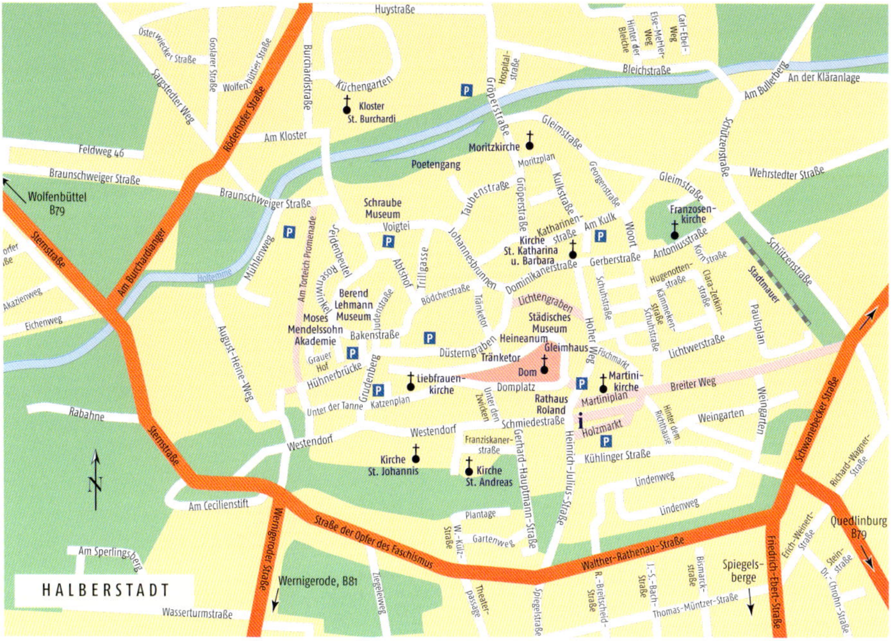

Die südliche Chorschranke in der Liebfrauenkirche

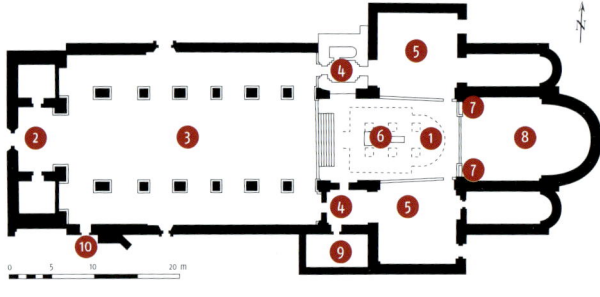

1 Ergrabene Krypta des ersten Kirchenbaus
2 Westbau mit Westtürmen
3 Basilikales dreischiffiges Langhaus
4 Osttürme
5 Chorschranken mit Stuckfiguren
6 Spätromanisches Kruzifix
7 Spätromanische Ambonen (Lesekanzeln)
8 Chor mit Grabmal des Bischofs Rudolf
9 Barbarakapelle mit spätgotischer Ausmalung und Flügelaltar
10 Sogenannte Taufkapelle (ehemaliger Klausurbereich)

Während der Restaurierung wurden in dem sonst streng wirkenden Raum die ursprünglichen großfigurigen Wandmalereien und Fresken freigelegt, die Quast eingehend beschrieb. Infolge der damals erfolgten Übermalung und der Kriegszerstörung 1945 sind allerdings davon nur sehr geringe Reste überkommen. Der heutige Raum präsentiert sich weitgehend schmucklos.

Von der Ausstattung blieb aber glücklicherweise das im westlichen Vierungsbogen hängende, ehemals wie im Dom auf einem Balken stehende Kruzifix, einst Bestandteil einer Triumphkreuzgruppe, erhalten. Es entstand um 1230 und steht der Wech-

selburger Kreuzigungsgruppe nahe. Im Gegensatz zur Darstellung im Halberstädter Dom ist hier Christus mit offenen Augen und erhobenem Haupt wiedergegeben.

In der um 1170 errichteten sogenannten Taufkapelle an der Südseite trägt ein Bündelpfeiler über Gurten vier Kreuzgratgewölbe. Die reichen Palmettenkapitelle weisen auf Einflüsse aus Königslutter hin.

Auf die Kirchenbauten im Gebiet nordöstlich des Harzes reichten die Wirkungen der cluniazensischen Reform bis weit ins 12. Jahrhundert. Hier wurden ihre Baugewohnheiten von den Augustiner-Chorherren und den Prämonstratensern verbreitet.
In Ilsenburg entstand die dreischiffige Chorform mit Apsiden um 1080. Sie wurde im 12. Jahrhundert in Halberstadt an der Augustiner-Chorherrenkirche Unser Lieben Frauen wiederholt. Die Westtürme mit hohen rheinischen Rhombendächern entstanden nach 1200, zwischen ihnen befindet sich das Glockengeschoss. Die Osttürme weisen polygonalen Querschnitt und Zeltdächer auf. Die Fenster der Obergeschosse sind in den unterschiedlichsten Formen als Biforien und Triforien gestaltet.

Etwas später als die Chorschrankenreliefs um 1230 entstanden, gehört auch das monumentale Kruzifix (Detail) zu den großen, unverwechselbaren Leistungen sächsischer Bildhauerkunst.

Die erhaltenen, farbig gefassten Stuckreliefs der Chorschranken aus dem beginnenden 13. Jahrhundert lassen die Polychromie der romanischen Kirche erahnen und sind in der Lebendigkeit der Figuren einzigartig in Europa. Dargestellt sind Maria und Christus sowie die zwölf Apostel.

Wenn der Überlieferung des 12. Jahrhunderts Glauben zu schenken ist, dann bezeichnete man die Kaufmannssiedlung Osterwieck – heute eine wenig bekannte, aber sehr sehenswerte Fachwerkstadt – zunächst als Seligenstadt. Es handelte sich dabei wohl um den Ort, wo das Missionsbistum gegründet worden war, das man im frühen 9. Jahrhundert nach Halberstadt verlegte.

Wahrscheinlich gehört die Kirche St. Stephani zu den sagenhaften 35 Urpfarreien, die im 8. Jahrhundert von Bischof Hildegrim von Halberstadt auf Veranlassung des Kaisers Ludwig des Frommen gegründet worden sein sollen. Sie wird jedoch erst 1111 urkundlich erstmals genannt.

Aus romanischer Zeit hat sich der zweitürmige Westbau von klarer, herber Schönheit erhalten. Er fällt wohl in die kurze Zeit, in der hier ein von Bischof Reinhard von Halberstadt gegründetes Augustinerkloster bestand. Die Strenge des Baukörpers wird unterbrochen durch die klare Gliederung der Eck- und Stablisenen und den durch Triforien gegliederten Turmzwischenbau. Die schlanken Helme und die Turmbrücke entstanden freilich erst später.

Der heutige langgestreckte Chor entstand 1515 bis 1516. Das Langhaus, zwischen 1552 und 1557 gebaut, gehört zu den wichtigen Zeugen der Reformationsgeschichte, denn es ist das erste von einer evangelischen Stadtgemeinde geplante und ausgeführte kirchliche Bauvorhaben.

Stadtkirche St. Stephani
Stephanikirchhof
38835 Osterwieck (Harz)

Öffnungszeiten
Di–Fr 10.30–15.30 Uhr,
Sa/So/Feiertage
11.00–12.00 Uhr und
13.00–17.00 Uhr

Eintrittspreise
Eintritt frei, Spenden
erwünscht

Führungen
nach Voranmeldung

**Ansprechpartner für
Führungen**
Evangelisches Pfarramt
Stephanikirchhof 2
38835 Osterwieck (Harz)
Tel.: (03 94 21) 7 42 62
ev.kirche-osterwieck@
t-online.de

Ausstellungen
„Osterwieck – Stadt der
Reformation – Auf den
Spuren des Reformations-
jahrhunderts",
Fotoausstellung über
reformationstheologische
Inschriften an 40 Oster-
wiecker Häusern

Unsere Tipps
Konzerte in der Stadtkirche
St. Stephani

Angebote im Ort
Stadtführungen nach
Anmeldung in der
Touristinformation
Osterwieck
Tel.: (03 94 21) 79 35 55

Anreise mit PKW
Halberstadt Richtung
Osterwieck, Goslar,
Wernigerode Richtung
Osterwieck, Goslar

Anreise mit ÖPNV
Bus- und Bahnlinien

Parkplätze
30 für PKW, ca. 200 m
entfernt

Informationsmaterial
Faltblatt mit allen
Hausinschriften für Stadt-
rundgang in der Kirche
erhältlich

**Verkaufsangebot im
Bauwerk**
Originalfotos in reicher
Auswahl,
Kirchenführer und
Informationsmaterial über
die Kirche und ihre
Ausstattung

Toiletten
am Markt und an der
Stephanikirche

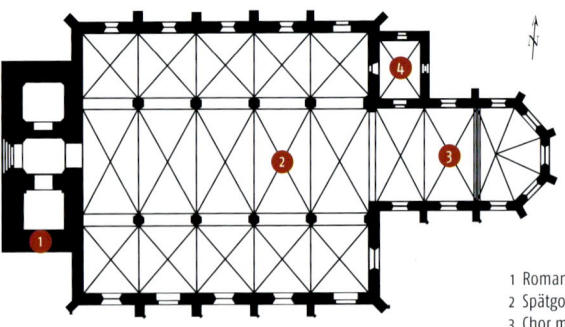

1 Romanischer Westbau mit zwei Türmen
2 Spätgotisches Hallenlanghaus im Geist der Renaissance
3 Chor mit Flügelaltar (1484) und Taufkessel (um 1300)
4 Sakristei (romanisch)

Flügelaltar (1484), Festtagsseite Marienkrönung

*Die heutige Westfassade zeigt den für das
12. Jahrhundert typischen sächsischen Querriegel mit
Westportal und quadratischen Turmaufbauten.*

Spätgotisches Hallenlanghaus, Blick nach Westen

Benediktinerkloster St. Peter und St. Paul

Kaiser Heinrich II. beurkundete 1003 die Schenkung der „Elisenaburg" an den Halberstädter Bischof Arnulf mit der Verpflichtung, in ihr ein Kloster nach dem Vorbild von Fulda zu errichten, ohne jedoch das gesamte dazugehörige Land dem Kloster zu übereignen. Auf dem schroffen Ilsestein wurde daraufhin eine neue Burg erbaut, deren Burgherren, die zugleich die Vogteirechte über den Konvent ausübten, die königlichen Besitzungen verwalteten.

Das Kloster St. Peter und Paul wurde auf Veranlassung Bischof Burchards II. von Halberstadt in der zweiten Hälfte des 11. Jahrhunderts reformiert und mit Mönchen aus Cluny besetzt. Abt war sein Neffe Herrand aus dem Kloster Gorze bei Metz. Er begründete die berühmte Ilsenburger Klosterbibliothek mit einer weithin anerkannten Schreibschule. Als Zentrum der antikaiserlichen Reformbewegung gewann Ilsenburg großen Einfluss.

Herrand erbaute Ende des 11. Jahrhunderts nach dem Vorbild von Cluny eine Kirche, die zu den größten im Reich gehörte. Noch vor St. Peter und Paul in Hirsau entstand hier eine flachgedeckte, kreuzförmige Basilika mit dreischiffigem Chor ohne Krypta.

Nach der Reformation gelangte das Kloster in den Besitz der Grafen von Stolberg-Wernigerode. Sie ließen das Kloster zu Wohnzwecken umbauen und nutzten die verkleinerte und mit einer barocken Ausstattung versehene Kirche als Schlosskirche. Das

Ehemaliges Benediktinerkloster und Klosterkirche St. Peter und St. Paul
Schlossstraße 26
38871 Ilsenburg

Öffnungszeiten
Kloster und Klosterkirche
November–April:
Mo–So 10.00–15.00 Uhr
Mai–Oktober:
Mo–So 9.00–17.00 Uhr

Eintrittspreise
Eintritt 3,– EUR
mit Kurkarte 2,– EUR

Führungen
pro Person 5,– EUR
mit Kurkarte 4,– EUR

Ansprechpartner für Führungen:
Stiftung Kloster Ilsenburg e. V.
Schlossstraße 26
38871 Ilsenburg
Tel.: (03 94 52) 8 01 55

Unsere Tipps
Trauungen im Kloster, Konzerte, Ausstellungen, Lesungen, Kunsthandwerkermarkt, Weihnachtsmarkt, Café im Schloss

Angebote in der Umgebung
Harzer Klosterwanderweg (32 km), Brockenaufstieg (Heinrich-Heine-Weg),

Schaugießen in der Fürst-Stolberg-Hütte, Hütten- und Technikmuseum mit Grenzausstellung, Stadtführungen, Kutschfahrten, Mountainbiketouren

Anreise mit PKW
A 395 Abfahrt B 6 Wernigerode, Ilsenburg, A 14 Abfahrt Bernburg, Aschersleben, Quedlinburg, Ilsenburg B 6

Anreise mit ÖPNV
Bahn bis Bad Harzburg, Wernigerode, Osterwieck

Parkplätze
50 für PKW, 2 für Busse

Verkaufsangebot im Bauwerk
Klosterführer, Fotos, Ansichtskarten, Feinsilber-Medaille

Toiletten
auf dem Gelände

Internet
www.ilsenburg.de
www.harzer-klosterwanderweg.de
www.klosterilsenburg.de

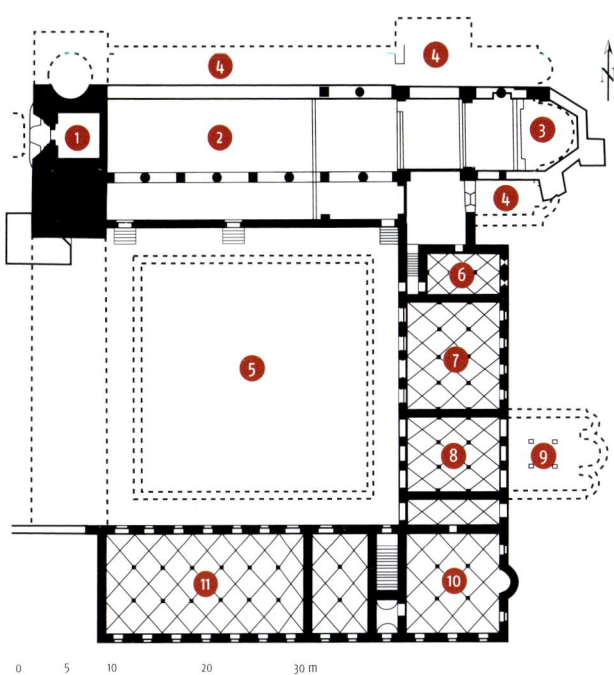

1 Westbau, ehemals zweitürmig
2 Basilikales Langhaus mit Resten des romanischen Schmuckfußbodens
3 Chor mit barockem Hochaltar
4 Abgebrochene Teile der romanischen Kirche
5 Kreuzhof mit ehemaligem Kreuzgang
6 Armarium
7 Kapitelsaal
8 Kapitelsaal
9 Ehemalige Marienkapelle, darüber Bibliothek
10 Calefaktorium (Wärmestube)
11 Refektorium (Speisesaal)

0 5 10 20 30 m

Die kreuzförmige dreischiffige Basilika mit dreischiffigem Chor und sächsischem Querriegel mit quadratischen oder oktogonalen Türmen blieb nur zum Teil erhalten. Aus dem 11. Jahrhundert stammt die Südwand der Kirche, an die sich der Kreuzgang anschloss.

ehemalige Wirtschaftsgebäude des Klosters wurde 1862 zu einem neoromanischen Schloss ausgebaut. Im Erdgeschoss befindet sich ein Café.

Von der romanischen Klausur blieben der Ost- und der Südflügel erhalten. In den gewölbten Räumen bewahrte sich auch ein Teil des ursprünglichen

Als besondere Kostbarkeit haben sich in St. Peter und St. Paul Teile des romanischen Fußbodens erhalten, die bei Restaurierungsarbeiten 1932–34 freigelegt wurden. Im Mittelschiff und zwischen den Stützen liegen die Reste eines Gipsestrichs mit einer sehr lebendigen Ritzzeichnung, die durch rote und schwarze Farbpasten hervorgehoben wird.

Bauschmucks. So verweisen einige der Säulen und Kapitelle im ehemaligen Refektorium auf die Bauhütte Königslutter. Zu sehen sind noch Reste eines Gipsfußbodens aus dem 12. Jahrhundert.

Auf den alten Spuren des Harzer Klosterwanderweges kann man von Drübeck nach Ilsenburg, Wölfingerode bis nach Grauhof/Goslar pilgern.

Innenansichten der Basilika und der Klausur

Wandmalerei an der Nordwand der Basilika, der heilige Christopherus

Drübeck

Benediktinerinnenkloster St. Vitus

In unmittelbarer Nähe von Ilsenburg befindet sich – etwas im Verborgenen – die Klosterkirche Drübeck, gelegen an der alten Handelsstraße, die von Wernigerode nach Goslar führte.

Über die Gründungsgeschichte des Benediktinerinnenklosters geben die Quellen keine eindeutige Auskunft. Die erste urkundliche Erwähnung findet sich in einer Urkunde Ottos I. aus dem Jahre 960. Thietmar von Merseburg erwähnte eine „civitas"; enge Beziehungen bestanden zu Gandersheim und Quedlinburg. Bischof Reinhard von Halberstadt reformierte im 12. Jahrhundert das Kloster und führte es zur wirtschaftlichen Blüte. Die Nonnen von Königslutter kamen nach Drübeck, als Königslutter in ein Männerkloster umgewandelt wurde. Bald nahm man auch Bürgertöchter in den Konvent auf.

Die Grafen von Stolberg-Wernigerode setzten 1545 die Reformation durch und wandelten das Kloster in ein evangelisches Damenstift um, das bis 1946 bestehen blieb.

Ehemaliges Benediktinerinnenkloster St. Vitus
VCH-Hotel Evangelisches Zentrum Kloster Drübeck Tagungs- und Begegnungsstätte der Evangelischen Kirche in Mitteldeutschland
Klostergarten 6
38871 Ilsenburg OT Drübeck

Öffnungszeiten
täglich 6.30–19.00 Uhr

Eintrittspreise
Eintritt frei, Spenden erwünscht

Führungen
April–Oktober:
Mo-Sa 14.00 Uhr,
So 11.00 und 14.00 Uhr und nach Vereinbarung
Erwachsene: 3,50 EUR
Gruppenführungen/Kostümführungen
Grundpreis 35,– EUR/
45,– EUR
(bis 10 Personen)
je weiterer Gast 3,50 EUR/
4,50 EUR

Ansprechpartner für Führungen
VCH-Hotel Evangelisches Zentrum Kloster Drübeck
Klostergarten 6
38871 Ilsenburg OT Drübeck
Tel.: (03 94 52) 9 43 01
Fax: (03 94 52) 9 43 45
reservierung@kloster-druebeck.de
ez@kloster-druebeck.de

Unsere Tipps
Romantische Nacht am 1. Samstag im August, „Sommermusiken", „Advent im Kloster", Kunstausstellungen in der Galerie im „Eva Heßler Haus", Klostercafé im Gärtnerhaus (Dezember–Februar 12.00–17.30 Uhr, März–November 11.00–17.30 Uhr, Mo Ruhetag), Weinstube (täglich ab 19.30 Uhr, So Ruhetag)

Angebote in der Umgebung
Klosterwanderweg zum Kloster Ilsenburg, Pilgertour von Drübeck nach Wöltingerode und Goslar, Stadtführungen in Wernigerode, Besuch des Bürgerparks mit dem Miniaturenpark Kleiner Harz oder Besichtigung des Wernigeröder Schlosses Fahrt mit der Harzer Schmalspurbahn durch den Harz zum Brocken

Anreise mit PKW
B 6n Abfahrt Ilsenburg, danach Beschilderung „Straße der Romanik"

Anreise mit ÖPNV
Bahnlinie bis Ilsenburg oder Wernigerode, Buslinie bis Drübeck

Parkplätze
80 für PKW

Informationsmaterial
Kleiner Kunstführer Kloster Drübeck

Verkaufsangebot
Klosterladen im Café Gärtnerhaus

Toiletten
auf dem Klostergelände

Internet
www.kloster-druebeck.de

rechts: Langhaus nach Osten

Blick auf die Klosterkirche vom Klostergarten aus

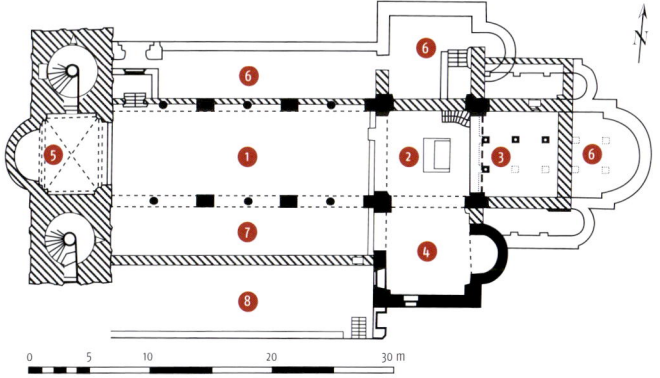

Der Westquerbau in der typischen Manier der niedersächsischen Querriegel entstand wohl in zwei Bauphasen: um 1100 der blockhafte, kaum aufgelöste Unterbau; bis 1200 der dreiteilige Aufbau mit den beiden oktogonalen Türmen und dem breiten Zwischenbau aus fugendichtem Quaderstein sowie die Gestaltung der Fenster als Triforen bzw. Biforen. Bei den Restaurierungen 1953–1956 und 1992 sind auch die Gliederungselemente wieder herausgearbeitet worden.

Nach den im Bauernkrieg und im Dreißigjährigen Krieg davongetragenen Schäden ist von der Kirche, die Heinrich II. in einer Urkunde 1004 erwähnte, eine Basilika (ohne nördliches Seitenschiff, Querhaus und Chorapsis) erhalten.

Aus dieser Zeit stammen Vierung, südlicher Querhausarm mit Apsis, quadratischer Ostchor mit nördlichem Nebenraum und Hallenkrypta. Das aus drei Jochen bestehende Langhaus weist rheinischen Stützenwechsel mit Entlastungsbögen auf.

Der ehemalige Klosterbezirk ist sehr malerisch durch eine Mauer vom Dorf abgetrennt.

1 Mittelschiff des ottonischen Baus
2 Vierung
3 Chor mit nachgotischem Ostschluss und spätgotischem Flügelaltar, darunter Krypta
4 Südliches Querhaus
5 Romanischer Westbau
6 Abgebrochene Teile: Choranlage, nördliches Querhaus und Nordseitenschiff
7 Wieder aufgebautes Südseitenschiff
8 Ehemaliger Kreuzgang

„Die bunte Stadt am Harz", so nannte Hermann Löns 1907 liebevoll Wernigerode, und bis heute schmückt sich die Stadt am nördlichen Harzrand mit dieser Bezeichnung.

Vermutet wird schon im 9. Jahrhundert eine Rodungssiedlung der Corveyschen Mission unter Abt Warin I. (* um 800; Abt 836; † 856). Sie wuchs bis zum 12. Jahrhundert dank zahlreicher Handelswege und einflussreicher Grafen zur Marktsiedlung heran und wurde 1267 sogar Mitglied der Hanse. Die weiteren Geschicke der Stadt bestimmen besonders die Grafen von Stolberg. Sie errichteten auch auf ihrem alten Burggelände im 19. Jahrhundert das heute die Stadtsilhouette prägende märchenhafte Schloss.

Im 13. Jahrhundert wurden nördlich der Altstadt mehrere Dörfer aufgegeben. Daraus entwickelte sich um 1270 eine noch bäuerlich geprägte Neustadt mit einer eigenen Befestigung. Sie blieb bis 1529 vollkommen selbstständig. Pfarrkirche dieser Neustadt wird die St. Johanniskirche. Von deren Erstbau 1256–1279 haben sich vermutlich der leicht querrechteckige Westturm sowie die Ansätze der Mittelschiffsarkaden und die heutige Sakristei als Rest des ehemaligen Querschiffes erhalten.

Gestaltverändernde Umbauten der Johanniskirche zu einer dreischiffigen Basilika fanden 1497 mit der Vollendung des spätgotischen Chors ihren Abschluss. Wertvollstes und bedeutendstes Ausstattungsstück der Kirche ist der vierflügelige Schnitzaltar im Chorraum. Eine Datierung auf der Rückseite weist auf das Entstehungsjahr 1415 hin.

Der Taufstein aus dem Jahr 1569 am Eingang des Chors zeigt nicht nur ein Porträt Martin Luthers, für das wohl ein Bild Lukas Cranachs als Vorlage diente, sondern auch den Superintendenten der Grafschaft Wernigerode Georg Aemilius, eigentlich Oemler (* 25. Juni 1517 in Mansfeld; † 22. Mai 1569 in Stolberg). Beide sind miteinander verwandt. Martin Luther schenkte 1544 dem Sohn Georg Aemilius eine

Bibel mit der Widmung: „Meinem guten alten freunde Nicolas Oemeler der mich pusiken (Winzling) und kind auff seinen armen hat, ynn und aus der Schulen getragen mehr denn ein mal, da wir alle beide noch nicht wusten, das ein schwager den anderen trug."

Von den Erneuerungsarbeiten des 19. Jahrhunderts zeugt die berühmte Ladegastorgel, die klanglich wie technisch ein hervorragendes Dokument spätromantischer Orgelbaukunst in Deutschland ist.

Im Zweiten Weltkrieg wurde auch die St. Johanniskirche beschädigt. Ihre Fenster wurden 1944 zerstört und später farblos verglast. Das Licht drang ungehindert ein und damit schädliche UV-Strahlen für den wertvollen Flügelaltar mit seinen prachtvollen Schnitzereien, und es entsteht eine Überblendung des Altars durch das einflutende Gegenlicht, so sieht es der Glasgestalter Günter Grohs (* 1958). Er lieferte die Entwürfe für neue Fenster.

Grohs erlernte sein Handwerk an der Kunsthochschule Halle, perfektioniert es ständig und arbeitet stets architekturbezogen. So setzte er bei der Fenstergestaltung von St. Wiperti in Quedlinburg (Nr. 40) auf die Klarheit des Raumes, bei der St. Petri-Pauli-Kirche in Eisleben, der Taufkirche von Martin Luther, auf Krümmungen und Geraden. In der Lutherstadt inspirierten ihn der Fußboden und der ebenerdige Taufbrunnen mit konzentrischen Kreisen. Bei der Gestaltung der Fenster in St. Johannis in Wernigerode nimmt Grohs die Linien des Kirchenraumes auf und verbindet sie mit der goldenen Farbigkeit des Altars.

Evangelische Kirchengemeinde St. Johannis

Pfarrstraße 24
38855 Wernigerode

Öffnungszeiten
Offene Kirche
Ostern bis Erntedank
Di–Sa 10.00–12.00 Uhr
und 15.00–17.00 Uhr
So 11.00–12.30 Uhr

Eintrittspreise
Eintritt frei

Führungen
nach Vereinbarung

Ansprechpartner für Führungen
Gemeindebüro
Tel.: (0 39 43) 90 62 66 oder 69
Fax: (0 39 43) 90 62 67
buero@st-johannis-wernigerode.de

Unsere Tipps
Ladegastorgel, Krippe von Karl-Heinz Ziomek

Anreise mit PKW
B 244 Richtung Wernigerode, B 6 Abfahrt Wernigerode Zentrum

Anreise mit ÖPNV
Bahn- und Buslinien, Hauptbahnhof, 10 Minuten entfernt

Parkplätze
Parkplatz „Neuer Markt" (gegen Gebühr)

Informationsmaterial
Prospekte, Postkarten Gemeindebrief

Toiletten
im Pfarrhaus

Internet
www.st-johannis-wernigerode.de

Im Unterschied zu anderen ehemaligen Klosteranlagen überdauerte von dem ehemaligen Zisterzienserkloster nicht die Kirche die Zeitläufte – sie wurde im 16. Jahrhundert weitestgehend zerstört –, sondern es blieben die Klausurgebäude erhalten.

Die Quedlinburger Äbtissin Beatrix II. gründete 1146 am Volkmarskeller, einer wohl schon in frühgeschichtlicher Zeit als Kultort genutzten Höhle und späteren Höhlenkirche, ein Kloster, das jedoch bald verlegt und mit Zisterziensern aus dem niederrheinischen (Alten-)Kamp besetzt wurde.

Von der mittelalterlichen Klausur aus der Zeit ab Mitte des 12. Jahrhunderts haben sich vor allem die zumeist gewölbten Erdgeschossräume erhalten. Besonders Kapitelsaal und Refektorium vermitteln

heute noch einen guten Eindruck ihrer ursprünglichen Erscheinung. Besonders reizvoll ist der Kreuzhof. Er wird von den romanischen Ost- und Südflügeln der Klausur, dem 1718 erneuerten Westflügel und den frühgotischen Kreuzgängen umschlossen.

Im Kloster Michaelstein steht heute neben dem Museum die Musik im Mittelpunkt. Es ist Sitz der Musikakademie Sachsen-Anhalt für Bildung und Aufführungspraxis.

Torhaus

Zisterzienserkloster Michaelstein
Michaelstein 3
38889 Blankenburg (Harz)

Öffnungszeiten
April–Oktober:
täglich 10.00–18.00 Uhr
November–März:
Mi–So/Feiertage
11.00–16.00 Uhr

Eintrittspreise
Erwachsene: 5,50 EUR
ermäßigt: 3,– EUR
Familien: 12,– EUR
(2 Erwachsene und
mindestens 1 Kind)
Gruppen ab 10 Personen:
Erwachsene: 5,– EUR
ermäßigt: 2,50 EUR

Führungen
nach Voranmeldung

Ansprechpartner für Führungen
Kulturstiftung
Sachsen-Anhalt
Kloster Michaelstein
Musikakademie Sachsen-Anhalt für Bildung und
Aufführungspraxis
Michaelstein 3
38889 Blankenburg (Harz)
Tel.: (0 39 44) 9 03 00
Fax: (0 39 44) 90 30 30
rezeption@kloster-michaelstein.de

Unsere Tipps
Michaelsteiner Klosterfest
(1. Sonntag im August),
Museum mit Klausur,
Klostergärten, Musik-instrumenten-Ausstellung,
Konzerte, Veranstaltungen,
Europa-Radweg R 1,
Radwegekirche

Angebote im Ort
Ritterturnier auf Burg und
Festung Regenstein, Kleines
Schloss, Großes Schloss
Blankenburg

Anreise mit PKW
über B 6n, B 27, B 81

Anreise mit ÖPNV
Bahnlinie bis Blankenburg
oder Wernigerode, danach
Buslinie bis „Blankenburg/Waldmühle"

Parkplätze
für PKW und Busse

Verkaufsangebot im Bauwerk
CDs, eigene Publikationen,
Ansichtskarten, Produkte
rund um den Kräutergarten

Toiletten
im Museumsbereich

Internet
www.kloster-michaelstein.de
www.kulturstiftung-st.de

Kapitell im Kapitelsaal (links), Kreuzgang (oben).
Das zweischiffige Refektorium zeichnet sich durch einen
Stützenwechsel aus, die Kapitellornamentik weist in die
Zeit um 1200. Der einstige Speisesaal wird heute für
Veranstaltungen und Konzerte genutzt.

Neben den regelmäßigen Konzerten und Veranstaltungen ziehen auch die liebevoll gepflegten Klostergärten die Besucher an. Anhand historischer Vorbilder wurden sie nach dem mönchischen Prinzip der Nützlichkeit und unter Berücksichtigung des mittelalterlichen Pflanzenverständnisses angelegt.

Blick in die Musikausstellung „KlangZeitRaum. Dem Geheimnis der Musik auf der Spur"

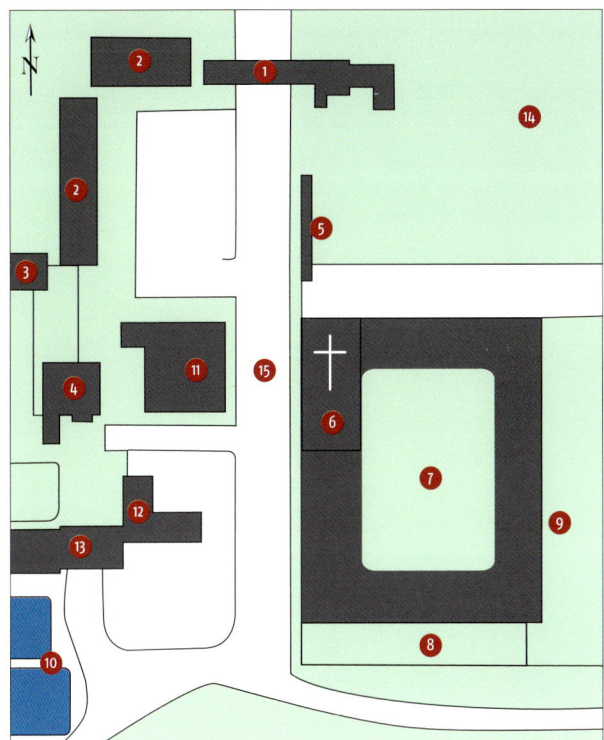

1 Torhaus
2 Gästehäuser mit Seminarräumen
3 Meierei
4 Musikscheune
5 Arkaden
6 Barocke Kirche
7 Kreuzhof mit Kreuzgang und Klausur
8 Kräutergarten
9 Gemüsegarten
10 Fischteiche
11 Restaurant „Cellarius"
12 Restaurant „Schafstall"
13 Fischrestaurant
14 Grünflächen
15 Straße „Michaelstein"

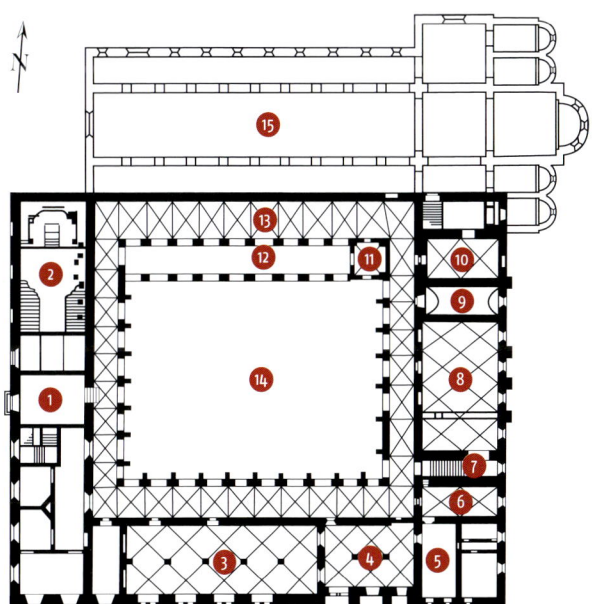

1 Museumseingang und Rezeption
2 Barocke Kirche, geweiht 1720
3 Refektorium (Speisesaal), Konzert-
und Veranstaltungssaal
4 Kalefaktorium (Wärmestube)
5 Mönchssaal (Arbeitsraum),
Ausstellung über Klostergärten und
Zugang zum Kräutergarten
6 Auditorium (Sprecherraum), Zugang
zum Gemüsegarten
7 Treppe zum Dormitorium (Schlafsaal)
8 Kapitelsaal (Versammlungsraum)
9 Armarium (Bücherzelle)
10 Sakristei
11 Sogenannte Abtskapelle
12 Arkadengang
13 Frühgotischer Kreuzgang, nördlicher
Teil spätromanisch
14 Kreuzhof
15 1893 ergrabene Umrisse der
ehemaligen Klosterkirche
(romanische Basilika)

Quedlinburg

Weithin berühmt ist die Sage, dass die deutsche Königskrone 919 am Finkenherd in Quedlinburg Heinrich dem Vogler überreicht wurde. Auch wenn sich die Gelehrten über den genauen Ort des Geschehens uneins sind, so gilt doch Quedlinburg als „Wiege des deutschen Reiches".

Mit der Entscheidung des fränkischen Königs Konrad, den Liudolfinger Heinrich zu seinem Nachfolger zu bestimmen, verlagerte sich der Schwerpunkt der Reichspolitik von Süddeutschland nach Sachsen – in den Raum zwischen Saale, Mittelelbe und Harz. In diesem Gebiet entstanden zahlreiche neue Burgen, Pfalzen, Bistümer, Klöster und Kirchen, die zu Stützen der Reichsgewalt wurden.

Heinrich I. ließ oberhalb von Quedlinburg eine Burg errichten, in deren Schutz sich die Stadt entwickelte. Unter den Ottonen (919–1024) blieb Quedlinburg eine der wichtigsten Pfalzen des Reiches. Heinrichs Sohn Otto I. bevorzugte zwar Magdeburg, gründete aber mit seiner Mutter Mathilde auf dem Burgberg in Quedlinburg ein freiweltliches Damenstift, dem er Immunität verlieh und das bereits 994 das Markt-, Münz- und Zollrecht in den südlichen Gauen des Bistums Halberstadt erhielt. Das Stift bewahrte auch in späteren Zeiten seine exklusive Stellung und blieb bis 1802 ein reichsunmittelbares, kaiserliches, freiweltliches Damenstift.

Im Dezember 1994 wurde Quedlinburg mit seiner historischen Innenstadt, dem Schlossberg sowie dem Münzenberg und der ehemaligen Stiftskirche St. Wiperti zum universellen Erbe der Menschheit erklärt. Der außergewöhnliche Wert Quedlinburgs beruht auf seiner Bedeutung für die Stadtbaugeschichte und die deutsche Geschichte. Der mittelalterliche Stadtgrundriss, der große Anteil mittelalterlicher Bebauung und viele Fachwerkbauten, sind bis heute authentisch erhalten. Von der UNESCO wurde der einzigartige Bestand mit über 2000 Fachwerkbauten aus mehreren Jahrhunderten gewürdigt.

Schlossberg Quedlinburg

Stiftskirche St. Servatius, Krypta

Der Schlossberg von Quedlinburg war bereits in frühgeschichtlicher Zeit besiedelt. Die ältesten nachgewiesenen Befestigungsreste reichen in die Bronzezeit zurück. In der Völkerwanderungszeit bestand eine Herrenburg. Der Burgenforscher Hermann Wäscher wies ein um 500 entstandenes Langhaus aus Steinerde nach, dessen Wände um 900 durch Holzmauern ersetzt wurden. Durch die Pfalzanlage Heinrichs I. und die Gründung des Reichsstiftes veränderte sich dann der Burgberg völlig.

Erstes Gotteshaus war die Pfalzkapelle St. Wiperti und St. Jacobus, eine kleine dreischiffige Kirche mit schmalen Seitenschiffen. In ihr wurde Heinrich I. 936 vor dem Hauptaltar beigesetzt.

Seine Gattin Mathilde begann mit dem Neubau, ließ 961 die Gebeine des neuen Schutzheiligen St. Servatius von Maastricht nach Quedlinburg überführen und wurde 968 neben ihrem Gemahl in einem monumentalen Steinsarg bestattet. Unter der bedeutenden Äbtissin und Reichsverweserin Mathilde, ihrer Enkelin, konnte der Neubau vollendet werden (Weihe 997). Dieser hatte schon die Maße des heutigen Baues. Nachdem er 1070 einer Brandkatastrophe zum Opfer gefallen war, erfolgte wiederum ein Neubau und die heutige Kirche entstand (Schlussweihe 1129): eine flachgedeckte kreuzförmige Basilika mit kurzem Querhaus und ausgeschiedener Vierung, neun Arkaden mit sächsischem Stützenwechsel und reichem Kapitellschmuck.

Die romanischen Gewölbemalereien in der Krypta sind die wohl bedeutendsten mittelalterlichen Wandmalereien Sachsen-Anhalts und zeugen

Die Königsgräber Heinrichs I. und seiner Frau Mathilde

Kapitell im Langhaus

in ihrem weitgehend unverfälschten Zustand von der ursprünglich farbigen Gestaltung der romanischen Basilika. Durch ein aufwendiges, vom Land Sachsen-Anhalt und vom Evangelischen Kirchspiel finanziertes Projekt konnten sie in den letzten Jahren gesichert und restauriert werden.

Um 1320 wurde der Chor über der romanischen Krypta neu errichtet, 1571 erfolgte die Erneuerung der Südwand des Querhauses, 1708 die der Südwand des Langhauses.

Das 19. Jahrhundert brachte besonders von 1863 bis 1882 umfassende Restaurierungen. Dabei entstanden die beiden Türme und ein Giebel am Westflügel des Schlosses neu und verstärken seither die Wirkung des Stiftsberges über der Fachwerkstadt. Im Inneren wurde der gesamte Werkstein gereinigt; als

Schlossberg Quedlinburg

1 Stiftskirche
2 Ehemaliger Wohntrakt der Stiftsfrauen, heute Eingangs- und Kassenbereich, oberhalb Ausstellungsräume
3 Residenzbau
4 Torhaus
5 Dechanei
6 Gaststätte „Schlosskrug"
7 Gartenanlage
8 Auf dem „Burgberg"

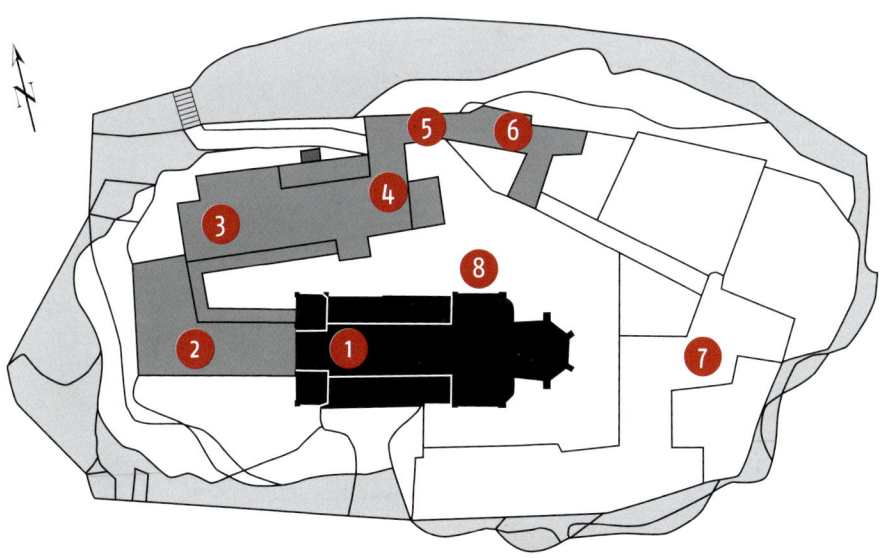

Stücke aus dem Domschatz
oben: Servatius-Schrein, Rom, 1. Jh. n. Chr.
rechts: sogenannter Kamm Heinrichs I. (7.–8. Jh.)
links: Bergkristall-Reliquiar Kaiser Ottos III. (10. Jh.)
unten: Quedlinburger Knüpfteppich (Detail), um 1200

Stiftskirche St. Servatius
Schlossberg 1
06484 Quedlinburg

Öffnungszeiten
April–Oktober:
Di–So/Feiertage
10.00–18.00 Uhr,
letzter Einlass an
Konzertsamstagen 15.30 Uhr
November–März:
Di–So/Feiertage
10.00–16.00 Uhr,
letzter Einlass eine halbe
Stunde vor Schließung

Eintrittspreise
Erwachsene: 6,– EUR
ermäßigt: 4,– EUR
Kinder bis zum vollendeten
12. Lebensjahr erhalten
freien Eintritt

Führungen
Sa, So 11.00 und 13.00 Uhr
Gruppenführungen nach
Voranmeldung

**Ansprechpartner für
Führungen**
Ev. Kirchengemeinde
Quedlinburg
Stiftskirche St. Servatii
Schlossberg 1g
06484 Quedlinburg
Tel.: (0 39 46) 70 99 00
Fax: (0 39 46) 52 43 79
quedlinburg@die-
domschaetze.de

Unsere Tipps
Quedlinburger Musiksommer
(Juni–September),

Mittagsandachten
Mai–Oktober
sonntags 12.00 Uhr

Angebote im Ort
Advent in den Höfen am
2. und 3. Adventswochen-
ende, Kaiserfrühling zu
Quedlinburg (Pfingsten),
thematische Stadtführungen
unter Tel.: (0 39 46) 90 56 24,
Münzenberg in Quedlinburg,
Basilika St. Wiperti,
Feininger-Galerie,
Fachwerkmuseum,
Harzer Schmalspurbahn

Parkplätze
für PKW und für 8 Busse in
der Carl-Ritter-Straße, für
PKW und für 18 Busse im
Marschlinger Hof, für PKW
am Schlossparkplatz
Wipertistraße

Informationsmaterial
umfassend an der Kasse
erhältlich

**Verkaufsangebot im
Bauwerk**
Bücher, Kataloge, Postkarten

Toiletten
am Burgberg

Internet
www.die-domschaetze.de

Ergänzungen kamen eine neue Kryptenfront und die Kanzel hinzu, beide ebenso einheitlich steinsichtig, wie sich nun der ganze Raum präsentierte.

Einschneidende Eingriffe erfolgten 1936–1939. Damals wurde in den Chor von 1320 hinein eine neue Apsis gesetzt, um die ihrer gottesdienstlichen Aufgaben beraubte Kirche als nationalsozialistische Weihestätte zu missbrauchen. Im Jahr 1945 konnte die Kirche wieder in den gottesdienstlichen Gebrauch genommen werden. Wenig später begann eine sich bis in unsere Tage erstreckende Instandsetzung. Auffälligstes Ausstattungsstück ist das 2004 von Thomas Leu geschaffene Triumphkreuz, das in der Mittelachse des Langhauses ein glänzendes Hoffnungszeichen setzt.

rechts: Blick zum Hohen Chor

1 Ottonischer Westteil der Krypta
2 Ottonische Confessio (ehemalige Grab- und Reliquienkammer)
3 Romanische Krypta mit Deckenmalerei des 12. Jahrhunderts
4 Ottonische Unterkapelle St. Nicolai in vinculis
5 Romanisches Langhaus mit sächsischem Stützenwechsel
6 Vorraum, darüber Empore der Stiftsdamen
7 Moderner Altar mit spätgotischem Kruzifix
8 Nordquerhaus, über der Krypta Zitter (Schatzkammer)
9 Südquerhaus, über der Krypta moderne Kammer für den Stiftsschatz

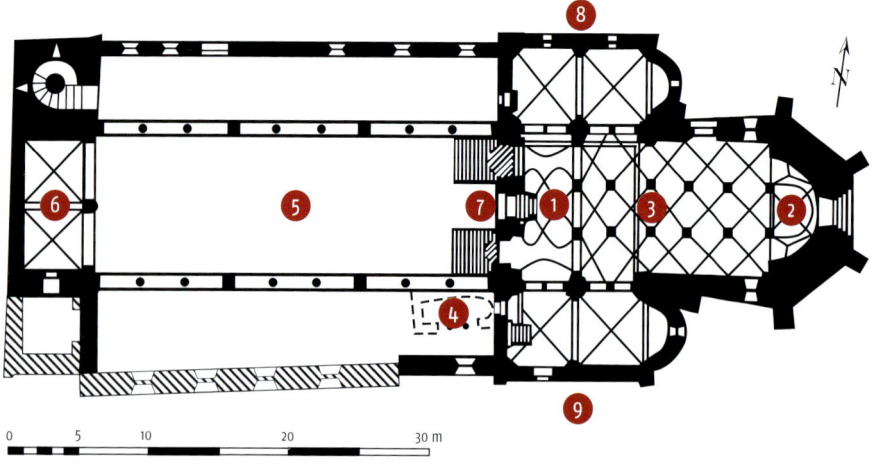

0   5   10   20   30 m

Deckenmalerei in der Krypta

Blick aus dem Querhaus ins Langhaus

Ottonische Confessio in der Krypta

Um Platz für das freiweltliche Damenstift zu bekommen, wurde das Kanonikerstift St. Wipertus und St. Jacobus 936 vom Burgberg in das Tal zum dortigen ersten ottonischen Königshof verlegt. Um 1000 baute man in eine kreuzförmige Basilika eine Krypta ein. Sie ist acht Meter lang und sechs Meter breit und als dreischiffige Halle angelegt. Die Seitenschiffe mit Nischen laufen ähnlich wie bei St. Godehard in Hildesheim um das in einer Apsis endende Mittelschiff. Das Tonnengewölbe lastet auf einem mehrgliedrigen Architrav. Zum Bau dieser architektonisch sehr interessanten Krypta wurden ottonische Pilzkapitelle und viele Spolien verwendet.

Die dreischiffige Umgangskrypta St. Wiperti hat alle Umbauphasen der Kirche überstanden.
Wegen ihres urtümlichen Aussehens und den als Baumaterialien verwendeten älteren Grabsteinen war ihr Alter lange Zeit umstritten.

Basilika St. Wiperti
Wipertistraße
06484 Quedlinburg

Öffnungszeiten
Mai–September:
Mo–Sa 10.00–12.00 Uhr und
14.00–17.00 Uhr,
So 14.00–17.00 Uhr,
10.30 Uhr katholischer
Gottesdienst
Oktober–April:
nach Vereinbarung

Eintrittspreise
Eintritt frei, Spenden
erwünscht

Ansprechpartner für Führungen
Katholisches Pfarramt
St. Mathilde oder
Förderverein Wiperti-
kirche e. V.
Neuendorf 4
06484 Quedlinburg

Tel.: (0 39 46) 91 50 82
Fax: (0 39 46) 91 50 16
quedlinburg.st-
mathilde@bistum-
magdeburg.de

Angebote im Ort
Stadtführungen,
Nachtwächterführungen,
Fachwerkmuseum,
Klopstockmuseum,
Feininger-Galerie,
Schlossberg mit Stiftskirche
St. Servatius und Domschatz

Parkplätze
3 für PKW vor dem Bauwerk,
weitere PKW- und
Busparkplätze ca. 4 Minuten
vom Bauwerk entfernt

Toiletten
am Parkplatz (barrierefrei)

Internet
www.wiperti.de

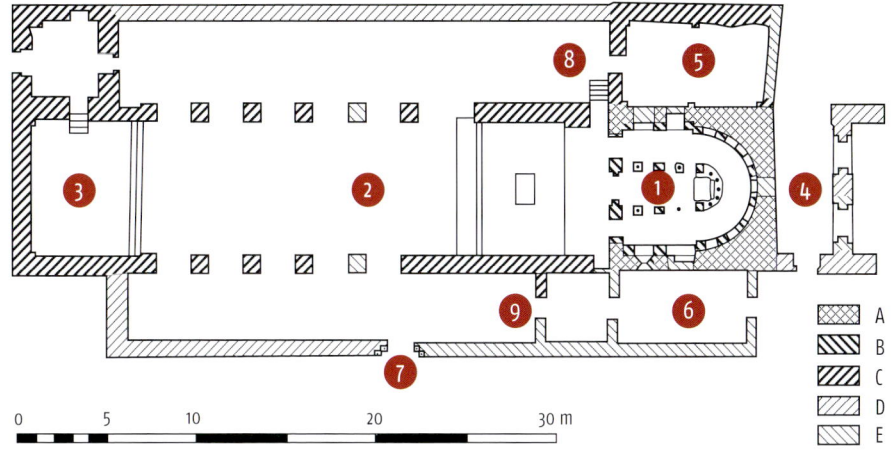

A = Um 950
B = Krypteneinbau, um 1000
C = Prämonstratenserkirche, ab 1148
D = Anfang 14. Jahrhundert
E = spätere Veränderungen

1 Ottonische Krypta
2 Romanische Basilika
3 Westbau mit Empore und romanischem Taufstein

4 Durchgangsraum, darüber gotischer Chor
5 Sakristei
6 Südlicher Nebenraum (ehemaliges Klostergebäude)
7 Romanisches Säulenportal von der Stiftskirche auf dem Münzenberg
8 Flügelaltar von 1485
9 Vesperbild, um 1400

St. Wiperti, Westansicht und Krypta

Mit einem historisch bebauten Stadtkern, der sich über mehr als 80 Hektar erstreckt, gehört Quedlinburg zu den größten Flächendenkmalen in Deutschland.

Die Stiftskirche St. Servatius mit ihrem berühmten Domschatz, die tausendjährige St. Wipertikirche und die Reste des Marienklosters auf dem Münzenberg erinnern an die Priorität, die dieser Ort für die ottonischen Herrscher des 10. Jahrhunderts besaß. Mit der Königswahl des Sachsenherzogs Heinrich im Jahre 919 wurden die Grundlagen für das Entstehen des Heiligen Römischen Reiches gelegt. In seiner Lieblingspfalz auf dem Quedlinburger Burgberg wurde er 936 begraben. Das im gleichen Jahr von seiner Witwe Mathilde (* um 895; † 14. März 968) gegründete reichsunmittelbare Frauenstift entwickelte sich zu einer hochrangigen politischen und kulturellen Metropole des Reiches. Sie besetzte es mit Nonnen aus dem Kanonissenstift Wendhusen (Nr. 41).

Kaiser Otto I. und Adelheid von Burgund bestimmten ihre Tochter Mathilde (* Anfang 955; † 7./8. Februar 999) zur ersten Äbtissin von Quedlinburg. Als Elfjährige wurde sie 966 von allen Erzbischöfen und Bischöfen des Reiches zur Äbtissin geweiht. Papst Johannes XIII. bestätigte die Weihe im April 967. Während die Kaiser in Italien weilten, übte Mathilde als Metropolitana nördlich der Alpen die Funktion der Reichsverweserin aus. Und sie gründete 986 das Benediktinerinnenkloster St. Marien auf dem Münzenberg in unmittelbarer Nähe des ottonischen Königshofes auf dem benachbarten Burgberg. Die Kirche der Klosteranlage wird wohl von Mathilde zusammen mit Kaiserin Theophanu (um 960, † 15. Juni 991) für Kaiser Otto II.(* 955; † 983) gestiftet. Die Nonnen sollten die Fürsorge für das Seelenheil des in Rom verstorbenen Kaisers übernehmen.

Auch das Schicksal dieses Klosters wird mit dem Bauernkrieg und der Reformation besiegelt. Letztere

Marienkloster Münzenberg
Münzenberg 4
06484 Quedlinburg

Öffnungszeiten
täglich 10.00–17.00 Uhr

Eintrittspreise
Eintritt frei

Ansprechpartner für Führungen
Führungen bitte über die Internetseite vereinbaren

Toiletten
im Museum

Internet
www.klosterkirche-muenzenberg.de

wurde in Quedlinburg nach dem Tod Herzog Georgs des Bärtigen von Sachsen (* 27. August 1471; † 17. April 1539) durch die Äbtissin des Stiftes Anna II. von Stolberg (* 28. Januar 1504; † 4. März 1574) eingeführt.

Anna II. von Stolberg, Schwester Julianes von Stolberg (* 1. Februar 1506; † 18. Juni 1580), Stammmutter des Hauses Oranien, ist die somit letzte katholische Äbtissin und wird die erste evangelische Äbtissin des Quedlinburger Stiftes. Sie lässt das Benediktinerinnenkloster auf dem Münzenberg schließen und Kleinodien in den Kirchenschatz der Stiftskirche überführen. Einige Schwestern lebten noch bis zu ihrem Tode in den Gebäuden. Dann stand dieses Kloster über Jahrzehnte leer und verfiel. Erst die Äbtissin Elisabeth von Regenstein-Blankenburg (* 1542; † 20. Juli 1584) erlaubte schließlich Armen die Besiedlung des Münzenberges.

Die neuen Bewohner des Münzenbergs errichteten inmitten der Ruinen der Klosteranlage planlos ihre kleinen Fachwerkhäuser. Für die Bauten wurde Baumaterial der eingestürzten Gebäude genutzt. Auch wurden erhalten gebliebene Mauern in die neuen Häuser einbezogen.

Der Münzenberg unterstand bis 1803 dem Frauenstift auf dem Schlossberg und wurde dann nach Quedlinburg eingemeindet.

1968 kamen bei Erdarbeiten umfangreiche Funde zum Vorschein, die eine Nutzung des Bereichs im 10. Jahrhundert und die Fortsetzung der Nutzung bis ins 12. Jahrhundert belegen. Bereits in den 1950er Jahren war bei Verlegung erster Wasserleitungen ein aus Stein gearbeiteter Kopfnischensarg gefunden worden. Spätere Arbeiten führten auf dem Grundstück Münzenberg Nr. 4 zum Fund einer in den Felsen eingetieften Grabgrube. Weitere ebenfalls mittelalterliche Körperbestattungen wurden vor den Häusern 17 und 18 gefunden.

Mit der politischen Wende kam auch bald die Wende für das ehemalige Kloster St. Marien auf dem Münzenberg in Quedlinburg.

Der einstige Chefarzt einer Klinik für Unfallchirurgie in Ostwestfalen, Prof. Dr. Siegfried Behrens, hatte 1994 mit seiner Frau Dorothea den Berg im Ostharz, seinen Charme und seine große Geschichte entdeckt. Sie starteten damals ein äußerst ambitioniertes, nicht von jedermann gutgeheißenes Freilegungsprojekt. Doch St. Marien, einst zugeschüttet, zweckentfremdet, überbaut mit anderen Häusern, wurde Jahr für Jahr sichtbarer, und so entwickelt sich das Museum Klosterkirche St. Marien und zeigt heute alle bemerkenswerten Elemente einer ottonischen Basilika, wie Apsis, Querhaus, dreischiffiges Langhaus und Untergeschoss des Westbaues.

In einem Rundgang sind u. a. die Westkrypta, der Vorraum zur ehemaligen Nonnenempore mit einigen ausgestellten Kleinfunden, der Innenhof, die Ostkrypta, das Untergeschoss des Südturms und eine Grablege mit einem kleinen Museumsshop zu besichtigen. In der Grablege befinden sich zwei sogenannte Kopfnischengräber. Der Haupteingang erfolgt über das Haus Münzenberg 4.

Die ältere Geschichte von Thale beginnt mit dem im 9. Jahrhundert genannten Winithohus (Wendhausen), einem wohl schon von den Franken gegründeten Ort. In ihm gründete Gisela, Tochter des ostfälischen Grafen Hessi (nachgewiesen ab 775; † 804), wohl innerhalb einer karolingischen Burganlage vor 825 ein Kanonissenstift. Hessi unterwarf sich 775 Karl dem Großen, ließ sich taufen und erhielt von König Karl 782 das Gaugrafenamt für den Harzgau. Karl der Große verwaltete sein riesiges Reich durch die Grafschaftsverfassung, wobei er wohl hier im Osten auf die bereits in frühgermanischer Zeit einsetzende Gaueinteilung zurückgriff.

Gisela, früh verwitwet, wurde als Erbauerin mehrerer Klöster bekannt, neben Wendhusen auch in Karsbach in Franken. Ihre beiden Töchter Hruothild und Bilihilt wurden die ersten Äbtissinnen der Klöster Karsbach bzw. Wendhusen. Die aus Solazburg stammende und mit den Fundatoren in enger Beziehung stehende hl. Liutbirg († um 840) erhielt

Kloster Wendhusen
Wendhusenstraße 7
06502 Thale

Öffnungszeiten
Mi–So 14.00–17.00 Uhr

Eintrittspreise
Erwachsene: 3,– EUR
Kinder: 1,– EUR
Führungen nach
Vornameldung, 5,– EUR pro
Person

Ansprechpartner für Führungen
Nordharzer
Altertumsgesellschaft e. V.
Wendhusenstraße 7
06502 Thale
Tel.: (0 39 47) 6 36 69 0 und
7 78 63
klosterwendhusen@aol.com

Ausstellungen
Ständige Ausstellung zur
Geschichte des
Kanonissenstifts und des
adligen Rittergutes,
Archäologiepark und
Klostergarten

Angebote im Ort
Seilbahnen Thale
Erlebniswelt,
Hüttenmuseum

Anreise mit PKW
über B 6n und L 98

Anreise mit ÖPNV
mit Bahn und Bus erreichbar

Parkplätze
PKW am Kloster, Busse
gegenüber

Informationsmaterial
Faltblätter, Prospekte

Verkaufsangebot im Bauwerk
Bücher, Karten, Broschüren
zur Geschichte des Klosters
und Rittergutes sowie zur
Burgenkunde und
Regionalgeschichte im
Museumsladen

Toiletten
im Kloster

Internet
www.nag-history.de

wohl im Kloster Wendhusen eine Zelle, in der sie 30 Jahre lebte und die Christianisierung im Nordharz entscheidend prägte.

Bald erhielt Gisela Reliquien aus der Reichsabtei Herford, dem ältesten und zeitweise bedeutendsten sächsischen Damenstift. Es diente als Vorbild für spätere Stiftungen. Nachweisen lässt sich solcher Einfluss sowohl in Wendhusen als auch in Gandersheim. Das Kloster Wendhusen erhielt schon nach seiner Gründung Unterstützung aus Herford, vielleicht auch personeller Art. Im fragmentarisch

Westbau (sächsischer Westriegel). Vor der Westwand der Stiftskirche wurde von 1150 bis 1165 ein beeindruckendes monumentales Gebäude errichtet. Nach der Säkularisierung passten es die unterschiedlichen Besitzer ihren jeweiligen Wohnbedürfnissen an.

Westteil der Stiftskirche mit Resten eines Pilzkapitells, um 1000 entstanden

Kreuzgratgewölbe der Krypta

erhaltenen Nekrolog des Klosters aus dem 11. Jahrhundert steht an erster Stelle die Herforder Äbtissin Hadawuy (Hedwig) (* um 810/811; † 887). Weiterhin trug das Kloster das nicht eben häufige Patrozinium der hl. Pussina, der Herforder Stiftspatronin. Dieser Heiligenkult trat später zurück, denn im hohen Mittelalter werden als Patrone Maria und der hl. Nikolas genannt. Im ersten Viertel des 12. Jahrhunderts wird das Kanonissenstift in ein Augustinerchorfrauenstift umgewandelt.

1180 wurde das Stift in den Auseinandersetzungen zwischen Kaiser Friedrich I. und Herzog Heinrich dem Löwen verwüstet, aber gleich danach wieder aufgebaut.

Mathilde, die Witwe Heinrichs I., versuchte 936 den Konvent nach Quedlinburg zu verlegen. Die Stiftsdamen und besonders die Äbtissin Diemot widersetzten sich, Wendhusen konnte jedoch nur in starker Abhängigkeit zum Reichsstift Quedlinburg weiterbestehen, stets wurde eine der Quedlinburger Stiftsdamen Pröpstin in Wendhusen.

Während des Bauernkrieges wurde das Kloster 1525 ausgeraubt, zerstört und niedergebrannt.

1540 wurde es säkularisiert. Aus den Grundstücken und Gebäuden des ehemaligen Klosters wurde ein Rittergut, dessen Besitzer häufig wech-

Klostergarten. Zu sehen sind die Umrisse des Chores der alten Basilika (unten).

Graf Hessi, im Hintergrund die St. Andreaskirche. Bronzeplastik der Bildhauerin Christine Blümer

selten, 1800 bis zur Enteignung 1945 befand es sich im Besitz der Familie von dem Bussche.

Im Februar 2007 übernahm die Nordharzer Altertumsgesellschaft e. V. unter dem ehemaligen Blankenburger Bürgermeister, dem Historiker und Archäologen Heinz A. Behrens, von der Stadt Thale den Klosterkomplex. Die Gesellschaft betreibt ein Klostermuseum zum Spezialthema „Kanonissenstift" und ein Zentrum für lebendige Geschichte.

Heinz A. Behrens sind auch wesentliche Erkenntnisse zur Baugeschichte des Klosters von karolingischer Zeit bis zur heutigen Nutzung zu danken, veröffentlicht in den Schriften der Nordharzer Altertumsgesellschaft.

Stift Wendhusen gilt als ältestes Kloster auf dem Gebiet des Bundeslandes Sachsen-Anhalt und ist sowohl eine Station auf dem Harzer Klosterwanderweg als auch auf der Straße der Romanik.

42

Gernrode

Stiftskirche Sankt Cyriakus

Der einflussreiche und mächtige Markgraf Gero baute in der nach ihm benannten Harzrodung am Nordostrand des Gebirges eine Burg. Um 959 gründete er hier ein Kanonissenstift, das neben Quedlinburg und Gandersheim eines der vornehmsten freiweltlichen Damenstifte wurde. Erste Äbtissin war Hathui, die junge Witwe seines Sohnes. Das Stift unterstand nur Kaiser und Papst und erlebte unter den Ottonen und Saliern eine große Blüte. Noch vor der Reformation wurde es 1521 weltlich und gelangte in den Besitz der Anhaltiner, die bereits als Schutzvögte die Geschicke des Stiftes beeinflusst hatten.

St. Cyriakus ist die älteste erhaltene Kirche am Harz. Als Markgraf Gero 965 vor dem Chor beigesetzt wurde, waren die Ostteile schon fertig. Damals er-

Die Stiftskirche St. Cyriakus in Gernrode ist eines der bedeutendsten erhaltenen Bauwerke aus ottonischer Zeit.

folgte wohl eine Bauunterbrechung, glaubt man doch, darauf die sonst schwer deutbare Achsenverschiebung des Langhauses zurückführen zu können: Der Grundriss der Kirche ist so verzogen, dass es keinen rechten Winkel gibt.

Vollendet war der Bau um 1014: eine kreuzförmige Basilika mit Stützenwechsel im Langhaus, Seitenemporen und Krypta. Sie erlangte große entwicklungsgeschichtliche Bedeutung für die Baukunst des deutschen Hochmittelalters.

Stiftskirche Sankt Cyriakus
Burgstraße
06485 Quedlinburg
OT Gernrode

Öffnungszeiten
April–Oktober:
Mo–Sa 9.00–17.00 Uhr,
So 12.00–17.00 Uhr
November–März:
Mo–So 15.00–16.00 Uhr,
Gottesdienste an
So/Feiertagen 10.30 Uhr

Eintrittspreise
Eintritt frei,
Besichtigungsspende
von 1,– EUR erwünscht

Führungen
täglich 15.00 Uhr außer an
Feiertagen,
Führungsspende 3,– EUR pro
Person,
Kinder frei,
Gruppenführungen auf
Anfrage, Spende 3,– EUR pro
Person,
Heiliges Grab und
Sonderführungen auf
Anfrage 5,– EUR pro Person

Ansprechpartner für
Führungen
Evangelisches Pfarramt
Burgstraße 3
06485 Quedlinburg
OT Gernrode
Tel.: (03 94 85) 2 75
Fax: (03 94 85) 6 40 23
gernrode@kirchenanhalt.de

Unsere Tipps
Konzerte und
Veranstaltungen

Angebote in der Umgebung
alte Elementarschule,
Kuckucksuhrenfabrik, Harzer
Schmalspurbahn, Europa-
Radweg R1, Cyriakusheim/
Freizeit- und Tagungshaus
Tel.: (03 94 85) 6 08 26
www.cyriakusheim.de

Anreise mit PKW
über Ballenstedt,
Friedrichsbrunn,
Harzgerode, Quedlinburg
oder Thale

Anreise mit ÖPNV
mit der Schmalspurbahn von
Quedlinburg oder Alexisbad

Parkplätze
für PKW begrenzte Anzahl an
der Kirche, für Busse
Großraumparkplatz an der
Stadtinfo ca. 5 Minuten
entfernt

Verkaufsangebot
Kirchenführer, Postkarten,
Bücher,
CDs und Video

Internet
www.stiftskirche-
gernrode.de
www.cyriakushaus-
gernrode.de

Der Taufstein (um 1150) stammt aus der abgebrochenen romanischen Kirche in Alsleben.

Bauaktivitäten des 12. Jahrhunderts konzentrierten sich auf den westlichen Teil. Der Westabschluss wurde verändert, ein Westchor mit Krypta angebaut. Ursprünglich war die Westfassade wohl glatt geschlossen und versehen mit einem Viereckssturm, flankiert von den erhaltenen, nachträglich erhöhten Rundtürmen.

Unter Leitung des preußischen Konservators Ferdinand von Quast wurde die Kirche 1859–1866 restauriert. Er ließ Einbauten beseitigen, Mauerteile erneuern und z. T. größere Fenster einbrechen. Nur noch der Ostchor mit seiner sparsamen Lisenengliederung an der Rundapsis weist das ursprünglich raue ottonische Bruchsteinmauerwerk auf. Die Seitenschiffwände und die Türme erhielten Haustein-Verkleidungen. Trotzdem vollbrachte man im Verhältnis von Bewahrung des Details, behutsamer Freilegung und technisch wie funktionell notwendigen Ergänzungen eine der herausragenden Restaurierungsleistungen des 19. Jahrhunderts. Neben der Ergänzung und Weiterführung figürlicher Malerei, wie in der Ostapsis, wurde die dekorative Malerei auf die Bogenleibungen und die neuen Decken beschränkt.

Das Heilige Grab

Der Bedeutung der Stiftskirche für die Architekturgeschichte entspricht im Inneren ein Werk der Bildhauerkunst, das Heilige Grab. Im Mittelalter wurden die Berichte des Neuen Testamentes durch Passionsspiele lebendig. Dies gilt insbesondere für das Ostergeschehen mit der Darstellung der Leiden Christi bis zur Auferstehung. Das aus einem Vorraum und der

rechts: Im Blick durch den Innenraum von West nach Ost offenbart sich die großartige Geschlossenheit und Ausgewogenheit der Gernröder Kirche. Der Ostchor ist erhöht. Unter ihm befindet sich eine dreischiffige Hallenkrypta, deren Gewölbe von vier Säulen getragen wird. Vor den Stufen, die auf den Chor führen, steht die Grabtumba des Markgrafen Gero. Das Langhaus ist hier in dem in Sachsen zum ersten Mal auftretenden Wechsel zwischen runden und eckigen Stützen gegliedert. Darüber öffnen sich die Emporen der Seitenschiffe, in denen die Kanonissen ihre Sitze hatten. Ergänzungen der Restaurierung des 19. Jahrhunderts unter Ferdinand von Quast stellen u. a. die Bögen dar, welche die ausgeschiedene Vierung bilden.

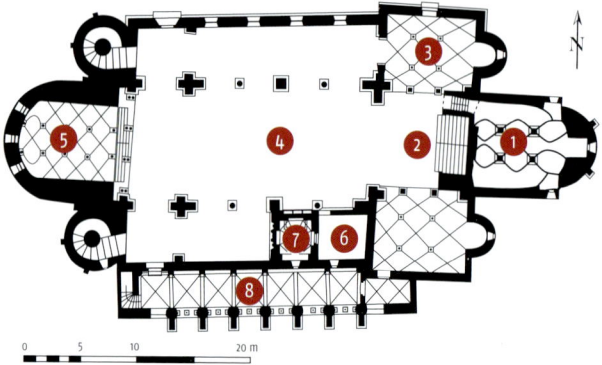

1 Ostkrypta, darüber Ostchor
2 Vierung mit Tumba für Markgraf Gero
3 Gewölberäume unter den Querhausemporen
4 Dreischiffiges Langhaus, über den Seitenschiffen Emporen
5 Westkrypta, darüber Westchor mit Orgel, seitlich ottonische Treppentürme
6 Vorkammer des Heiligen Grabes
7 Grabkammer des Heiligen Grabes
8 Nordflügel des Kreuzganges

Grabkammer bestehende Heilige Grab in Gernrode bildete den Rahmen für derartige sich jährlich wiederholende Darbietungen.

Der hervorragende plastische Schmuck ist trotz einiger Beschädigungen gut erhalten. Die drei Frauen stellen die Marien dar, die zum Grabe eilen und es leer finden. An der Westwand verkörpert die von den Evangelisten umrahmte Figur vielleicht die Stifterin oder die still klagende Maria. An der Nordwand steht (wohl) die Christusfigur. Charakteristisch sind die behutsamen Gebärden, die ausdrucksvollruhigen Gesichter und der weiche lineare Fall der Falten in den Gewändern.

2003–2012 wurde das einmalige Kunstwerk restauriert. Dabei konnten auch Teile der originalen Farbfassung freigelegt werden.

unten: Westwand des Heiligen Grabes
rechts: Im Inneren des Heiligen Grabes steht dem Eingang gegenüber eine überlebensgroße Stuckfigur, deren Bedeutung bis heute unklar ist. Das Gewand verweist auf einen Bischof, wahrscheinlich ist aber Christus selbst dargestellt.

43

Ballenstedt

Benediktinerkloster St. Pankratius und St. Abundus

Die Burg Ballenstedt gilt heute als Stammburg der Askanier. Sie erscheinen um 1030 mit Graf Esiko erstmals in den Quellen. Dieser war 1043 der Gründer eines Kollegiatstiftes auf dem heutigen Schlossberg, das 1123 in ein Benediktinerkloster umgewandelt wurde. Die Askanier blieben Erbschutzvögte und nutzten Ballenstedt weiterhin als Grablege. Nach der Plünderung des Klosters im Bauernkrieg entstand schließlich im 18. Jahrhundert das dreiflügelige Barockschloss. Darin einbezogen wurden Reste der Klosterkirche des 12. Jahrhunderts, einer einst wohl dreischiffigen Säulenbasilika mit Nebenchö-

Die ehemalige Klosterkirche beherbergt die Gräber Albrechts des Bären, berühmtester Vertreter des Hauses Askanien und erster Markgraf von Brandenburg und der Lausitz, und seiner Gemahlin Sophie.

ren. Dadurch bewahrten sich bis heute der mächtige Westquerriegel und Teile der fünfschiffigen Krypta.

Auch den Schlosshof dominiert das romanische Turmmassiv der ehemaligen Klosterkirche. Die Stelle des Kirchenschiffes nimmt jedoch heute der 1748 neu errichtete sogenannte Kirchflügel mit repräsentativem Mittelgiebel ein.

Benediktinerkloster St. Pankratius und St. Abundus
Schloss Ballenstedt
Schlossplatz 3
06493 Ballenstedt

Öffnungszeiten
Mai–Oktober:
Di–Fr 10.00–16.00 Uhr,
Sa/So 10.00–17.00 Uhr
November–April:
Di–So 10.00–16.00 Uhr

Eintrittspreise
Schlossführung:
Erwachsene: 4,– EUR
ermäßigt: 2,– EUR
Turm:
1,– EUR, keine Ermäßigung

Führungen
auf Voranmeldung ab
10 Personen

Ansprechpartner für Führungen
Schloss Ballenstedt
Schlossplatz 3
06493 Ballenstedt
Tel.: (03 94 83) 8 25 56
Fax: (03 94 83) 8 25 56

Ausstellungen
„Frühe Askanier"
(11./12. Jahrhundert),
„Cinema – Über 100 Jahre
Filmgeschichte"

Unsere Tipps
Schlosskirche, Standesamt,
Konzerthalle, Schlossmühle
mit Atelier,
Tel.: (03 94 83) 5 35 58,

Gaststätte „Klosterstuben"
im ehemaligen Refektorium
im Schloss,
Tel.: (03 94 83) 9 76 60

Angebote im Ort
Gastspiele im ältesten
Theater Sachsen-
Anhalts (erbaut 1788), Infos
bei Stadtinformation
Ballenstedt
Tel.: (03 94 83) 2 63,
Bibliothek Alter Markt mit
der „Herzoglichen
Bibliothek" (Schenkung der
letzten Herzogin, 1902),
Schmalspurbahn-Bahnhof
Gernrode, Heimatmuseum

Anreise mit PKW
B 185 oder die B 6n

Anreise mit ÖPNV
mit Bus

Parkplätze
für PKW und Busse,
5 für Busse am Hotel „Großer
Gasthof"

Verkaufsangebot im Bauwerk
Ansichtskarten, Prospekte,
Literatur

Toiletten
im Kirchen- und
Galeriebereich

Internet
www.ballenstedt-
information.de

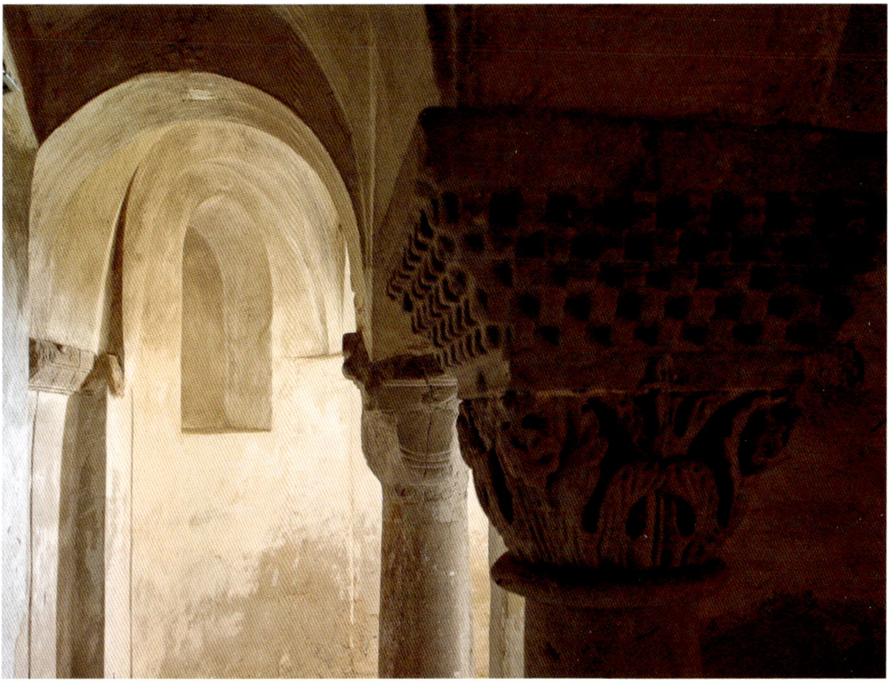

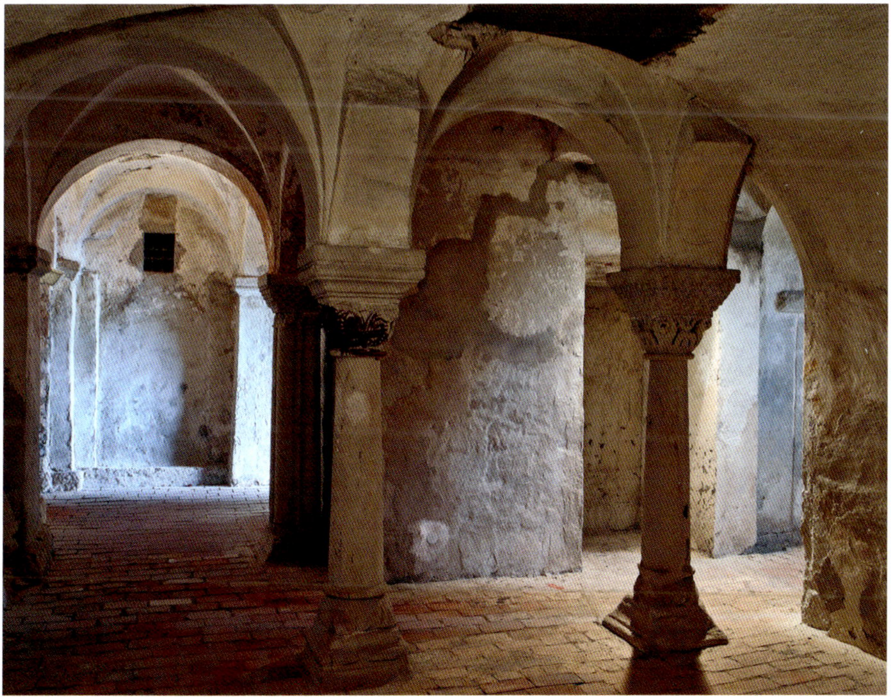

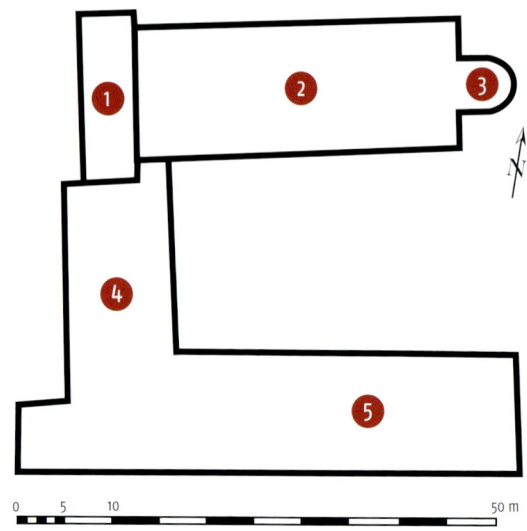

1 Westbau der ehemaligen Klosterkirche mit Nikolaikapelle (Askanier-Grabkapelle)
2 Ehemaliges Langhaus der Klosterkirche, später barocke Schlosskirche (Kirchenflügel)
3 Ehemalige Apsis, darunter Rest der Krypta
4 Westflügel mit ehemaligen Klosterräumen (Refektorium)
5 Barocker Südflügel mit fürstlichen Appartements

0   5   10   50 m

Der Schlosspark, 1862 nach Entwürfen des preußischen Gartenarchitekten Peter Joseph Lenné fertiggestellt, ist auf mehreren Terrassen angelegt und lädt zu Entdeckungsgängen ein. Die Türme des querrechteckigen Westquerbaus wurden 1609 durch schlichte Zwerchhäuser ersetzt.

44

Pansfelde

Burg Falkenstein

Die wohlerhaltene Burg Falkenstein liegt malerisch auf einem Felssporn im Unterharz über dem Selketal. Sie wurde etwa in der Mitte des 12. Jahrhunderts von den Edelherren der Konradsburg gebaut, die sich seit 1155 als Grafen von Falkenstein bezeichneten.

An der Hauptangriffsseite befindet sich eine 17 Meter hohe und 4 Meter starke Schildmauer mit nur zwei unauffälligen Schießscharten. Die Burg konnte von einem Wehrgang nach unten verteidigt werden. Schutz boten dazu 7 Tore und ein System von verschiedenen Zwingern. Der beeindruckende Bergfried steht auf einem tropfenförmigen Grundriss. Der heutige Zugang vom Palas zum Turm liegt in einer Höhe von ca. 9 Metern und wurde nicht vor

dem 17. Jahrhundert gebaut. An die Innenwand der Ringmauer lehnen sich die Wohn- und Wirtschaftsräume. In der Nordwestecke der Burg lag der ehemalige Palas.

Schon in gotischer Zeit wurden umfangreiche Veränderungen vorgenommen – so die Verzahnung der Nebengebäude mit dem Palas und die Errichtung der Kapelle.

Weitere Bauakzente setzten die Herren von der Asseburg. Mitte des 15. Jahrhunderts wurde der Palas umgebaut, Ende des 15. Jahrhunderts erfolgte der Neubau des Südflügels, um 1532/33 erhielt der Westflügel einen Fachwerkaufsatz, Ende des 16. Jahrhunderts erfolgten die Neuausstattung der Kapelle und die Aufstockung des Bergfriedes, Ende

Burg Falkenstein thront auf einem Felsen über dem Selketal, undurchdringliche Wälder erschweren den Zugang.

Eike von Repgow und Graf Hoyer; Darstellung auf einem Glasfenster auf Burg Falkenstein (1920–1930)

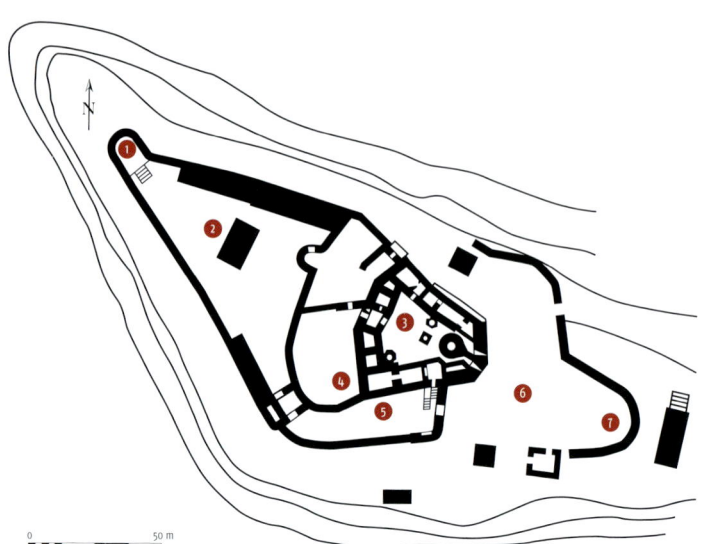

0   50 m

des 17. Jahrhunderts entstanden die Gebäude östlich des Palas, um nur einiges zu nennen.

In Verbindung gebracht wird die Burg Falkenstein heute vor allem mit der Entstehung des „Sachsenspiegels" des Eike von Repgow. Der Reimvorrede Eikes nach übersetzte er seine lateinische Fassung im Auftrag von Graf Hoyer II. von Falkenstein („Nu danket al gemene / dem van Valkenstene ..."). Der „Sachsenspiegel" beeinflusste im Zusammenhang mit dem Magdeburger Stadtrecht die Rechtsentwicklung europaweit. Spuren finden sich noch im heute geltenden Recht.

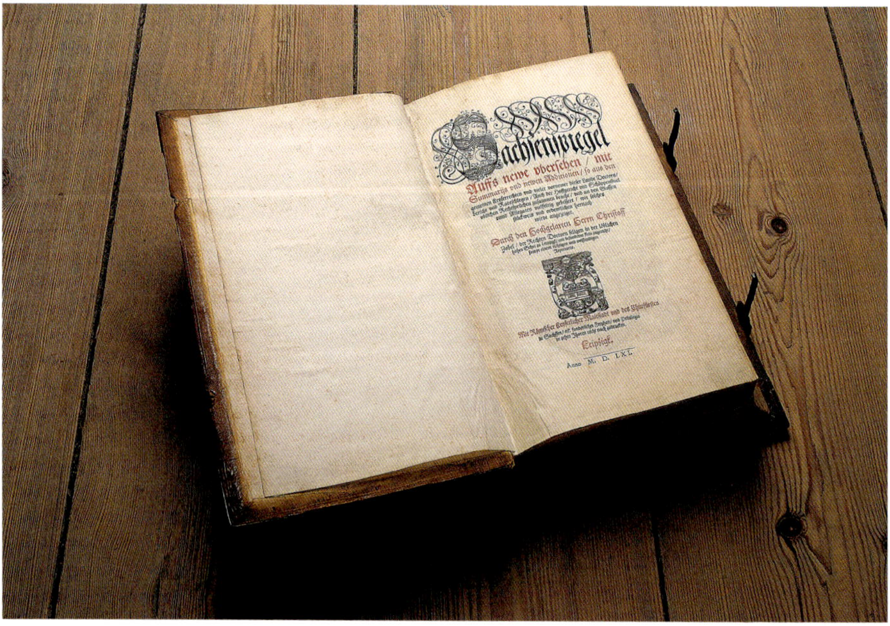

Burg Falkenstein/Harz

Kulturstiftung
Sachsen-Anhalt
Museum Burg Falkenstein
Burg Falkenstein 1
06543 Falkenstein/Harz
OT Pansfelde

Öffnungszeiten

März–Oktober:
täglich 10.00–18.00 Uhr
November–Februar:
Di–So 10.00–16.30 Uhr

Eintrittspreise

Erwachsene: 6,10 EUR
ermäßigt: 4,10 EUR
Familienkarte: 16,– EUR
Gruppen (ab 10 Personen):
Erwachsene:
5,60 EUR pro Person
ermäßigt:
3,60 EUR pro Person
Jahreskarte:
Erwachsene: 22,– EUR
ermäßigt: 16,– EUR
Führung: kleine/große
Erwachsene: 2,– EUR/
3,– EUR
ermäßigt: 1,50 EUR/2,– EUR

Führungen

nach Vereinbarung ab
10 Personen
(maximal 25 Personen)

Ansprechpartner für Führungen

schriftlich oder:
Tel.: (03 47 43) 53 55 90
angebote@kulturstiftung-st.de

Unsere Tipps

museumspädagogische
Projekte,
Hochzeit auf der Burg,
Ritterfest (Himmelfahrt),
Falkensteiner Minneturnier,
Projektwoche Gelebtes
Mittelalter, Burgfest (Anfang
Oktober), Falkenhof mit
Vorführungen in der Saison
(März bis Oktober),
Burggaststätte
(im Rundgang)

Angebote in der Umgebung

Konradsburg Ermsleben,
Landschaftspark
Degenershausen,
Museumshof Meisdorf,
Selketalstieg

Anreise mit PKW

B 6 Richtung Ermsleben,
B 185, B 242

Anreise mit ÖPNV

Bahn bis Aschersleben oder
Quedlinburg, Bus bis
Meisdorf, Rufbus bis
Gartenhaus

Parkplätze

Parkplatz am Gartenhaus

Verkaufsangebot im Bauwerk

Burgladen mit
Souvenirangebot

Toiletten

in separatem Gebäude
(nicht barrierefrei)

Internet

www.burg-falkenstein.de
www.kulturstiftung-st.de

Die spätgotische Burgkapelle erhielt ihre reizvolle Ausstattung hauptsächlich im ausgehenden 16. Jahrhundert.

links: Hoyer II. von Falkenstein war der maßgebliche Förderer des „Sachsenspiegels", einer umfassenden und systematisch geordneten Rechtssammlung. Eike von Repgow verfasste in niederdeutscher Sprache das einflussreichste Rechtsbuch des Mittelalters zwischen 1220 und 1235.

In einem ehemaligen Erdgeschossraum des Palas blieb ein romanischer Kamin erhalten.

Konradsburg, Klosterkirche St. Sixtus

Der Sage nach gründeten die Edelherren von Konradsburg auf ihrem Stammsitz um 1120 als Sühne für einen Totschlag ein Kollegiatstift. Das Stift erfuhr bald eine Umwandlung in eine Benediktinerabtei. Im letzten Viertel des 15. Jahrhunderts wurde das Kloster von Kartäusern neu besiedelt.

Von der ehemaligen Klosterkirche, einer großen kreuzförmigen und zumindest in den Chorteilen gewölbten Basilika, stehen heute nur noch die dreiapsidialen Ostteile der Kirche. Sie entstanden – wie die Ornamente der hervorragend gefertigten Kryptenkapitelle belegen – um 1210. Dazu gehört auch der durch zahlreiche Stützen unterteilte Hallenraum der Krypta. Die zum Teil gedrehten Schäfte der Säulen weisen, ebenso wie die Kapitelle, auf den stilistischen Einfluss von Königslutter hin.

Konradsburg, Klosterkirche St. Sixtus
Kulturstiftung
Sachsen-Anhalt
Konradsburg
06463 Falkenstein/Harz
OT Ermsleben

Öffnungszeiten
Mai–Oktober:
Mo–Fr 10.00–16.00 Uhr,
Sa/So/Feiertage
12.00–18.00 Uhr
November–April:
Mo–Fr 9.00–15.00 Uhr,
Sa/So/Feiertage
12.00–17.00 Uhr,
am 24./31. Dezember
geschlossen

Eintrittspreise
Eintritt frei, Spenden
erwünscht

Führungen
nach Voranmeldung

Ansprechpartner für Führungen
Förderkreis Konradsburg e. V.
Konradsburg 2
06463 Falkenstein/Harz
OT Ermsleben
Tel.: (03 47 43) 9 25 65
Fax: (03 47 43) 9 25 63
kontakt@konradsburg.com

Internet
www.kulturstiftung-st.de

Auf einem Bergsporn des hügeligen Harzvorlandes liegt in der Nähe von Ermsleben die Burg der Edelherren von Konradsburg, die sie zugunsten der Burg Falkenstein aufgaben. Darin errichteten sie eine dem hl. Sixtus geweihte Basilika.

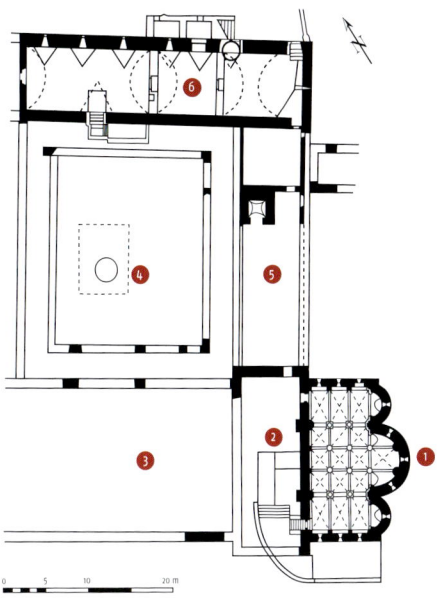

1 Krypta der Klosterkirche, darüber dreischiffiger Chorraum mit Triumphkreuz
2 Ehemaliges Querhaus der Klosterkirche
3 Ehemaliges dreischiffiges Langhaus der Klosterkirche
4 Kreuzhof mit Kreuzgang und Brunnenhaus
5 Ehemaliger Ostflügel der Klausur
6 Romanischer Keller des ehemaligen Nordflügels, später Pächterwohnhaus

Spezialführungen
für Kinder und Jugendliche

Unsere Tipps
Galerie-Café (Sa/So/Feiertage 14.00 bis 18.00 Uhr), Konzerte, Veranstaltungen im Klosterkeller, Burgenweihnacht, Forsthaus und Herberge Friedrichshohenberg, Hofladen öffnet Fr 13.00–17.00 Uhr

Angebote in der Umgebung
Turmwindmühle Endorf, Betrieb- und Zeitgeschichtenmuseum geöffnet nach Voranmeldung, St. Sixtus Kirche, St. Andreas Kirche

Anreise mit PKW
B 185, danach der Beschilderung folgen

Anreise mit ÖPNV
Buslinien, danach ca. 3–4 km

Parkplätze
15 für PKW

Verkaufsangebot im Bauwerk
Bücher, Broschüren, Kartenmaterial, Ansichtskarten, Souvenirs

Toiletten
neben dem Galerie-Café

Internet
www.konradsburg.com

Die Krypta besitzt Kapitelle von herausragender Qualität.

Die Kapitelle zeichnen sich durch eine außerordentliche Vielfalt der Formen aus und gehören mit ihren vollen, weichen Blattornamenten zu den bedeutenden Leistungen ihrer Zeit. Besonders beeindruckend ist ein Palmettenkapitell mit verschlungener menschlicher Gesichtsmaske.

Blick aus dem nördlichen Seitenschiff in den Chor

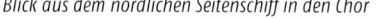

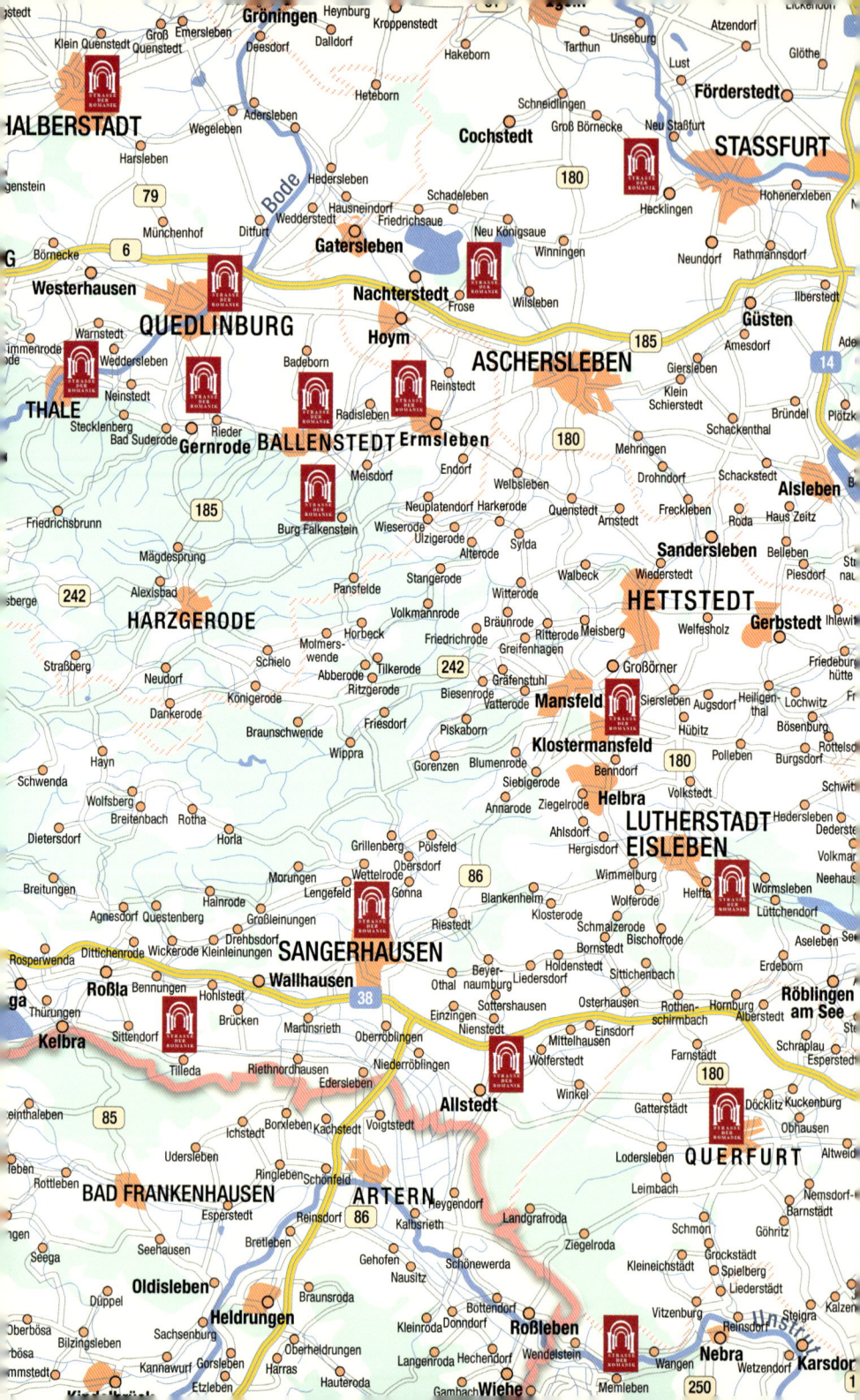

Stiftskirche St. Cyriakus

Ludwig der Deutsche gründete Mitte des 9. Jahrhunderts in Frose ein Stift, das er dem heiligen Cyriakus weihte und mit Kanonikern besetzte. 950 übertrug Otto I. dem Markgrafen Gero die Nutzungsrechte. Gero wandelte 961 das Stift in ein Kanonissenstift um und unterstellte dieses, als Propstei, dem von ihm gegründeten Stift Gernrode. Hier lebten in der Regel zwölf Töchter aus adligen Familien in einer klosterähnlichen Gemeinschaft. Dem Stift gehörten zunächst 24 Dörfer vollständig sowie umfangreicher Streubesitz in den umliegenden Ortschaften. Den wirtschaftlichen Aufschwung beendete die Halberstädter Bischofsfehde. Die sich anschließenden Auseinandersetzungen führte allerdings erst 1510 die energische Äbtissin Elisabeth von Weida zum Abschluss, die einen Kompromiss aushandelte, bei dem das Stift jährlich 3000 Gulden und zwei Zent-

ner Fisch zugesprochen bekam. Die Stifte von Frose und Gernrode übten noch zu Beginn des 16. Jahrhunderts das Patronat über 21 Kirchen aus. Der Gottesdienst wurde von Kanonikern geleitet. Seit etwa 1515 stand Thomas Müntzer den Stiftsgeistlichen vor, ebenso oblag ihm die Leitung einer dem Stift angeschlossenen Knabenschule, in der vor allem Braunschweiger Bürgersöhne unterrichtet wurden. Aus dieser Zeit sind Aufzeichnungen Müntzers zu liturgischen Texten erhalten, die für die Feier am Tag des hl. Cyriakus bestimmt waren.

Die ursprüngliche Kirche blieb nur in Teilen erhalten. Die flachgedeckte Basilika besaß bis zur Reformation eine Krypta. Die Doppelturmfassade hat einen breiteren Unterbau als das Schiff. Der strenge blockförmige Westbau besitzt heute keinen Eingang. Wichtigstes Gestaltungselement des Inneren ist die

Die Stiftskirche von Südosten. Die romanische Kirche wurde anstelle eines etwas größeren ottonischen Baues um 1170 errichtet. Sie beherrscht mit ihrer Doppelturmfassade noch heute wirkungsvoll das Landschaftsbild.

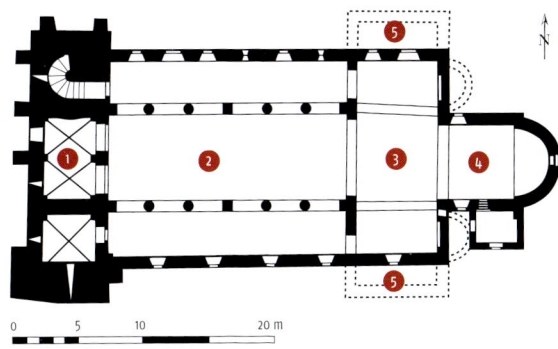

1 Westbau mit zwei Türmen, im Inneren Orgelempore
2 Langhaus mit sächsischem Stützenwechsel
3 Vierung
4 Chor mit Ausstattung von 1892
5 Abgebrochene Querarme und Seitenapsiden

0   5   10   20 m

Der heute weitgehend schmucklose Innenraum wird vom Rhythmus der Bogenstellungen geprägt. Als originaler Bauschmuck sind nur noch die Kapitelle im Langhaus erhalten. Die übrige Ausstattung stammt überwiegend von 1892.

romanische Arkadengliederung mit sächsischem Stützenwechsel. Die gedrungenen, monolithischen Säulenschäfte sitzen auf hohen attischen Basen, die gequetschten Würfelkapitelle zieren Schilde mit aufgelegten Spiralbändern. Andere Würfelkapitelle sind mit feingliedrigen Palmetten geschmückt. Über die

Jahrhunderte wurden immer wieder bauliche Veränderungen vorgenommen.

Nach der Säkularisierung verfiel der Bau. Die im 18. Jahrhundert deformierte Kirche erhielt 1892 ihre Nebenapsiden wieder. Im Vergleich zur aufwendigen Restaurierung im 19. Jahrhundert in Gernrode fiel die damalige Erneuerung Froses bescheiden aus. So wurden weder Querhaus noch Obergadenfenster wiederhergestellt.

2006 begann eine Notsicherung der Türme. Dabei musste die barocke Orgel im Westwerk entfernt werden und gab ein Geheimnis preis: die Nonnenloge der Stiftskirche aus dem 12. Jahrhundert mit Anthrazit-Weiß-Malereien.

Stiftskirche St. Cyriakus
Kirchberg
06464 Stadt Seeland
OT Frose

Öffnungszeiten
April–Oktober:
täglich 9.00–18.00 Uhr
November–März:
nach Vereinbarung

Eintrittspreise
Eintritt frei, Spenden
erwünscht

Führungen
3,– EUR pro Person
Di, Do, Sa 14.00–15.00 Uhr
und nach Vereinbarung

Ansprechpartner für Führungen
Evangelisches Pfarramt
Vor der See 402
06464 Stadt Seeland
OT Frose
Tel.: (03 47 41) 9 12 21
kirche.frose@t-online.de

weitere Ansprechpartner:
www.strassederromanik.de/
de/bauwerk/stiftskirche-st-
cyriakus0.html

Angebote in der Umgebung
Konradsburg Ermsleben,
Burg Falkenstein und
Golfplatz Meisdorf
Kinderspielplatz zwischen
Frose und Schadeleben

Anreise mit PKW
B 6, dann Landstraße bis
Frose

Anreise mit ÖPNV
Bahnlinie ca. 500 Meter
entfernt

Parkplätze
20 für PKW, 3 für Busse

Toiletten
keine

Internet
www.stiftskirchefrose.com

Klostermansfeld

Benediktinerkloster Mariae Himmelfahrt

Heute steht die Erinnerung an das Benediktinerkloster in Klostermansfeld im Schatten der berühmten Mansfelder Zisterzienserklöster Helfta und Sittichenbach. Allerdings geschieht dies zu Unrecht, denn in Klostermansfeld hat sich die romanische Klosterkirche zu großen Teilen erhalten, während die anderen Klöster der Grafschaft Mansfeld im Bauernkrieg 1525 „gepucht und geplündert" worden waren.

Das Dorf Klostermansfeld wird urkundlich 973 erstmals als Mansfeld erwähnt, das Städtchen Mansfeld wurde zunächst meist als Tal Mansfeld bezeichnet. Dies führte verschiedentlich zu Verwechslungen zwischen der Stadt Mansfeld und dem heutigen Dorf Klostermansfeld.

Das Äußere der Kirche St. Mariae Himmelfahrt in Klostermansfeld vermittelt einen harmonischen Eindruck. Allerdings stammt der die Kirche nach Westen abschließende Turm, ursprünglich ein starker Westquerriegel mit Doppeltürmen, nur bis zur Höhe der Langhausarkaden aus romanischer Zeit, die barocke Haube ist eine Ergänzung von 1739.

Wahrscheinlich 1042 erfolgte die Gründung des Benediktinerklosters. Als Hauskloster der Mansfelder Grafen war es 1115 Begräbnisstätte des Grafen Hoyer I. von Mansfeld, der in der Schlacht am Welfesholz fiel, erlangte aber erst im 12. Jahrhundert durch Pilgerfahrten von Markgraf Albrecht dem Bären und Graf Hoyer III. von Mansfeld größere Bedeutung. Sie brachten Mönche aus dem Heiligen Land mit, Brüder von der Kongregation vom Thale Josaphat. Mit solchen Ordensmännern soll auch

Durch die Restaurierungen ist das romanische Raumgefüge wieder erlebbar: Die fehlenden Seitenschiffe sind ergänzt, die vermauerten Arkaden zum Langhaus und zu den Seitenschiffen wieder geöffnet und der Fußboden des Langhauses ist abgesenkt. Der Chor hat jedoch nicht mehr seine romanische Gestalt, im 15. Jahrhundert wurde die Apsis durch einen flachen Chorschluss ersetzt. Vor dem gotischen Maßwerkfenster ist ein schöner spätgotischer Flügelaltar mit Darstellung der Marienkrönung aufgestellt.

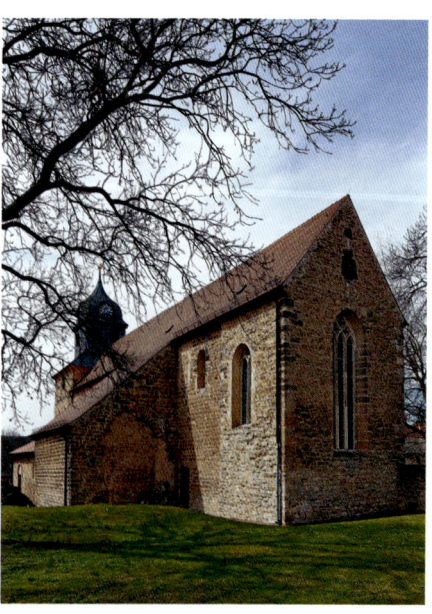

Benediktinerklosterkirche Mariae Himmelfahrt
Klosterstraße 3
06308 Klostermansfeld

Öffnungszeiten
Di–Do 8.00–11.00 Uhr,
Di 14.00–17.00 Uhr,
Fr 8.00–12 Uhr,
auf Anfrage auch an den
Wochenenden

Eintrittspreise
Erwachsene: 2,– EUR
ermäßigt: 1,– EUR
Führungen nach
Voranmeldung
Erwachsene: 2,– EUR
ermäßigt: 1,– EUR

**Ansprechpartner für
Führungen**
Evangelisches Pfarramt
Kirchstraße 2
06308 Klostermansfeld
Tel.: (03 47 72) 2 52 50
Fax: (03 47 72) 2 18 58

Unsere Tipps
Ausstellungen, Konzerte

Angebote im Ort
historische Schmalspurbahn
nach Hettstedt auch mit
Dampflok

Anreise mit PKW
A 38 und B 6n, A 14, B 242

Parkplätze
10 für PKW, 2 für Busse

Informationsmaterial
Kunstführer, Faltblatt,
Informationsmaterial „Straße
der Romanik"

**Verkaufsangebot im
Bauwerk**
Broschüre über Leuchter,
Bücher, Kunstführer, Fotos

Toiletten
im Gemeindehaus

Internet
www.ev-kloster-kirche.de

Als einziges Kapitell ist das westlichste der Nordseite mit Palmettenschmuck und Eckmasken in der Nachfolge Quedlinburgs und Kloster Gröningens versehen.

Hoyer sein Kloster in Mansfeld besetzt haben. In dieser Zeit nach 1158 entstand die 1170 der Himmelfahrt Marias geweihte Klosterkirche als dreischiffige flachgedeckte Basilika mit durchlaufendem kurzen Querhaus, halbrunder Apsis und Nebenapsiden am Querhaus. Auf die Hirsauer Reform verweisen einfache, mit Schildbögen verzierte Würfelkapitelle. Das Kapitell der westlichen Säule an der Nordwand hingegen besitzt reichen ornamentalen Schmuck. Stilisierte Gesichter an den Ecken sowie kräftige Palmetten mit feinem gezeichneten Rankenwerk und Weintrauben erinnern an das Kloster Gröningen und die Stiftskirche Quedlinburg. Nach den Zerstörungen infolge des Bauernkrieges wurde die Kirche vereinfacht wiederhergestellt.

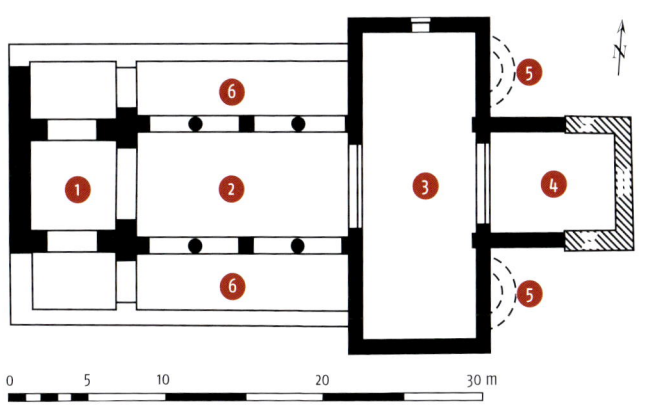

1 Westturm mit barocker Haube
2 Basilikales romanisches
  Langhaus
3 Querhaus
4 Chor (Erweiterung 14. Jh.) mit
  spätgotischem Flügelaltar
5 Abgebrochene Seitenapsiden
6 Wiederaufgebaute
  Seitenschiffe

Das Zisterzienserinnenkloster St. Marien zu Helfta wurde durch das Wirken der drei heiligen Frauen Mechthild von Magdeburg (um 1207–1282/o. 1294), Mechthild von Hakeborn (1231–1291) und Gertrud (die Große) von Helfta (1256–1302) als „Krone der deutschen Frauenklöster" bekannt und besitzt eine äußerst bewegte Geschichte.

1229 gründeten Burchard I. von Mansfeld und seine Gemahlin Elisabeth von Schwarzburg bei ihrer Burg Mansfeld das Kloster St. Marien. Es wurde mit sieben Nonnen aus dem St.-Burchardi-Kloster Halberstadt besetzt, die jedoch bald das umtriebige Leben am Fuße des Burgberges störte. Sie siedelten 1234 in das jetzt wüste Rothardesdorf (nordwestlich von Eisleben) um. Wassermangel bedingte eine weitere Verlegung. Äbtissin Gertrud von Hakeborn erwarb Besitzungen in Helfta. 1257 (1258?) weihte der Halberstädter Bischof Volrath von Kranichfeld das Kloster St. Marien zu Helfta, das mit reichen Besitzungen ausgestattet und 1343 erneut verlegt wurde. Nach Auseinandersetzungen mit Bischof Albrecht II. von Halberstadt und Grafen aus dem Harzraum fanden die Nonnen im Kloster Neu-Helfta vor Eisleben Zuflucht. Nach der Zerstörung im Bauernkrieg 1525 kehrten einige Nonnen bis zur Säkularisierung 1542 wieder nach Alt-Helfta zurück.

Nach mehr als 450 Jahren begann der Wiederaufbau von Klosterkirche, Konventsgebäude und Kreuzgang. Am 13. August 1999 bezogen sieben Nonnen aus dem Kloster Seligenthal unter der Leitung von Äbtissin Maria Assumpta Schenkl das Helftaer Kloster. Das Zisterzienserinnenkloster St. Marien zu Helfta ist heute ein selbstständiges Priorat der Ordensfamilie der Zisterzienser.

Die langgestreckte Klosterkirche – ihre Fundamente befanden sich ursprünglich noch etwa einen

Blick auf die Kirche vom Klostergarten aus

Kloster St. Marien zu Helfta
Lindenstraße 36
06295 Lutherstadt Eisleben

Öffnungszeiten
Klosterkirche
Mo–So 9.00–18.00 Uhr

Krippenmuseum
Di–Sa 10.00–16.00 Uhr

Klostercafé
Mi–So 12.00–17.00 Uhr

Eintrittspreise
1,50 EUR pro Person
(Museum)

Führungen
nach Vereinbarung

**Ansprechpartner für
Führungen**
Tel.: (0 34 75) 71 14 00
Fax: (0 34 75) 71 14 44
fuehrungen.kloster@
gmail.com

**Bildungs- und
Exerzitienhaus**
Tel.: (0 34 75) 71 14 00
Fax: (0 34 75) 71 14 44
gaestehaus@kloster-
helfta.de

Hotel an der Klosterpforte
Lindenstraße 34
06295 Lutherstadt Eisleben

Tel.: (0 34 75) 66 90 oder
(01 51) 58 71 14 66
Fax: (0 34 75) 66 92 21
info@deckerts-hotel.de

Unsere Tipps
Seminare, Workshops und
musikalische Angebote in
der Klosterkirche,
Veranstaltungen
im umgebauten Schafstall
der Mechthild-Halle,
Heilpflanzenlabyrinth

Anreise mit PKW
B 80

Anreise mit ÖPNV
Bahn- und Buslinien

Informationsmaterial
Bücher und Prospekte

**Verkaufsangebot im
Bauwerk**
Klosterladen Buch und Kunst

Parkplätze
für PKW und Busse

Toiletten
im Bauwerk

Internet
www.kloster-helfta.de

Meter unter dem heutigen Fußbodenniveau – war
eine einschiffige Saalkirche, 46 Meter lang und nur
15 Meter breit, mit geradem Ostabschluss. Die extrem
hohen und schmalen Giebelfenster im Osten weisen
Reste von fein gearbeitetem Maßwerk auf.

Innenansicht der Klosterkirche

Sangerhausen

Pfarrkirche St. Ulrici

Am Nordrand der Goldenen Aue liegt die Kreisstadt Sangerhausen, deren Silhouette nicht nur durch die Türme ihrer mittelalterlichen Kirchen bestimmt wird, sondern auch von der pyramidenförmigen Abraumhalde des ehemaligen Kupferschachtes „Thomas Münzer". Auch sind es nicht die vielen Denkmale, denen Sangerhausen internationalen Ruhm verdankt, sondern Rosen, welche die Besucher in die Stadt strömen lassen. Der Verein Deutscher Rosenfreunde gründete 1903 das Rosarium, welches sich heute als Europa-Rosarium bezeichnen darf und auf einer Fläche von 15 Hektar rund 8500 Rosensorten beherbergt. Doch Sangerhausen ist nicht nur zur Rosenblüte eine Reise wert.

Bereits das Urkundenverzeichnis des Klosters Fulda nennt Ende des 8. Jahrhunderts ein „Sangerhusen". Später wird der Name Sangerhausen, der fränkischen Ursprungs ist, auf die 991 erwähnte Fronhofsiedlung und auf eine südlich davon gelegene Marktsiedlung übertragen. Im 11. Jahrhundert berichten die Quellen, dass der Ort Besitz der Cäcilie von Sangerhausen war. Sie heiratete den Ludowinger Ludwig I., den Bärtigen, wodurch Sangerhausen zu einem wichtigen Stützpunkt der Ludowinger in

rechts: Der Innenraum ist durch steile Proportionen gekennzeichnet, die ebenso wie die Grundrisslösung für die romanische Architektur Mitteldeutschlands ohne Parallele und nur in Bezug zu französischen Kirchenbauten erklärbar sind.

unten: Die Pfarrkirche St. Ulrici von Süden

Evangelische Pfarrkirche St. Ulrici
Ulrichstraße
06526 Sangerhausen

Öffnungszeiten
Mai–Oktober:
Mo–Sa 10.00–12.00 Uhr und
14.00–16.00 Uhr,
So 14.00–16.00 Uhr
November–April:
nach Voranmeldung

Führungen
nach Voranmeldung

Ansprechpartner
Evangelische Kirchengemeinde St. Ulrici
Riestedter Straße 24
06526 Sangerhausen
Tel.: (0 34 64) 34 47 79
Fax: (0 34 64) 34 47 80
pfarramt-st.ulrici@gmx.net
www.ulrichgemeinde.de

Ansprechpartner für Führungen
www.strassederromanik.de/
de/bauwerk/evangelische-
pfarrkirche-st-ulrici.html
Tel.: (01 60) 91 65 40 17

Eintrittspreise
Eintritt frei, Spenden erwünscht

Unsere Tipps
Glockenturm (59 m, 176 Stufen), Konzerte, z. B. Eröffnungskonzert des Rosenfestes

Angebote im Ort
Europa-Rosarium, Jacobikirche, Spengler-Museum und Spengler-Haus, Schaubergwerk und Bergbaumuseum Röhrigschacht Wettelrode, beispielhaft sanierte Altstadt mit zahlreichen Baudenkmalen

Anreise mit PKW
A 38, A 71

Anreise mit ÖPNV
Bahn- und Buslinien

Parkplätze
für PKW und Busse ca. 500 m entfernt, barrierefreie vor der Kirche

Verkaufsangebot im Bauwerk
Bücher und Broschüren

Toiletten
im Objekt

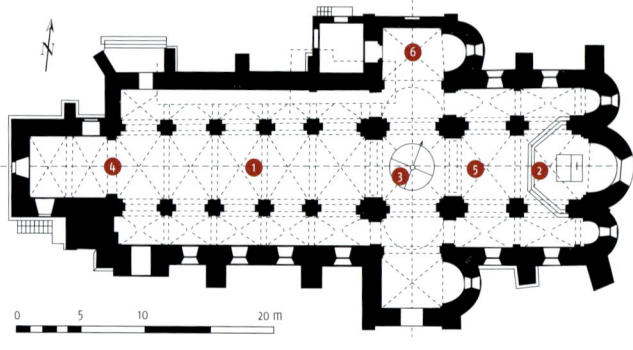

Thüringen wurde. Ludwigs gleichnamiger Sohn, der sagenhafte Graf Ludwig II., der Springer, war u. a. Gründer der Wartburg und der Neuenburg bei Freyburg. In den Wirren des thüringisch-hessischen Erbfolgekrieges 1256–1263 wurde die Stadt vom Wettiner Markgrafen Heinrich dem Erlauchten von Meißen zur Feste ausgebaut. Sie war in den folgenden Jahrhunderten verschiedensten Herren unterstellt.

Sein bedeutendstes Bauwerk verdankt Sangerhausen dem Grafen Ludwig II., dem Springer. Er geriet mehrfach in Gefangenschaft und soll gelobt haben, nach seiner Befreiung ein Gotteshaus zu errichten. Mit diesem Gelöbnis wird die Ulrichskirche in Verbindung gebracht, denn noch heute erinnert ein Tympanon im nördlichen Querschiffarm mit der Inschrift „Nimm, Heiliger, das Haus, das ich zu bauen gelobte, als ich gefangen lag" an den Ludowinger. Unklar ist, ob sich diese Inschrift tatsächlich auf das Jahr 1074 bezieht, in dem sich Ludwig erfolgreich der Haft auf Burg Giebichenstein durch einen Sprung in die Saale entzogen haben soll. Im Jahr 1114 war Ludwig wieder in Haft, sodass auch der Baubeginn der Ulrichskirche unsicher bleibt.

Die Kirche ist eine dreischiffige, kreuzförmige, gewölbte Pfeilerbasilika. Bemerkenswert ist die Grundrisslösung. Die Seitenschiffe laufen bis zum Chor durch, wo sie sich durch Arkadenbögen zueinander öffnen.

Ein Emporenraum wurde für die Nonnen des um 1265 bei der Kirche errichteten Zisterzienserinnenklosters, das jedoch 1539 mit der Reformation aufgelöst wurde, eingefügt. Im ausgehenden 19. Jahrhundert erfolgte eine Reromanisierung. Von 1991 bis 2010 veranlasste die Kirchengemeinde umfangreiche Instandsetzungsarbeiten am Äußeren und im Innenraum.

Unter den zahlreichen romanischen Großbauten des Landes Sachsen-Anhalt nimmt St. Ulrici in Sangerhausen einen vorderen Platz ein, denn dort lassen sich architektonische Einflüsse aus der Klosterkirche Marcigny-sur-Loire in Burgund nachweisen.

Durch die 1979 abgeschlossenen Forschungen Prof. Paul Grimms wurde die Pfalz Tilleda als einzige vollständig ausgegrabene Anlage ihrer Art zum international bekannten Musterbeispiel einer deutschen Herrscherresidenz des Früh- und Hochmittelalters. Zu Füßen des Kyffhäusers, auf dem Pfingstberg südlich des heutigen Dorfs, lag seit karolingischer Zeit ein „kaiserlicher Hof", den Kaiser Otto II. 972 seiner byzantinischen Gemahlin Theophanu neben anderen Besitzungen zur Hochzeit schenkte. In der Folge hielten Kaiser und Könige aus ottonischem, salischem und staufischem Haus in Tilleda Hof. So weilte Kaiser Friedrich Barbarossa vor dem Aufbruch zum 5. Italienzug hier – der Sage nach soll er immer noch im nahen Kyffhäuser „wallen", um dereinst zurückzukehren. Politisch bedeutsam war die Versöhnung seines Sohnes Heinrich VI. mit dem aus England zurückgekehrten Welfen Heinrich dem Löwen, die 1194 in Tilleda stattfand.

Im 13. Jahrhundert wurde die Pfalz allmählich aufgegeben, und zu ihren Füßen entstanden aus dem noch verwendbaren Baumaterial viele Gebäude des heutigen Ortes.

Da der Platz nie überbaut wurde, lieferten die Ausgrabungen gute Anhaltspunkte für die 1983 und 2001 erfolgten Rekonstruktionsarbeiten. So kann man wieder unter einem 10 Meter hohen Torturm durch das größte Zangentor seiner Art in die Vorburg

Tilleda vermittelt auch einen Einblick in das Wirtschaftsgefüge einer Residenz, die den Herrscher und seinen Hof über Wochen beherbergen und versorgen musste. Von Bedeutung ist deshalb der Nachweis riesiger Scheunen, großer Schmieden und umfänglicher Tuchmachereien. Im Freilichtmuseum wurden die wichtigen Teile der Repräsentationsbauten, der Wirtschaftsgebäude, der technischen Anlagen und der Befestigungen rekonstruiert.

Königspfalz Tilleda
Ernst-Thälmann-Straße 4c
06537 Kelbra OT Tilleda

Öffnungszeiten
April–Oktober:
täglich 10.00–18.00 Uhr
November–März:
täglich 10.00–16.00 Uhr

Eintrittspreise
Erwachsene: 4,– EUR
ermäßigt: 3,– EUR

Führungen
nach Voranmeldung

Ansprechpartner für Führungen
Freilichtmuseum
Königspfalz Tilleda
Schulstraße 4
06537 Kelbra OT Tilleda
Tel.: (03 46 51) 29 23
pfalztilleda@t-online.de

Spezialführungen
museumspädagogisches
Programm und
Kinderführungen, z. B.
„Geschichte zum Anfassen"

Unsere Tipps
Veranstaltungen über
experimentelle Archäologie
und das Leben im Mittelalter
an verschiedenen
Wochenenden, Mittel-
alterfest Mitte Juli

Angebote in der Umgebung
Kyffhäuserdenkmal,
Fachwerkstadt Stolberg mit
Schloss, Höhle Heimkehle in
Uftrungen, Barbarossahöhle
bei Rottleben,
Bauernkriegspanorama in
Bad Frankenhausen

Anreise mit PKW
A 38
B 80 bis Sangerhausen
B 85 bis Kelbra
B 86 bis Edersleben, weiter
auf der Landstraße nach
Tilleda

Anreise mit ÖPNV
Bahnlinien bis
Sangerhausen/Berga-Kelbra,
danach Buslinien

Parkplätze
für PKW und Busse

Verkaufsangebot im Museum
Publikationen zu
historischen und
touristischen Themen,
Repliken, Andenken

Toiletten
auf dem Pfalzgelände und
am Parkplatz

Internet
www.pfalz-tilleda.de

gehen. Hier geben ein großes Wohnhaus, die Tuch-macherei, Schmiede und Drechslerwerkstatt sowie weitere technische Anlagen Einblick in das Leben auf dem „Tafelgut". Hinter mächtigen Wällen mit hölzernen Aufbauten zusätzlich geschützt liegen auf der Spornspitze die teilrekonstruierten Repräsentationsgebäude: zwei Wohntürme, Kirche und die hölzerne Versammlungshalle. Von besonderem Wohnkomfort zeugt eine Heißluftheizung.

Weitere Bereiche veranschaulichen Kriegsma-schinen, aber auch Funde, Text- und Bildquellen in den Ausstellungshäusern.

König Karl, später der Große genannt, schenkte 777 dem Kloster Hersfeld die Kirchen zu Allstedt, Riestedt und Osterhausen. Das Hersfelder Zehntverzeichnis, entstanden 840/899, nennt die Burg hoch über der Stadt „Alstediburg". Wohl schon als karolingische Pfalz angelegt, spielte Allstedt eine herausragende Rolle während der Entstehung eines frühfeudalen selbstständigen Staates als Urkunde- und Aufenthaltsort deutscher Könige und Kaiser. Unter Otto II. war Allstedt die meistbesuchte Pfalz im damaligen Sachsen. Bauliche Überreste der Pfalz sind allerdings kaum nachgewiesen. Die Burganlage, die sich an gleicher Stelle nordöstlich der Stadt auf einem Bergsporn erhebt, bildet hingegen noch heute einen imposanten Anblick.

Unter den Edelherren von Querfurt entstand seit dem 14. Jahrhundert die wehrhafte Kernburg. Kurfürst Friedrich der Weise ließ Anfang des 16. Jahrhun-
derts die Burg in Renaissanceformen ausbauen. Der thüringische Oberlandbaumeister Gottfried Heinrich Krohne hatte 1746 den gotischen Torturm mit seiner schönen Renaissancebekrönung geschickt in seine Umbaumaßnahmen einbezogen. Die weiterführenden Pläne Krohnes, die gesamte Burg zu einem einheitlichen Barockschloss umzugestalten, wurden jedoch nach dem Tode des baufreudigen Herzogs Ernst August von Sachsen 1748 nicht ausgeführt. Damit blieb die Kernburg – eine Dreiflügelanlage mit Schildmauer als vierter Begrenzung – mit vielen mittelalterlichen Bauteilen und interessanten Details, etwa hölzernen Kugelabfangbohlen, erhalten. Der älteste, wohl noch romanische Teil ist der im Nordosten der Kernburg gelegene Turmstumpf, dessen vergleichsweise geringe Wandstärke von ca. 1,3 Metern auf einen mittelalterlichen Wohnturm schließen lässt. Der kunsthistorisch herausra-

Burg und Schloss Allstedt
06542 Allstedt

Öffnungszeiten
April–Oktober:
Di–So 10.00–17.00 Uhr,
Oster- und Pfingstmontag
geöffnet
November–März:
Di–Fr 10.00–16.30 Uhr,
Sa/So 13.00–17.00 Uhr,
am 24./25./31. Dezember
geschlossen

Eintrittspreise
Erwachsene: 6,– EUR
ermäßigt: 3,50 EUR

Familienkarte für
2 Erwachsene, 3 Kinder bis
14 Jahre: 15,– EUR
Schulklassen: 2,– EUR pro
Person

Führungen
nach Voranmeldung
pauschal: 35,– EUR
zusätzlich zum Eintritt

**Ansprechpartner für
Führungen**
Burg und Schloss Allstedt
Schloss 8
06542 Allstedt
Tel.: (03 46 52) 5 19
Fax: (03 46 52) 6 77 54
schloss-allstedt@allstedt.de

*Die malerische Burganlage war besonders im 18. und
19. Jahrhundert ein beliebtes Bildmotiv; so zeichnete
1778 auch Johann Wolfgang von Goethe das Schloss.
Doch schon Lucas Cranach d. Ä. hatte 1506 die Kernburg
auf seinem Katharinenaltar (heute in Dresden,
Gemäldegalerie) dargestellt.*

unten: spätgotische Küche

gende Bauteil ist der Palas, der im Erdgeschoss eine
große, spätgotische Küche mit riesigem Kaminschlot
und anschließender Hofstube birgt. Um 1700 wurde
das Obergeschoss durchgreifend verändert. Die barocken Räume mit wertvollen Stuckdecken sind liebevoll restauriert. In der fürstlichen Hofstube im
Palas hat Thomas Müntzer seine berühmte „Fürs-
tenpredigt" gehalten.

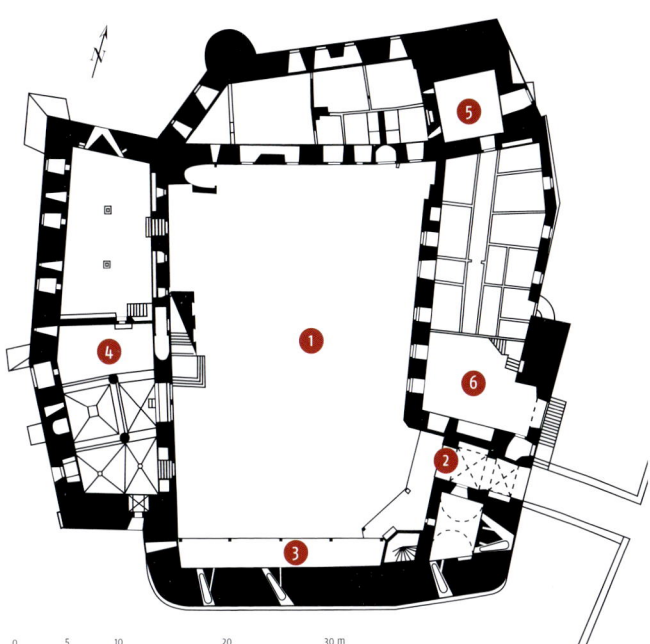

1 Hof der Kernburg
2 Torhaus mit Kapelle
3 Südliche Wehrmauer
4 Westflügel mit Küche und
   Hofstube
5 Älterer Turmrest
6 Ostflügel

0   5   10   20   30 m

Spezialführungen
in historischen Gewändern,
z. B. Thomas-Müntzer-
Führung, Erlebnisführung

Ausstellungen
Schauraum mit spätgotischer
Burgküche und Großkamin,
Hofstube, authentischer Ort
der bekannten Fürsten-
predigt Thomas Müntzers,
Leben und Wirken Thomas
Müntzers mit Schwerpunkt
auf seiner Allstedter Zeit
(1523–1524),
Goethes Allstedter
Aufenthalte (1776–1782),
Eisenkunstgusssammlung
aus Mägdesprung/Harz,
barocke Interieurräume,
barocke Schlosskapelle

Unsere Tipps
Kinderresidenz
(museumspädagogische
Angebote), Trauungen,
Konzerte und Veran-
staltungen in der
romantischen Schloss-
kapelle, Burgabende,
Rittergelage, Burgfest,

Schlosscafé:
Mi–So 11.00–18.00 Uhr
Tel.: (03 46 52) 67 95 77

Angebote in der Umgebung
Europa-Rosarium
Sangerhausen,
Schaubergwerk und
Bergbaumuseum
Röhrigschacht Wettelrode,
Burg Querfurt

Anreise mit PKW
A 38, B 80, B 86

Anreise mit ÖPNV
Buslinie

Parkplätze
30 für PKW, 3 für Busse im
Schlossbereich

Verkaufsangebot im Bauwerk
Broschüren, Publikationen
und Souvenirs

Toiletten
im Museum

Internet
www.schloss-allstedt.de
www.allstedt-kaltenborn.de

Querfurt

Burg Querfurt

Auf der fruchtbaren Querfurter Platte erhebt sich weithin sichtbar die gewaltige Burg Querfurt, deren Grundfläche jene der Wartburg um das Siebenfache übertrifft. Die Franken ließen zum Schutz des Überganges am Quernetal die Burg errichten. Wie Ort und Burg Allstedt erwähnt das Hersfelder Zehntverzeichnis neben 17 weiteren Burgen die „urbs Curnfurdeburg" und auch die dörfliche Siedlung „Curnfurt", die sich in ottonischer Zeit zu einem Marktflecken entwickelte.

Seit dem 10. Jahrhundert war die Burg Stammsitz der Edelherren von Querfurt, die zum sächsischen Adel gehörten, wahrscheinlich mit den Ottonen verwandt waren und unter diesen eine be-

deutende Rolle spielten. Einer der vier Söhne Bruns des Älteren, ebenfalls ein Brun, war ab 997 als Kaplan im Dienst Kaiser Ottos III. Er vertrat die Idee eines romfreien Kaisertums und forderte eine verstärkte Ausweitung von Kirche und Politik auf die slawischen Gebiete östlich von Saale und Elbe. Um 1002 gründete der Missionsbischof bei der Burgkirche ein Kollegiatstift, eine Schule war angeschlossen. Brun unternahm weite Missionsreisen nach Ungarn, zu den Petschenegen am Dnjepr und nach Polen. Er fand 1009 mit 18 Begleitern bei den heidnischen Pruzzen den Märtyrertod.

Der letzte Querfurter starb 1496 auf seiner Burg Allstedt; die Burg Querfurt fiel als erledigtes Lehen

Westlich über der Stadt Querfurt, in den letzten Jahren behutsam saniert, erhebt sich die Burg Querfurt. Mit ihren drei gewaltigen Türmen, zwei Ringmauern und starken Befestigungsanlagen ist sie eine der ältesten und größten Feudalburgen Deutschlands.

Burg Querfurt

Burg Querfurt
06268 Querfurt

Öffnungszeiten

April–Oktober:
täglich 10.00–18.00 Uhr
November–März:
täglich 10.00–16.00 Uhr

Eintrittspreise

Erwachsene: 5,– EUR
ermäßigt: 3,– EUR
Familienkarte: 10,– EUR
Schulklasse: 1,– EUR pro
Person

Führungen

Erwachsene: 5,– EUR
ermäßigt: 3,– EUR,
Gruppen ab 11 Personen:
3,– EUR pro Person zzgl.
25,– EUR Führungsgebühr,
Schülergruppen: 2,– EUR pro
Person zzgl. 25,– EUR
Führungsgebühr

Führungen

nach Voranmeldung und
feiertags 14.00 Uhr

Ansprechpartner für Führungen

Burg Querfurt
06268 Querfurt
Tel.: (03 47 71) 5 21 90
Fax: (03 47 71) 52 19 99
burg.querfurt@saalekreis.de

Spezialführungen

museumspädagogische
Projekte vom Mittelalter bis
zur Neuzeit,
Kinderprojekte und
Kindergeburtstage

Ausstellungen

Dauerausstellung „Leben in
Krieg und Frieden",
thematische FilmBurg-Aus-
stellungen, Ur- und
Frühgeschichte der Region,
wechselnde
Sonderausstellungen

Unsere Tipps

Dauerausstellungen im
Bauernmuseum „Alte Burg-
schäferei", Kinder- und
Familienfest „Burg erwacht"
im April, historisches
Burgfest am 3. Juniwoch-
ende, Pariser Turm mit
Aussicht über die Region,
Konzerte, Osterfeuer,
Sommerkino im August,
Weihnachtszauber auf der
Burg am 4. Adventswochen-
ende, Hochzeiten,
Museumscafé in der Burg

Angebote im Ort und in der Umgebung

Altstadt (17. Jahrhundert),
einer der ältesten Friedhöfe
Mitteldeutschlands,
historische Kuranlagen und
Goethe-Theater Bad
Lauchstädt

Anreise mit PKW

A 14, A 38 Abfahrt Querfurt,
B 180 von Naumburg oder
Lutherstadt Eisleben

Anreise mit ÖPNV

Bahn- und Buslinien

Parkplätze

250 für PKW, 7 für Busse

Informationsmaterial

Hefte und Bücher

Verkaufsangebot im Bauwerk

Souvenirs, Bücher,
Holzspielzeug, Wein,
Schmuck

Toiletten

auf dem Burggelände und
im Museum

Internet

www.museum-burg-
querfurt.de

Südbastion, im Hintergrund der „Dicke Heinrich" (nach 1070) und der 33 Meter hohe Marterturm aus dem 13. Jahrhundert

trägt noch 27,5 Meter und seine Mauern weisen eine Stärke von bis zu 4,34 Metern auf. Er steht auf dem Stumpf eines wahrscheinlich ottonischen Burgus im Westen der Kernburg. Der Bau einer Ringmauer erfolgte nach 1100. Der quadratische Bergfried an der Südflanke wurde am Ende des 12. Jahrhunderts bis zu einer Höhe von 23 Metern als Wohnturm angelegt und in der ersten Hälfte des 14. Jahrhunderts um weitere 12 Meter aufgestockt. In der Zeit um 1380

In den Kellergewölben des Museums Burg Querfurt werden auch steinerne Zeugnisse zur Geschichte der Burg präsentiert.

an das Erzbistum Magdeburg, nach wechselvollen Geschicken an Sachsen-Weißenfels und schließlich 1815 an Preußen.

Die noch heute erhaltene Burg geht wohl auf die Zeit um 1070 zurück. Davon stammt der runde Bergfried – der sogenannte Dicke Heinrich. Er hat einen Durchmesser von 14,5 Metern, seine Höhe be-

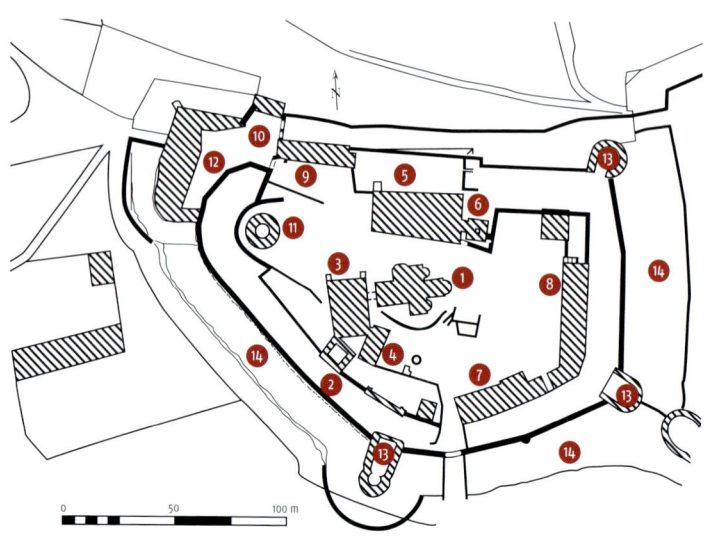

1 Burgkirche
2 Marterturm
3 Fürstenhaus
4 Brauhaus
5 Korn- und Rüsthaus
6 Pariser Turm
7 Burgmusikschule
8 Scheune
9 Amtshaus
10 Streichwehr
  „Merseburg"
11 Dicker Heinrich
12 Westtoranlage
13 Rondelle
14 Gräben

entstanden die äußere Ringmauer und der Zwinger. Der dritte, ebenfalls noch erhaltene Bergfried, der „Pariser Turm", schützte die Nordflanke und hat die stattliche Höhe von 57 Metern. Er wird geprägt durch die doppelte welsche Haube (nach 1666).

Im 15. Jahrhundert wurden die Burgmauern und Gräben verstärkt. Dabei errichtete man die wehrtechnisch besonders interessanten drei Ron-

delle (Batterietürme). In dem westlich der Kapelle errichteten „Fürstenhaus" sind Gewölbe des ehemaligen zweiten Burgpalas aus der zweiten Hälfte des 12. Jahrhunderts eingefügt. Im 1535 unter Kardinal Albrecht von Brandenburg erbauten Korn- und Rüsthaus verbergen sich wohl die Teile des ursprünglichen Palas.

Von der 1004 gegründeten Burgkapelle sind Fundamente ergraben. Der jetzige Bau wird in das frühe 12. Jahrhundert datiert. Die gedrungene romanische Kirche weist einen kreuzförmigen Ostteil mit quadratischem Chor und Haupt- und Nebenapsiden auf, über der Vierung erhebt sich ein achteckiger Turm, geschmückt mit einem auf Ecklisenen sitzenden Rundbogenfries. Das kurze Schiff ist nur wenig breiter als die Vierung. Die Westempore öffnet sich mittels dreier Pfeilerarkaden.

In den vergangenen Jahren hat sich das Ensemble unter den Drehorten Mitteldeutschlands den neuen Titel „FilmBurg" redlich erarbeitet. Zahlreiche nationale und internationale Produktionen wurden hier gedreht, darunter „Der Medicus", „Die Päpstin" oder die Märchen „Die zertanzten Schuhe" und „Jorinde & Joringel".

In der Barockzeit wurde die Burgkirche im Inneren zur herzoglichen Residenzkapelle umgebaut. 1716–1719 erfolgten die Ausmalung und die Stuckierung durch den italienischen Stuckateur Francesco Domenico Minetti.

Die gotische Grabkapelle der Burgkirche für Gebhardt XIV. von Querfurt wurde nach dessen Tod 1383 angefügt. In ihr steht die Tumba des Grafen. Sie ist unter böhmischem Einfluss entstanden und erinnert mit der Betonung der modischen Elemente, wie z. B. der überlangen Schnabelschuhe des Trauergefolges an den Sarkophagwänden, an die Grabmäler der Přemysliden im Prager Veitsdom.

53

Mücheln

Dorfkirche St. Michael

Sankt Micheln gehörte zum wettinischen und später zum kursächsischen Amt Freyburg. Nach dem Wiener Kongress kommt der Ort 1816 zur Preußischen Provinz Sachsen und wird dem Kreis Querfurt, Regierungsbezirk Merseburg, zugeordnet. Am 1. Oktober 1939 wurde Sankt Micheln in die Stadt Mücheln eingemeindet.

Allerdings sind die Geschicke des Ortes, in dem sich die Quellen der Geisel befinden, schon immer eng mit Mücheln verbunden. Die kleine Stadt Mücheln – heute durch den Geiseltalsee bekannt – kann auf eine lange Geschichte zurückblicken, wurde schon im Hersfelder Zehntverzeichnis im 9. Jahrhundert erwähnt, hatte unter den Ottonen (919–1024) enge Beziehungen zum Kloster Hersfeld und im 12. Jahrhundert zum Bistum Bamberg, dessen Besitzungen weit verstreut waren. Es verfügte sowohl in Burgscheidungen als auch in Mücheln

über Ländereien. Bischof Otto von Bamberg (* um 1060; † 1139) weilte 1124 und 1128 vor seinen Missionsreisen nach Pommern auf diesen Gütern. Auf diese frühen Beziehungen zu Bamberg deutet auch die Tatsache hin, dass die Pfarrkirche (ehemals Burgkirche und Urpfarrei) in Mücheln dem hl. Jakobus geweiht ist, wohl nach der frühromanischen Säulenbasilika St. Jakob in Bamberg. Noch mehr erinnert die stattliche Kirche in St. Micheln an das Lieblingskloster Ottos von Bamberg, das Benediktinerkloster St. Michael. Die Gründung der Kirche St. Michael soll 1128 durch den genannten Bischof Otto von Bamberg aus dem Bamberger Stift St. Michael erfolgt sein.

Der spätromanische Bruchsteinbau St. Michael ist fast unverändert erhalten geblieben. Durch die erhöhte Lage der Kirche auf einer Anhöhe erhält die Kirche ihre bevorzugte Stellung im Landschaftsbild

Dorfkirche St. Michael, Ansicht von Südosten

Innenansicht nach Osten

Kirche St. Michael
Kirchweg
06249 Mücheln
OT St. Micheln

Öffnungszeiten
Besichtigung nach
Anmeldung über
ann197@gmx.de oder
Tel.: (03 46 32) 2 15 20

Eintrittspreise
Eintritt frei

Unsere Tipps
Geiselquelle mit
Kneippbecken, Rathaus,
Stadtinformation,
Heimatmuseum,
Stadtkirche St. Jakobi,

OT St. Ulrich: Wasserschloss,
Barockgarten mit
Landschaftspark,
Geiseltalsee

Anreise mit PKW
A 38, Abfahrt Schafstädt oder
Merseburg Süd

Anreise mit ÖPNV
Burgenlandbahn von
Merseburg oder Querfurt,
Bus von Merseburg

Parkplätze
in Kirchennähe vorhanden

Internet
www.muecheln.de

Radkreuz an der Ostwand

in der Nähe des Geiseltals. Vom Äußeren her besitzt sie noch ganz den festen, mauerhaften Eindruck der Erbauungszeit. Nur die Langhausfenster sind später vergrößert. Der hohe Westblock wirkt beinahe wehrhaft. Außergewöhnlich aufgelockert ist dagegen das Obergeschoss mit seinen Drillingsfenstern als Schallarkaden. Im Turm der Kirche befindet sich eine große Glocke von 1481, die älteste der Mücheler Kirchen. Sie stammt aus der Glockengießerei Klaus Rimann – Naumburg.

Das Schiff ist von gleicher Breite wie der Turm, und die Ostwand des eingezogenen Chors hat zwei Rundbogenfenster und mittig darüber ein kreisförmiges Oberlicht, am Giebel ein vierspeichiges Radkreuz. An der Südwestecke des Turmes fällt ein Eckquader auf, der einen eingeritzten Schriftzug aufweist und dazu die Darstellung einer Tiergestalt mit einem doggenähnlichen Kopf. Die Beine mit deutlich breiten Hufen und ein schweifähnlicher Schwanz weisen eher auf die Gestalt eines Pferdes hin.

Das Radkreuz kann das Sinnbild der lebensspendenden Sonne sein oder auch das alte Wahrzeichen der Weltgegenden: gen Morgen, gen Mittag, gen Abend, gen Mitternacht darstellend. Strahlenförmig schließen eine Anzahl Zacken den Kranz ab, die auf den Zeitablauf durch die Monatsfolge hinweisen. Diese beiden uralten Erinnerungsmerkmale deuten sicher auf eine Kultstätte in vorgeschichtlicher heidnischer Zeit hin.

Das Innere der Kirche besticht durch seine Schlichtheit. Flache Putzdecken schließen Schiff und Chor ab. Der Triumphbogen ist nur durch einfache Kämpfer und Sockel gegliedert

Das Taufbecken stammt aus der Kirche Möckerling, die dem Braunkohletagebau weichen musste, ebenso erinnert eine aufgestellte alte Tür an die aufgegebene Kirche Zorbau und seit Jüngstem auch die restaurierte Kanzel aus diesem abgebaggerten Dorf, auf der nun nach 45 Jahren wieder gepredigt werden kann.

Eckquader mit pferdeähnlicher Tiergestalt

54

Memleben

Kloster und Kaiserpfalz

In Memleben befand sich einst eine weitere berühmte Pfalz der Ottonen. Hier verstarben 936 König Heinrich I. und 973 sein Sohn Kaiser Otto der Große.

Nach dem Tode seines Vaters gründete Otto II. mit seiner Frau Theophanu in Memleben ein Benediktinerkloster, das er besonders reich ausstattete, u. a. mit den Kirchen in Allstedt, Riestedt und Osterhausen sowie mit den Zehnteinkünften im Hassegau und Friesenfeld. Doch der letzte Kaiser aus dem Hause der Liudolfinger, Heinrich II., zog 1015 alle Privilegien zurück und unterstellte die Abtei dem Reichskloster Hersfeld, sodass die Blütezeit nur wenige Jahrzehnte dauerte. Trotzdem entstand im ausgehenden 10. Jahrhundert in Memleben eine der größten ottonischen Kirchen: 82 Meter lang und 39,5 Meter breit. Selbst ihre gewaltigen Reste be-

Die Klosterruine verdankt dem 19. Jahrhundert ihr Überleben. Der Verfall der Ruine wurde nicht zuletzt deshalb gestoppt, weil sich an den Pfeilern des Mittelschiffes monumentale Königsbildnisse erhalten hatten und man daher die Kirche für den Gründungsbau der ehemaligen Reichsabtei Memleben hielt. Die Sicherungsarbeiten in der Krypta auf Veranlassung Karl Friedrich Schinkels waren die ersten denkmalpflegerischen Aktivitäten der damals noch sächsischen Landesverwaltung.

Museum Kloster und Kaiserpfalz

Thomas-Müntzer-Straße 48
06642 Kaiserpfalz
OT Memleben

Öffnungszeiten

15. März–31. Oktober:
täglich 10.00–18.00 Uhr
1. November–14. März:
täglich 10.00–16.00 Uhr
(nur Außenanlagen)

Eintrittspreise

Erwachsene: 6,– EUR
ermäßigt: 5,50 EUR
Schüler/Studenten: 3,50 EUR
ab 20 Personen
ermäßigt: 3,– EUR
Familienkarte: 14,50 EUR
Abweichung während
Sonderausstellungen
möglich

Führungen

15. März–31. Oktober
Sa 11.30 Uhr und auf Anfrage,
pro Person: 2,50 EUR
Führungspauschale unter
10 Personen: 25,– EUR

Kontakt für Führungsanfragen

Tel.: (03 46 72) 6 02 74
Fax: (03 46 72) 9 34 09
info@kloster-memleben.de

Unsere Tipps

Besuch der Ausstellungen
des Museums zum
Herrschertod im Mittelalter,
Alltag in einem Benediktinerkloster mit Skriptorium,
zur Archäologie und Baugeschichte, Radfahren
auf dem Unstrutradwanderweg und Wandern auf
den umgebenden
Wanderwegen

Angebote in der Umgebung

Burgruine Wendelstein
(3 km), Modelleisenbahn
Wiehe (4 km), Erlebnistierpark Memleben, Arche Nebra
in der Nähe des Fundortes
der „Himmelsscheibe von
Nebra" (4 km)

Übernachtung

4 Doppelzimmer,
1 Einzelzimmer

Anreise mit PKW

B 250 und B 176 aus Richtung
Naumburg/Eckartsberga/
Querfurt

Anreise mit ÖPNV

Burgenlandbahn bis Nebra,
Bus (Kupfer-Wein-Linie)
bis Memleben

Parkplätze

50 für PKW, 3 barrierefrei,
6 für Busse

Verkaufsangebot im Bauwerk

Postkarten, Kunstführer,
Bücher, Souvenirs, Wein vom
Klosterweinberg

Internet

www.kloster-memleben.de

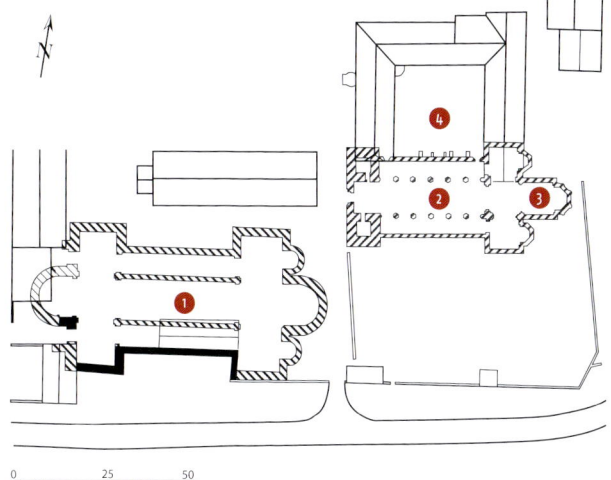

Gesamtanlage Memleben

1 Ottonischer Bau:
  Benediktinerklosterkirche
  St. Trinitatis et Mariae + Beatae et
  Mariae
2 Romanischer Bau: Propsteikirche
  Beatae Mariae Virginis
3 Chor, darunter die erhaltene
  Krypta
4 Ehemalige Klausur mit Kreuzgang
  (modern verändert)

0   25   50

eindrucken noch heute (Kaisertor, Vierungspfeiler, Langhauswand).

Im 13. Jahrhundert wurde nordöstlich der ottonischen Kirche eine Klosterkirche errichtet. Der Neubau begann mit den Ostteilen. Die Kirche gehört in die Reihe der sächsischen Großbauten in der Übergangszeit von der Romanik zur Gotik. Von den dazugehörigen Klostergebäuden aus dem frühen 13. Jahrhundert blieben nördlich der Kirche Reste in jüngeren Bauten erhalten. Von der Kirche wurde das

Die Krypta, eine dreischiffige gewölbte Halle, ist der einzige vollständig erhaltene Bauteil der malerischen Ruine.

Die Kirche von Südosten

Dach abgetragen. Heute stehen neben den Mittelschiffsarkaden weitere Mauerreste beider Seitenschiffe, des ehemals flachgedeckten Langhauses, die
Untergeschosse der Türme, das Westportal und auch
der Chorbereich mit Apsis ist noch erkennbar.
Besonders sehenswert ist die komplett erhaltene
Krypta aus der Zeit um 1200.

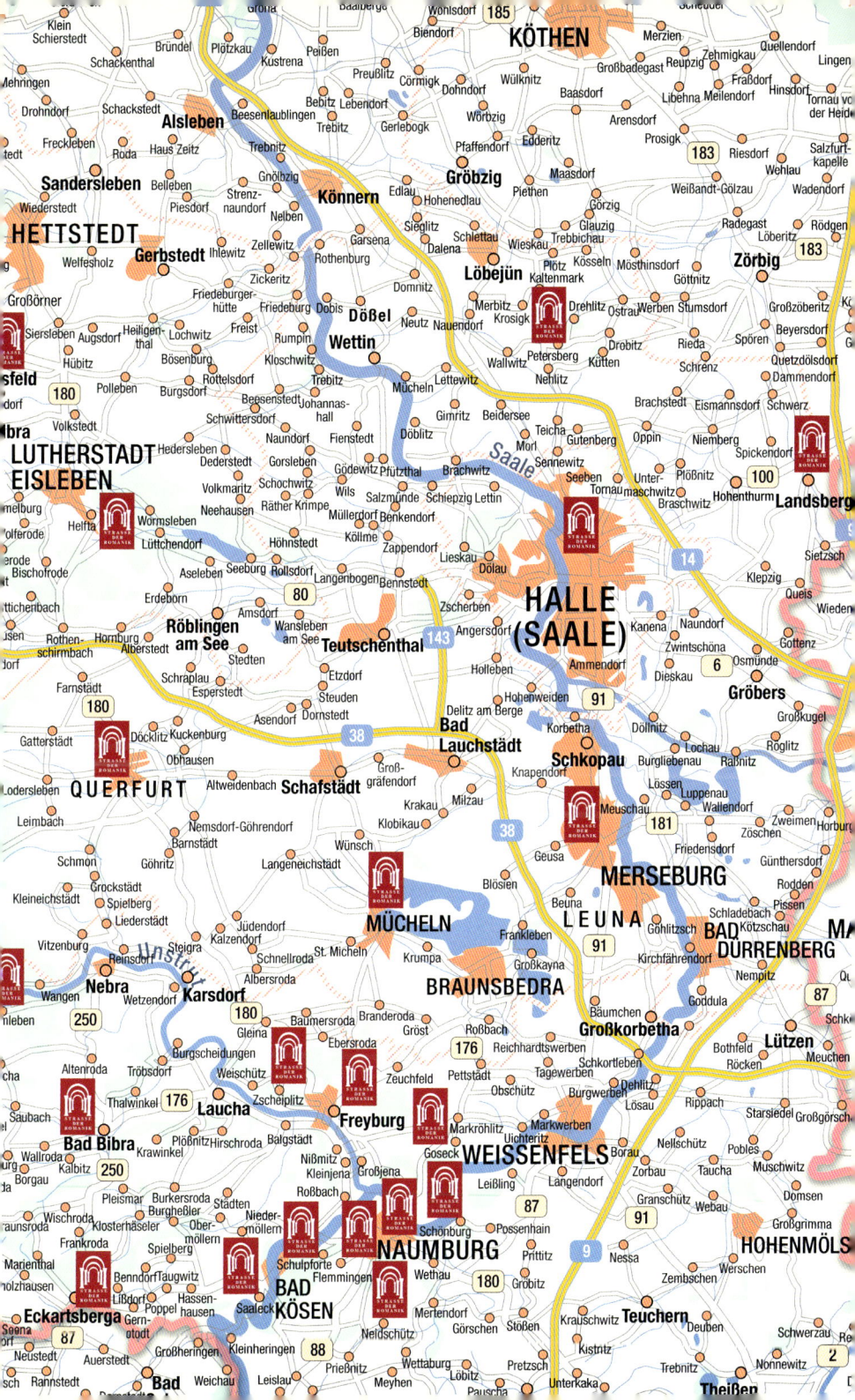

Das Siedlungsgebiet um die alte slawische Siedlung Steinbecki gehört zu den bevorzugten Orten im Heiligen Römischen Reich, und so finden wir Steinbach auch bereits 952 in einer Tauschurkunde Ottos I. (912, Kaiser 962–973) mit seinem Vasallen Billung erwähnt. Allerdings wird das Dorf im Dreißigjährigen Krieg fast vollständig vernichtet. Die Einwohner bauten ihre Häuser weiter südlich am Gutschbach neu. Der Ort verliert erst 1952 seine Selbstständigkeit im Zuge der Kreisreform und wird in die Stadt Bad Bibra eingemeindet.

Vom alten Steinbach zeugt heute noch neben der Kapellenmühle vor allen die Margaretenkirche.

Die kleine wohlerhaltene Dorfkirche ist eine spätromanische Anlage, und ihr 900-jähriges Bestehen wurde 2005 als „Gesellenstück" der Naumburger Dombauhütte gefeiert. Sie besitzt die für romanische Dorfkirchen (vergl. z. B. Seehausen-Börde Nr. 28 und Bernburg Nr. 71) charakteristische Staffelung der Bauteile: quadratischer Westturm – wohl später als das Schiff, jetzt mit barocker Haube – rechteckiges Schiff und quadratischer Chor mit halbkreisförmiger Apsis, ausgezeichnet durch eine saubere Quaderung und feine Durchbildung der einzelnen Schmuckformen. Damit stellt sie ein Schulwerk der Naumburger Dombauhütte (Nr. 59) dar. Die Apsis wird durch vier schlanke Säulchen gegliedert mit darüber liegendem Rundbogenfries. Der Chor ist zum Schiff leicht zurückgesetzt. Die kleinen rundbogigen Fenster sind aus der Erbauungszeit erhalten und bestechen durch ihre von einem kräftigen Wulst begleitete Leibung. Die übrigen Fenster verdanken ihre Entstehung einer Restaurierung von 1585. In dieser Zeit entstand auch die Inneneinrichtung wie Kanzel, Altar und Taufstein neu.

Blick nach Osten

Margaretenkirche Steinbach
Am Steinbach
06647 Bad Bibra
OT Steinbach

Öffnungszeiten
Mai–Oktober:
Sa, So offene Kirche
Mo–Fr Anmeldung über
Tourist-Information

Eintrittspreise
Eintritt frei, Spenden erbeten

Anmeldung für Führungen
Tourist-Information
An der Finne,
Bürgergarten 1
06647 Bad Bibra
Tel.: (03 44 65) 70 19 12
info@tourismus-finne.de
Kirchspiel Bad Bibra
Domberg 9
06647 Bad Bibra
Tel.: (03 44 65) 2 04 33

pfarramtbadbibra@
t-online.de

Unsere Tipps
Maria-Magdalenen-Kirche
in Bad Bibra,
Orgelbaumuseum in
Klosterhäseler, Museum
Kloster und Kaiserpfalz
Memleben, Erlebnistierpark
Memleben, Freizeitspaß
Eckartsberga, Eckartsburg,
Modellbahn Wiehe

Anreise mit PKW
B 176 oder B 250

Anreise mit ÖPNV
bis Bad Bibra

Parkplätze
20 PKW

Internet
www.steinbacher-kirche.de

Die Kirche von Südosten

Im Inneren der Margaretenkirche ist der rundbogige Vierungs- und Apsisbogen über profilierten Kämpfern erhalten, die Ecksäulchen im Chor weisen reich verzierte Kapitelle auf. Durch diese Säulen und auch durch Unebenheiten an den verputzten Seitenwänden des Chors ahnt man ein ursprüngliches Kreuzgewölbe. Heute besitzt der Chor eine flache Holzdecke.

Initiativen von Pfarrer und rühriger Gemeinde ermöglichten in den Jahren 1982 bis 1986 umfangreiche Renovierungsarbeiten, sodass dieses Kleinod an der Straße der Romanik sich heute in einem bemerkenswert guten Zustand präsentieren kann.

Ecksäulchen mit Maskenkapitell

Südeingang mit Tympanon

Eckartsberga

Eckartsburg

Um 998 errichtete Markgraf Ekkehard I. von Meißen eine Burg, in deren Schutz sich der Ort zunächst entwickelte. Forschungen haben ergeben, dass diese Burg allerdings nicht an der Stelle der heute sichtbaren Burg gelegen haben kann und so wohl die Thüringer Landgrafen, die 1121 die alte Burg übertragen bekamen, als Gründer der dann auf dem Schlossberg errichteten Burg gelten dürfen. Eckartsberga wurde 1066 erstmals erwähnt und erhielt zwischen 1265 und 1292 Stadtrecht.

Die Eckartsburg, wie sie sich uns heute zeigt, schützte den Pass der Finne an der alten Heerstraße, der „via regia", die von Frankfurt am Main nach Leipzig führte. Die Burg entstand im späten 12. und frühen 13. Jahrhundert, bestand aus zwei Höfen, je einem Bergfried im Westen und Osten und je einem Torhaus an der Süd- und Ostseite des inneren Hofes.

Spätere Jahrhunderte fügten nur geringe Ergänzungen hinzu, sodass die Eckartsburg mit ihren Mauern und Türmen noch immer das Bild einer geschlossenen romanischen Burganlage vermittelt, die den Burgen Gatersleben, Rudelsburg, Schönburg und Wendelstein ähnelt.

Eckartsburg
Burgweg 13b
06648 Eckartsberga

Eintrittspreise für Turm
Erwachsene: 1,– EUR
ermäßigt: 0,50 EUR
Führung: 2,– EUR

Führungen
nach Voranmeldung

Ansprechpartner für Führungen
Tel.: (03 44 67) 41 90 10
info@eckartsburg.com

Unsere Tipps
Diorama von der Schlacht bei Jena und Auerstedt (ca. 6000 Zinnfiguren) im Wohnturm, Mittelaltertage am letzten Maiwochenende, Kabarett „Fettnäpfchen", Krimi-Dinner, Fackelführung

„Schnee von gestern", Walpurgisnacht, Silvester-Burgparty, Ritteressen

Angebote im Ort
Burgenland mit 30 Miniaturburgen, Windmühle auf dem Sachsenberg, Wanderung über die „Finne", Bungee Jumping, Dino-Welt-Wäldchen, Sommerrodelbahn, Minigolf, Irrgarten

Anreise mit PKW
B 87 aus Richtung Naumburg,
B 250 aus Richtung Bad Bibra

Anreise mit ÖPNV
Buslinien ab Naumburg oder Apolda,
Bahnlinien ab Bad Sulza oder Sömmerda

Die romantische Burg zog zu allen Zeiten Besucher an. Berühmtester Gast war 1813 Johann Wolfgang von Goethe.

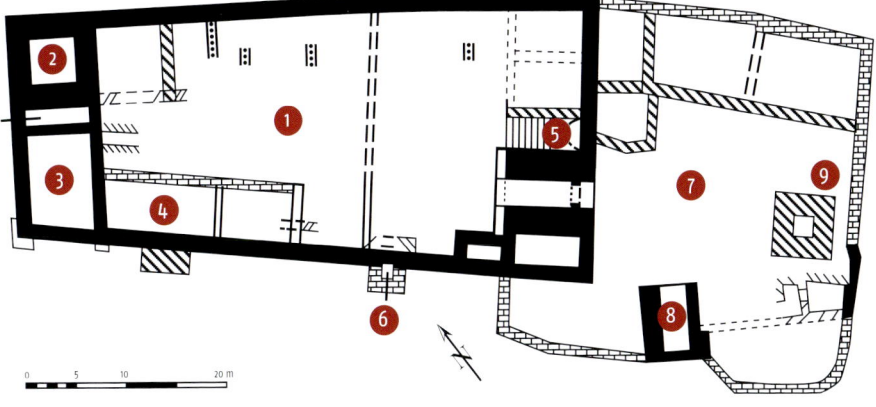

1 Kernburg
2 Wohnturm-Bergfried
3 Palas
4 Gotischer Wohnbau
5 Torhaus

6 Jungfernturm
7 Vorburg
8 Tor
9 Bergfried

Im Angesicht der Ruine der Eckartsburg schrieb Johann Wolfgang von Goethe seine Ballade „Der getreue Eckart". Noch heute thront sie majestätisch über der kleinen Stadt. Vom Wachturm der Burg bietet sich ein Blick auf das ehemalige Schlachtfeld von Auerstedt. Im Bergfried erinnert daher ein Diorama an die Ereignisse der Doppelschlacht von Jena und Auerstedt im Jahre 1806.

Parkplätze
100 für PKW, 10 für Busse

Informationsmaterial
„Die Eckartsburg" –
Bildband zum Bauwerk

Verkaufsangebot im Bauwerk
Bücher, Postkarten,
Ritterandenken

Toiletten
vorhanden

Internet
www.eckartsburg.com
www.kulturstiftung-st.de

Bad Kösen

Romanisches Haus

Malerisch von Weinbergen und Laubwäldern umgeben liegt im Saaletal der Kurort Bad Kösen. Der salische Kaiser Heinrich III. soll 1040 das Gebiet um den heutigen Ort einem Naumburger Bischof geschenkt haben. Dieser gründete einen Wirtschaftshof, der 1137 als Grangie (Gutshof) an das Zisterzienserkloster Schulpforta überging.

Mit der Auflösung des Domstiftes Naumburg 1564 fiel Kösen an Kursachsen. Zunächst war die Flößerei Haupterwerb der Einwohner, 1259 wurde Kösen Hauptfloßstation. Im 18. Jahrhundert erfolgte unter Kurfürst August dem Starken die Erschließung gewinnbringender Salzquellen durch Bergrat Johann Gottfried Borlach, der später auch als Direktor des Verbandes der kursächsischen Salinen Artern, Kösen und Dürrenberg wirkte. Die von Borlach begründete Saline stellte 1859 die Produktion ein. Die Bewohner hatten aber bereits einen neuen Brot-

erwerb gefunden – Kösen wurde dank seiner landschaftlich reizvollen Lage und seiner schwefelhaltigen Sole Kurbad. Nicht zuletzt war dies dem Arzt Christoph Wilhelm Hufeland zu verdanken, der erkannte, dass die über das Gradierwerk tröpfelnde Sole asthmatische Beschwerden lindern konnte.

Mit dem Romanischen Haus, erbaut zwischen 1150 und 1175, besitzt Bad Kösen den ältesten Steinbau einer klösterlichen Außenwirtschaft in Sachsen-Anhalt. Das Gebäude aus hammerrecht bearbeiteten Kalksteinquadern diente über Jahrhunderte als Hauptgebäude mit Stall-, Lager- und Wohnräumen. Auf die klösterliche Nähe verweist über der östlichen Pforte ein romanisches Tympanon mit Kreuz. Auch das bedeutendste Exponat des heutigen Museums im Romanischen Haus stammt aus jenem Zisterzienserkloster: ein spätromanischer Paramentenschrank zur Aufbewahrung der Messgewänder.

Ausstellung in der Kunsthalle „Die Puppenwelt der Käthe Kruse"

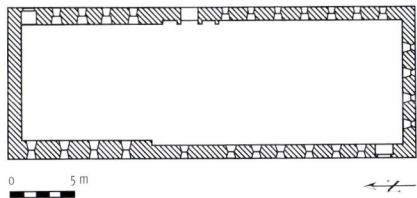

0   5 m

Romanisches Haus

Am Kunstgestänge
06628 Naumburg
OT Bad Kösen

Öffnungszeiten

Di–So 10.00–17.00 Uhr

Eintrittspreise

Erwachsene: 4,– EUR
ermäßigt: 3,– EUR
Kinder bis 18 Jahre: frei
Gruppen ab 10 Personen:
3,– EUR pro Person

Führungen

auf Anfrage

Ansprechpartner für Führungen

Stadtmuseum Naumburg
(Romanisches Haus)
Am Kunstgestänge
06628 Naumburg
OT Bad Kösen
Tel.: (03 44 63) 2 76 68 oder
(0 34 45) 70 35 03
post@
museumnaumburg.de

Spezialführungen

Leben und Wirken der
Puppengestalterin Käthe
Kruse, Stadtgeschichte in
Verbindung mit dem
Romanischen Haus, zur
Salinetechnik am
Borlachschacht

Unsere Tipps

Eintrittskarte berechtigt
innerhalb einer Woche zum
Eintritt in alle weiteren
Einrichtungen des
Stadtmuseums Naumburg
zum ermäßigten Preis,

Ausstellungen im
Romanischen Haus zur
„Stadtgeschichte Bad
Kösen", „Kloster Pforta" und
„Salinetechnik", Ausstellung
in der Kunsthalle „Die
Puppenwelt der Käthe
Kruse"

Angebote in der Umgebung

Rudelsburg, Burg Saaleck,
Gradierwerk und
Salineanlagen,
Tierpark, Bismarckturm,
Stadtführungen,
Landesweingut Kloster
Pforta, Landesschule Pforta
in Schulpforte, Saale-
Radwanderweg, Natur- und
Geopark „Saale-Unstrut-
Triasland", Fahrgastschiffe,
Floßfahrt

Anreise mit PKW

A 9 Abfahrt Naumburg
A 4 Abfahrt Apolda, dann
B 87 Richtung Eckartsberga,
Bad Kösen
B 87 Weimar, Apolda,
Bad Kösen
B 88 Jena, Camburg,
Naumburg

Anreise mit ÖPNV

Bus und Bahnlinien

Parkplätze

80 für PKW, 4 für Busse an
der Saalebrücke, Uferstraße

Toiletten

im Museum

Internet

www.badkoesen.de
www.museumnaumburg.de

Bad Kösen

Rudelsburg

Auf Bad Kösen blicken die beiden wohl berühmtesten Saaleburgen herab. Sie entstanden an einer strategisch wichtigen Stelle über der Verengung des Saaletales.

Die Rudelsburg, 1172 erstmals erwähnt, gehörte u. a. einst den Naumburger Bischöfen und gelangte 1238 als Lehen an die Markgrafen von Meißen. Bereits im 17. Jahrhundert war sie eine Ruine. Von der mehrfach zerstörten Burg steht die innere Kastellanlage mit dem Bergfried weit sichtbar über der Saale. Hier schrieb Franz Kugler 1826 das allbekannte Lied „An der Saale hellem Strande". 1871 erfolgte ein Innenausbau. Heute kann auf der Rudelsburg in Räumen mit rustikalem Ambiente getafelt werden.

Rudelsburg
Am Burgberg 33
06628 Naumburg OT Saaleck

Öffnungszeiten
April–Oktober:
Di–So 10.00–18.00 Uhr
November–März:
Mi–So 10.00–17.00 Uhr

Eintrittspreise Turm
Erwachsene: 1,– EUR
Kinder: 0,50 EUR

Führungen
nach Buchung möglich

Ansprechpartner für Führungen
Burgrestaurant Rudelsburg
Burgstraße 33
06628 Naumburg OT Saaleck
Tel.: (03 44 63) 2 73 25
Fax: (03 44 63) 6 04 83
restaurant@rudelsburg.info

Unsere Tipps
Hochzeiten, Turmaufstieg,
Rittermahl, Familien- und
Weihnachtsfeiern

Angebote in der Umgebung
Romanisches Haus, Saline
und Kurpark in Bad Kösen

Anreise mit PKW
Bad Kösen, Bad Sulza,
weiter bis Saaleck-
Rudelsburg

Anreise mit ÖPNV
Bahn bis Bad Kösen,
Busverkehr bis Saaleck

Parkplätze
50 für PKW, 4 für Busse

Verkaufsangebot im Bauwerk
Postkarten, Souvenirs,
Burg-Chronik

Toiletten
in der Gaststätte

Internet
www.rudelsburg.com

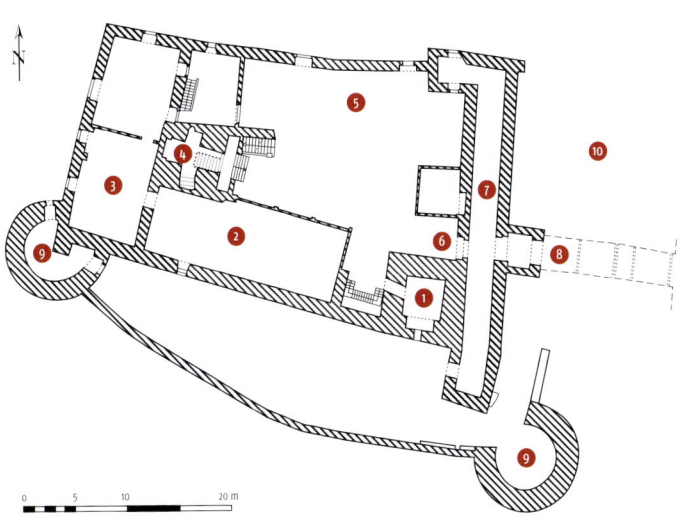

1 Bergfried
2 Südlicher Wohnbau
3 Palas
4 Kellerhals
5 Ergrabene
   Fundamente
   weiterer Bauten
6 Inneres Torhaus
7 Zwinger
8 Äußeres Tor
9 Spätgotische
   Rondelle und
   Zwingermauern
10 Halsgraben

0   5   10   20 m

Die Burg Saaleck wird 1140 als Burg der Markgrafen von Meißen erwähnt. Erhalten sind nur die Reste der Oberburg mit zwei runden Türmen. Im Saaletal direkt unterhalb des Berges siedelten schon vor rund 15 000 Jahren Menschen – den „Wildpferdjägern von Saaleck" ist eine Ausstellung mit Diorama gewidmet, die im Westturm zu sehen ist. Gemeinsam mit der gegenüberliegenden Rudelsburg besitzt Burg Saaleck eine höchst eindrucksvolle Lage, die schon die Romantiker zu bezaubern wusste.

Als Gründungsort des „Thüringisch-Sächsischen Vereins für die Erforschung des vaterländischen Altertums und Erhaltung seiner Denkmale" wurde im Jahre 1819 die Burg Saaleck auserkoren.

Burg Saaleck
06628 Naumburg OT Saaleck

Öffnungszeiten
April–Oktober:
Di–Fr 10.00–17.00 Uhr,
Sa, So, Feiertage 10.00–
18.00 Uhr

Eintrittspreise
Erwachsene: 2,– EUR
Kinder: 0,50 EUR

Ansprechpartner
Heimatverein Saaleck e. V.
Burgstraße 32
06628 Naumburg OT Saaleck
Tel.: (03 44 63) 2 77 45

Anreise mit PKW
Bad Kösen, Bad Sulza bis
Saaleck

Anreise mit ÖPNV
Bahnlinien bis Bad Kösen,
Buslinie bis Saaleck

Parkplätze
80 für PKW, 10 für Busse
ca. 15 Minuten entfernt

Toiletten
am Parkplatz

Internet
www.burg-saaleck.info

1 Vorburg
2 Ringmauer und Westhof
3 Kernburg
4 Westturm
5 Ostturm

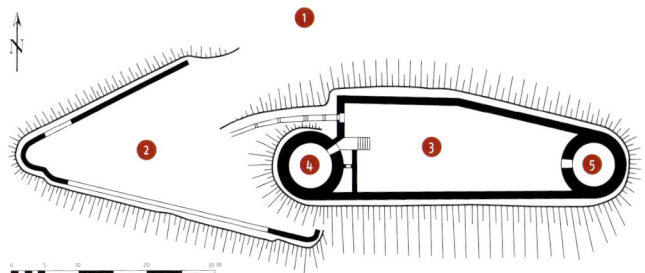

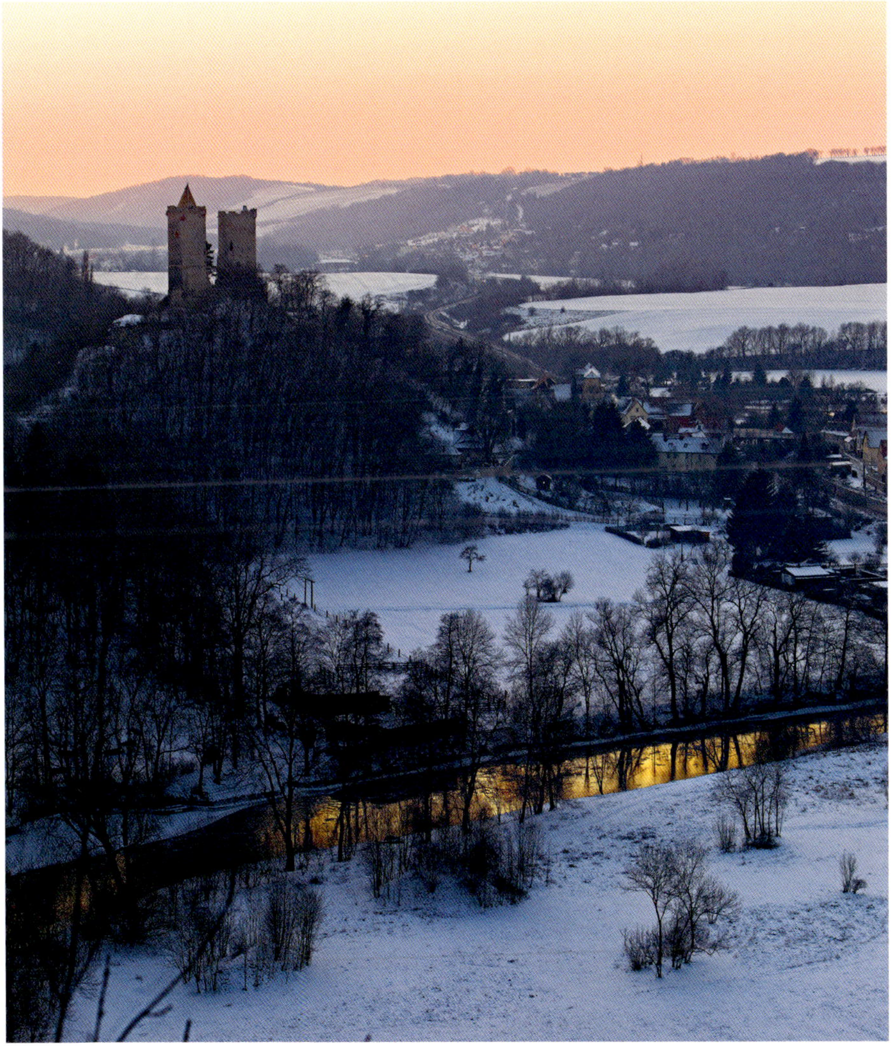

Schulpforte

Zisterzienserkloster Sanctae Mariae ad Portam

Ehe Zisterzienser in das Saaletal bei Naumburg zogen, entstand zunächst auf dem Pfefferberg bei Schmölln ein Kloster, das Bischof Udo I. von Naumburg um 1132 mit Mönchen aus Walkenried besetzte. Er verlegte jedoch das Kloster bald in die Nähe seines Bischofssitzes. Im Jahr 1137 wurde hier das Kloster St. Marien zur Pforte gegründet. In der Folge entwickelte es sich zu einem der reichsten Klöster Mitteldeutschlands. Drei Jahre nach seiner Säkularisierung 1540 wurde daraus die Landesschule Pforta mit vielen berühmten Schülern wie Friedrich Gottlieb Klopstock, Johann Gottlieb Fichte oder Leopold von Ranke und Friedrich Nietzsche. Nachdem die Anlage 1935–1945 als nationalsozialistische Erziehungsanstalt vereinnahmt war und ab 1958 als Heimoberschule beziehungsweise später als Erweiterte Oberschule diente, ist Schulpforte seit 1990 wieder Landesschule.

Die im Jahre 1137 begonnene Klosterkirche war ursprünglich eine kreuzförmige Basilika und wurde ab 1251 auf den Fundamenten des romanischen Vorgängers, nun jedoch im frühgotischen Stil, umgebaut. Die Erneuerung begann im Osten. Die Weihenachricht von 1268 ist wohl auf den vollendeten Chor zu beziehen, an ihm ist der Einfluss der französischen Gotik zu beobachten. In den Jahrzehnten bis 1300 schloss sich der Bau des Langhauses an, der mit der Westfassade – entsprechend den Regeln der zisterziensischen Baukunst turmlos – seinen Abschluss erfuhr. Bei der Gestaltung der Fassade wurden die Seitenschiffe zurückgedrängt. Dadurch kommt das hohe Mittelschiff zur Geltung.

rechts: Die Anlage aus der Luft
Der Kreuzgang hat die mit Ecksäulchen an den Pfeilern akzentuierte Arkadengliederung des mittleren 12. Jahrhunderts bewahrt.

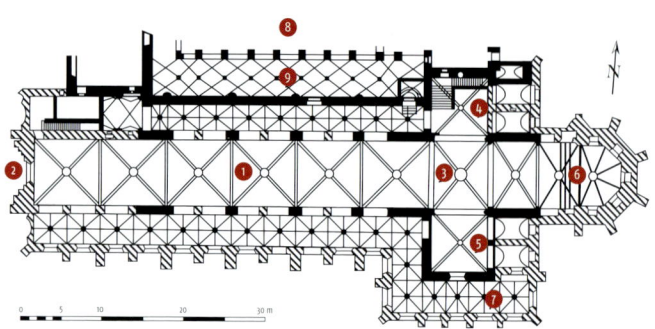

1 Dreischiffiges Langhaus
2 Gotischer Westteil mit Fassade
3 Vierung mit Triumphkreuz
4 Nordquerhaus mit Treppe zum Dormitorium (Schlafsaal)
5 Südquerhaus mit Kapellen
6 Chor mit Hauptaltar
7 Umgang
8 Ehemalige Klausur mit Kreuzgang und Gemeinschaftsräumen
9 Zweischiffiger Südflügel des Kreuzganges (Lesegang)

Zisterzienserkloster Sanctae Mariae ad Portam

Schulstraße 12
06628 Naumburg
OT Schulpforte

Öffnungszeiten

April–Oktober:
Mo–So 10.00–18.00 Uhr
November–März:
Di–So 10.00–16.00 Uhr

Führungen

April–Oktober:
Sa, So 14.00 Uhr,
November–März:
Sa, So 13.30 Uhr
sowie nach Vereinbarung

Eintrittspreise

Eintritt frei,
Führungen: 5,– EUR pro Person
Sonderführungen: 6,– EUR pro Person

Ansprechpartner für Führungen

Stiftung Schulpforta
Besucherempfang
Schulstraße 26
06628 Naumburg
OT Schulpforte
Tel.: (03 44 63) 2 81 15
Fax: (03 44 63) 2 81 16
info@stiftung-schulforte.de

Unsere Tipps

Konzerte, Ausstellungen, historische Panstermühle, Friedhof mit Totenleuchte

Angebote in der Umgebung

Romanisches Haus Bad Kösen,
Nietzsche-Haus Naumburg

Anreise mit PKW

B 87 zwischen Naumburg und Bad Kösen

Anreise mit ÖPNV

Bus von Naumburg oder Bad Kösen

Parkplätze

20 für PKW, 1 für Busse

Verkaufsangebot im Bauwerk

Buchverkauf beim Besucherempfang oder beim Pförtner

Toiletten

auf dem Gelände

Internet

www.landesschule-pforta.de
www.stiftung-schulpforta.de

Im Norden der Kirche schließen sich die um einen Hof gruppierten drei Flügel der Klausur an, die in ihrer Grundsubstanz noch romanische Züge aufweisen, was sich insbesondere in den Kreuzgangflügeln zeigt.

Bemerkenswerte Reste romanischer Baukunst sind in der westlich der Klausur gelegenen Mühle erhalten, ebenso in der Abtskapelle, ursprünglich wohl Kapelle der Infirmitur. Sie wurde um 1240 geschaffen. Der polygonale Chor weist schon auf die nahende Gotik, doch die Gliederung des Innenraumes ist noch romanisch, allerdings in der letzten und reifsten Phase, die schon zur Auflösung neigt.

Der Innenraum offenbart in den Proportionen des Langhauses noch den romanischen Kernbau, ist jedoch mit seinem Gewölbe und der Chorgestaltung vom gotischen Umbau des 13. Jahrhunderts geprägt. Das monumentale Triumphkreuz ist das bemerkenswerteste Ausstattungsstück der Klosterkirche Schulpforta (entstanden um 1268).

Naumburg

Dom St. Peter und St. Paul, Ägidienkurie

Die siebentürmige Stadt Naumburg liegt am rechten Ufer der mittleren Saale. Um 1000 errichtete Ekkehard I. von Meißen an der Kreuzung zweier Handelswege und in der Nähe slawischer Siedlungen eine Burg, die seine Söhne Ekkehard II. und Hermann I. weiter ausbauten. Ihr Hauskloster verlegten sie vom Kapellenberg bei Kleinjena nach Naumburg auf den Georgenberg. Es wurde die Begräbnisstätte der Ekkardiner.

Zu weitreichender und entscheidender Bedeutung für die Geschicke der Stadt führte 1028 der Beschluss Kaiser Konrads II., das Bistum Zeitz nach Naumburg zu verlegen und unter den Schutz der Ekkardiner zu stellen. Das geschah auch zum Vorteil der Markgrafen, die das Ansehen ihres neuen Stammsitzes vermehrten – die markgräfliche Familie konnte nun in einer Bischofskirche bestattet werden. Die Bischöfe stiegen im Jahr 1296 zu Reichsfürs-

Seit Juli 2018 gehört der Dom zu Naumburg zum UNESCO-Weltkulturerbe.

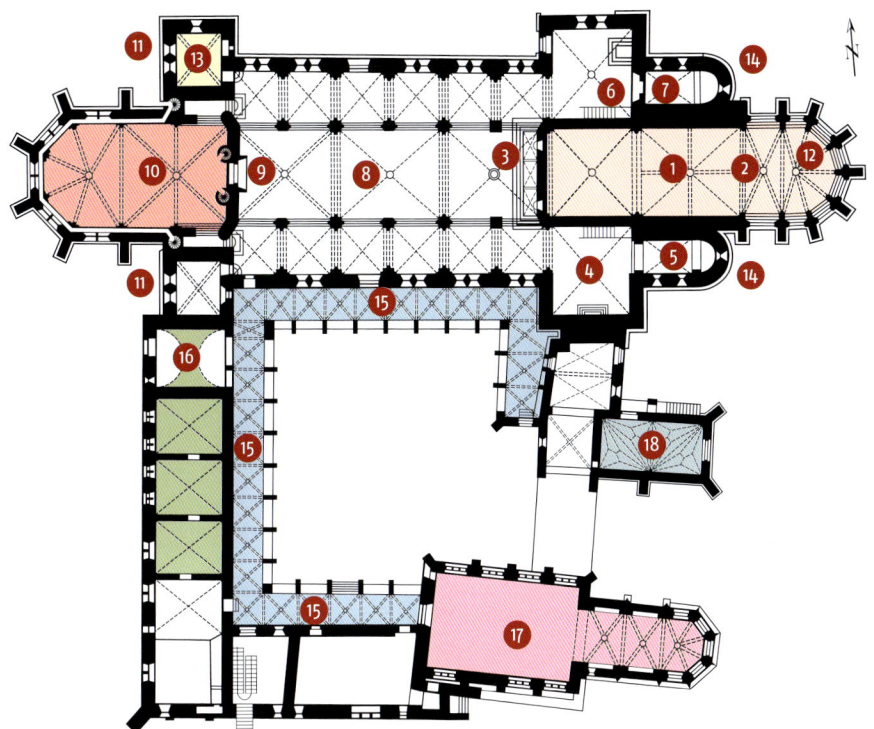

1 Frühromanischer Mittelteil der Ostkrypta
2 Spätromanische Ostkrypta
3 Spätromanischer Hallenlettner
4 Südquerhaus mit Portal
5 Südostturm mit Stephanskapelle
6 Nordquerhaus
7 Nordostturm mit Johanneskapelle
8 Spätromanisches Langhaus
9 Frühgotischer Westlettner
10 Frühgotischer Westchor mit den Stifterfiguren
11 Westtürme
12 Ostchor
13 Elisabethkapelle
14 Osttürme
15 Ehemalige Klausur mit Kreuzgang
16 Eingang Domschatzgewölbe
17 Ev. Marienpfarrkirche
18 Dreikönigskapelle

Dom St. Peter und St. Paul und sein Domschatzgewölbe
Domplatz 16–17
06618 Naumburg

Anbieter
Vereinigte Domstifter zu Merseburg und Naumburg und des Kollegiatstifts Zeitz, Stiftung öffentlichen Rechts
Domplatz 19
06618 Naumburg

Öffnungszeiten
März–Oktober:
Mo–Sa 9.00–18.00 Uhr,
So/kirchliche Feiertage
12.00–18.00 Uhr
November–Februar:
Mo–Sa 10.00–16.00 Uhr,
So/kirchliche Feiertage
12.00–16.00 Uhr,
Sonderöffnungszeiten
am 24. und 31. Dezember

Aufgrund von Trauungen, Taufen und Konzertproben kann es kurzfristig zu Einschränkungen der geltenden Öffnungszeiten kommen.

Eintrittspreise Dom, Domschatz, Domgarten und Sonderausstellung
Erwachsene: 6,50 EUR
ermäßigt: 4,50 EUR
Schüler: 3,– EUR
Familienkarte für 2 Erwachsene und schulpflichtige Kinder: 17,– EUR
Gruppen ab 15 Personen:
6,– EUR, ermäßigt: 4,– EUR,
Schüler: 2,50 EUR
Jahreskarte: 25,– EUR,
ermäßigt: 17,– EUR
Schüler: 10,– EUR
Führungsgebühr: 3,– EUR
Audioguide: 3,– EUR

ten auf. Unter ihrem Einfluss entwickelte sich Naumburg zu einer der bedeutendsten deutschen Städte. So war noch im 16. Jahrhundert der Fernhandel Naumburgs umfangreicher als der von Leipzig. Im 12./13. Jahrhundert entstand die planmäßig angelegte Altstadt mit dem viereckigen Marktplatz. Domimmunität und Altstadt wurden befestigt und sind noch heute durch die Herren- bzw. Steinstraße miteinander verbunden. Erst nach dem Tod des 40. Bischofs, Julius von Pflug, wurde das Hochstift 1564 in ein weltliches Fürstentum umgewandelt.

Im 11. Jahrhundert erhielt der Bischofssitz seine erste Kirche. Der frühromanische Bau war eine kreuzförmige, dreischiffige Basilika mit quadratischem Ostchor und halbrunder eingezogener Apsis.

Die verbesserte wirtschaftliche Situation erlaubte es, zu Beginn des 13. Jahrhunderts einen Neubau des Domes zu planen. Eine großartige dreischiffige, doppelchörige Basilika mit zwei Turmpaaren wurde um 1210 begonnen, gleichzeitig die frühromanische Klausur ersetzt, bereits 1242 wurden Ostteile und Langhaus geweiht.

Ähnlich wie beim Dom in Magdeburg schritt während des Baues die Entwicklung von der Roma-

nik zur Gotik weiter. Die Ostteile wurden noch mit sparsamen Schmuckformen und sorgfältig gefügtem Mauerwerk in den strengen romanischen Formen errichtet, im Langhaus dagegen klingt die Gotik an und der Westabschluss ist in reinen gotischen Formen entwickelt. Der Stilwandel wurde besonders gefördert, als mit dem Bau des Westchores ein neuer Baumeister und Bildhauer seine Arbeit begann. Leider kennen wir den Namen dieses Künstlers nicht, sodass wir uns mit der Bezeichnung „Naumburger Meister" begnügen müssen. Nur seine von französischen Eindrücken geprägte Entwicklung lässt sich anhand von Vergleichen über Amiens, Reims, Noyon und Mainz verfolgen. Sein Hauptwerk findet sich jedoch unbestritten in Naumburg: Die Stifterfiguren im Westchor sind sowohl in der Thematik als auch in ihrer lebensvollen Charakterisierung in ihrer Zeit

Der romanische Ostlettner im Dom

Von der ersten Domanlage ist die um 1170 nachträglich eingefügte Krypta im Wesentlichen erhalten. An den Kapitellen finden sich Schmuckformen, die es erlauben, den Wandel dieser Verzierungen zu erleben. Den Abschluss der Krypta zum Langhaus bildet der romanische Hallenlettner, der wie die Kapitelle in der Krypta Baudekor von ausgezeichneter Qualität aufweist.

Eintrittspreise Naumburger Dom und Merseburger Dom

Erwachsene: 11,– EUR
ermäßigt: 7,50 EUR
Schüler: 5,– EUR
Bei Sonderausstellungen können geänderte Eintrittspreise gelten.

Führungen

März–Oktober:
Mo–Do 10.00, 14.00 Uhr
Fr, Sa 10.00, 14.00, 16.00 Uhr
So 12.00, 14.00, 16.00 Uhr
November–Februar:
Mo–Do 11.00 Uhr
Fr, Sa 11.00, 14.00 Uhr
So 12.00, 14.00 Uhr
Führungen für Reisegruppen: individuell nach Voranmeldung, Audioguide

Spezialführungen

altersgerechte Führungen für Schülergruppen, Turmführungen, museumspädagogische Projekte in der KinderDomBauhütte, Führungen durch die Domstiftsbibliothek, englischsprachige Führungen nach Anmeldung

Ansprechpartner für Führungen

Besucherservice
Domplatz 16–17
06618 Naumburg
Tel.: (0 34 45) 2 30 11 33
Fax: (0 34 45) 2 30 11 34
fuehrung@naumburger-dom.de

Unsere Tipps

Turmführung täglich 15.00 Uhr im Sommer, Kapellenkonzerte im Sommer

Angebote im Ort

Stadtmuseum „Hohe Lilie", Stadtführungen durch die Altstadt, Marientor, Friedrich-Nietzsche-Haus, Wenzelskirche, Wasserwandern auf Unstrut und Saale, historische Straßenbahn, Max-Klinger-Gedächtnisstätte, Blütengrund im Saale-Unstruttal

Anreise mit PKW

über A 9, B 87, B 88, B 180

Anreise mit ÖPNV

Bahn- und Buslinien

Parkplätze

Altstadtparkplatz Vogelwiese,
ca. 20 Minuten Fußweg bis zum Dom
(Bus kostenfrei, PKW kostenpflichtig, Wohnmobil kostenpflichtig),
Besucherparkplatz „Unter dem Dom", Freyburger Straße (B 180),
ca. 2 Minuten Fußweg bis zum Dom, Parkplatz Dom/Georgenstraße,
ca. 5 Minuten Fußweg bis zum Dom, für PKW nur am Wochenende nutzbar

Verkaufsangebot im Bauwerk

Bücher, Kunstführer, Broschüren, Ansichtskarten, Poster, Wein, Souvenirs

Toiletten

am Dom

Internet

www.naumburger-dom.de

Seit 2006 haben die Besucher die Möglichkeit, die besonderen Kostbarkeiten des Naumburger Domes im Domschatzgewölbe zu besichtigen. Beispiele der Bauzier und archäologische Funde, aber auch Altarretabel, Tafelbilder, Handschriften und Skulpturen werden gezeigt, wie z. B. die von Lucas Cranach d. Ä. gemalten Altarflügel mit der Darstellung der Maria Magdalena, die Naumburger Pietà (um 1330/40) und die Johannesschüssel (13. Jahrhundert).

Seit Juli 2018 gehört der Naumburger Dom zum UNESCO-Weltkulturerbe.

Auch wenn der Naumburger Dom in den Reiseführern immer wieder dominieren wird, war die Aufnahme der Ägidienkapelle in die Straße der Romanik unerlässlich. Nur in wenigen Domstädten sind die Gebäude der Domherren in so großer Zahl wie in Naumburg erhalten. Allerdings überwiegen die barocken Kurien. Älter ist die 1581 vollendete Bischofskurie Domplatz 1. Sie geht auf Planungen des letzten katholischen Bischofs der Diözese Naumburg, Julius von Pflug (1499–1542), zurück. Der Spätrenaissancebau mit seinen eindrucksvollen Schweifgiebeln auf der Straßen- und Hofseite prägt den Eingang des Domplatzes. Der dazugehörige mittelalterliche Wohnturm wurde 1505 verändert.

Zu den prachtvollen Wohnbauten der Domherren gehörten ursprünglich zahlreiche Kapellen. Davon zeugt heute nur noch die Ägidienkurie, ein zweiflügeliger Kapellenbau nördlich des Domes (Domplatz 8).

Erstmals wurde die Kurie im Jahre 1305 urkundlich erwähnt, Baustil und Kapitellformen belegen jedoch eine frühere Entstehungszeit, die ungefähr mit dem Baubeginn des zweiten, spätromanischen Naumburger Doms zusammenfällt.

um 1250 einzigartig. Die ebenfalls von diesem Meister und seiner Werkstatt geschaffenen Passionsszenen am Westlettner berühren durch ihre dramatische Ausdruckskraft.

Trotz der herausragenden gotischen Werke ist der Naumburger Dom von der Grundkonzeption her ein romanischer Gruppenbau.

Seine Doppelchörigkeit mit dem dadurch bedingten Seiteneingang sowie seine beiden Turmpaare widersprechen dem Gestaltungswillen der Gotik.

Die berühmten Stifterfiguren Uta und Ekkehard: Der Gegensatz des Kraft und Selbstbewusstsein ausstrahlenden Ekkehard II. zu seiner herb-verschlossenen und anmutig-hoheitsvollen Gemahlin Uta von Ballenstedt bewirkt die besondere Ausstrahlungskraft der porträthaft erscheinenden Figuren. Spätestens seit den 1920er Jahren, als ihr Bild um die Welt ging, ist Naumburgs Uta heute eine der berühmtesten Frauen Deutschlands. Mit ihr wurde auch der Naumburger Dom weltbekannt.

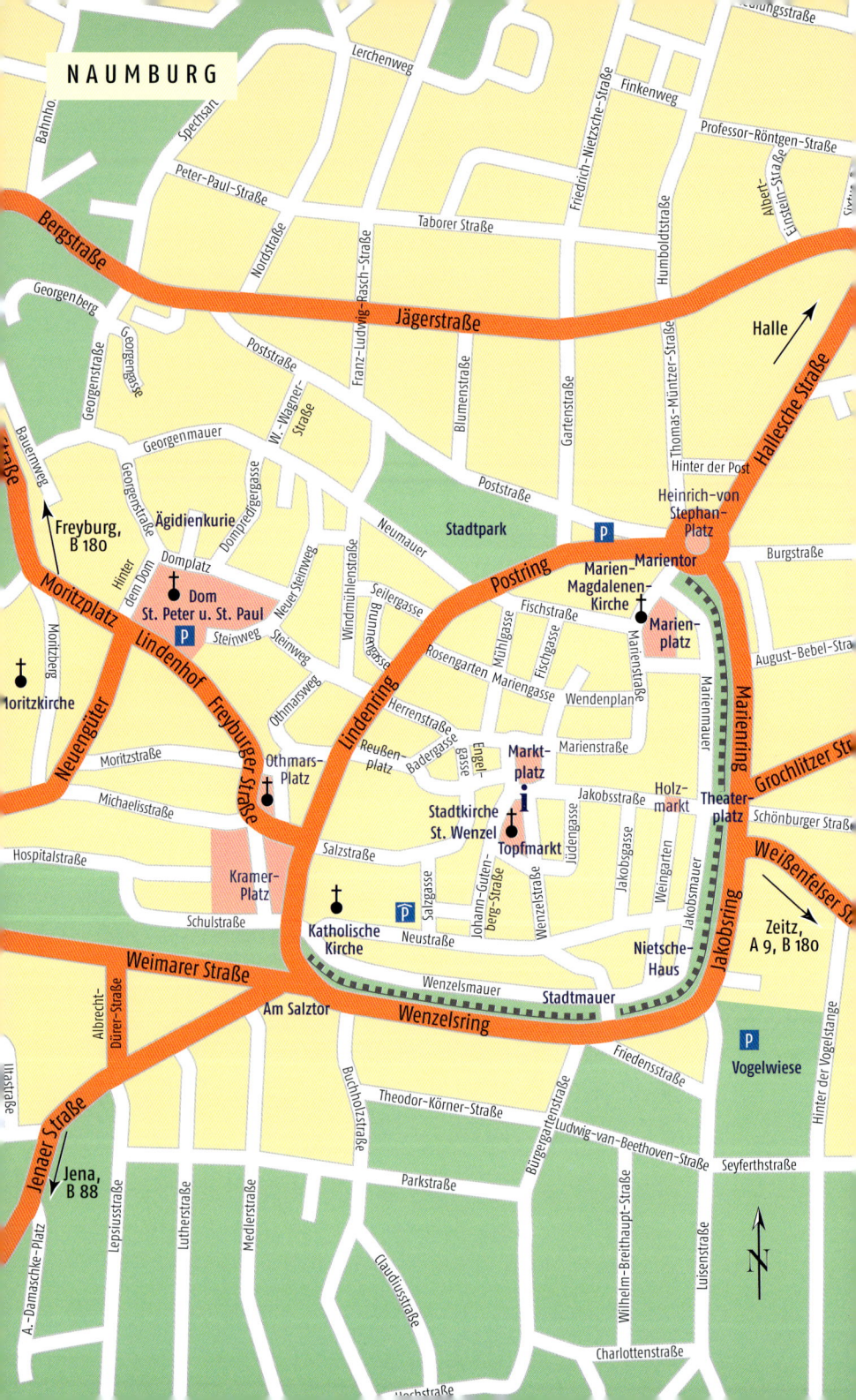

Die Kapelle der ehemaligen Bischofskurie ist dem heiligen Ägidius geweiht.

gen Konsolen getragen. Eine besondere Augenweide sind die hängenden Schlusssteine mit Fratzen bzw. geriefelten Zapfen.

Das Obergeschoss beherbergte die eigentliche Kapelle und geht in ein Achteck über. Auf einem durchlaufenden Sockel stehen vor jeder Wand zwei durch Rundbögen verbundene Säulen. Das Achteck wird von einem durchlaufenden Doppelstabgesims abgeschlossen. In dessen Ecken steigen über Konsolen Rundstabrippen bis zu einem Schlussring im Scheitel auf.

Das Innere der Ägidienkapelle besticht durch seinen harmonischen Raumeindruck. Die Basen und Kapitelle stehen den spätromanischen Ostteilen des Naumburger Domes nahe, auch wenn sie naiver gestaltet sind.

Die Fresken wurden 1906 und abermals 1954 restauriert. Am besten sind die steigenden Engel mit schwingenden Weihrauchkesseln in den Zwickeln des Apsisbogens erhalten.

Ehemaliges Portal an der Südwand der Kapelle

Das Äußere des quadratischen Untergeschosses ist recht schlicht. Das Obergeschoss ist etwas zurückgesetzt und wird von Ecklisenen eingefasst, die einen Dreiecksfries auf Konsolen mit mittig eingefasstem Ochsenauge auf der Südseite stützen. Auf der Ostseite springt auf glatter, kegelförmiger Konsole die Apsis der Kapelle hervor.

An der Südseite des Obergeschosses ist ein Portal zu erkennen, das über eine hölzerne Treppe erreichbar war. In spätgotischer Zeit jedoch wurde es durch ein Vorhangbogenfenster ersetzt. Dieses Nebeneinander des Ungleichzeitigen verdankt die Ägidienkurie ihrer Instandsetzung im Jahre 1906 durch die damals noch junge Denkmalpflege in der preußischen Provinz Sachsen. Zu Beginn des 20. Jahrhunderts war dieser Gedanke als eindeutige Absage an das historistische Vollendungsdenken gefasst und wird heute als diachrone Restaurierung neu aufgegriffen.

Im Inneren des Untergeschosses befinden sich vier Kreuzgratgewölbe. Sie ruhen auf Mittelpfeilern mit Ecksäulchen, an den Wänden von kämpferarti

Groß ist die urkundliche Überlieferung des heute kleinen Ortes Flemmingen, der nur etwa 430 Einwohner zählt und zu Naumburg eingemeindet ist.

1131 nutzte Bischof Udo I. von Naumburg (1125–1147) den Hoftag in Lüttich, um flämische Siedler in das Gebiet an Saale und Unstrut zu vermitteln. Es waren erfahrene Ackerbauern, sie beherrschten die Be- und Entwässerung und waren als freie Bauern von allen Abgaben befreit.

Zunächst ist eine slawische Siedlung namens Tribun nachweisbar. In ihrer unmittelbaren Nähe siedelten sich 15 flämische Kolonisten an und gründeten ein einseitiges Reihendorf mit den dem Hof angeschlossenen Wäldern, 1140 erstmals urkundlich erwähnt. Von Bischof Wichmann von Naumburg [Wichmann von Seeburg-Querfurt (vor 1116 wahr-

Dorfkirche St. Lucia	Ansprechpartner für
Mönchshof 1	Führungen
06628 Naumburg	Tel.: (0 34 45) 77 52 80
OT Flemmingen	
	Unsere Tipps
Öffnungszeiten	Schulpforta, Rudelsburg,
Sa–So 10.00–18.00 Uhr	Burg Saaleck
November–März:	
geschlossen	Parkplätze
	am Dorfplatz
Eintrittspreise	
Eintritt frei,	Toiletten
Spenden erwünscht	im Pfarrhaus
Führungen	
auf Anfrage	

scheinlich † 1192) war von 1149 bis 1154 Bischof von Naumburg und anschließend, nachdem er von 1152 bis 1154 Verweser des Erzbistums Magdeburg war, von 1154 bis 1192 Erzbischof von Magdeburg] erhielten die Kolonisten einen Gunstbrief über Freiheiten und das Erbrecht. Flemmingen wird zum Musterbeispiel für die planmäßige Kolonisation durch niederländische Ansiedler. Wichmann von Magdeburg hat dann im großen Umfang Flamen in seinem Erzbistum angesiedelt. Auch der Name des Flämings geht auf die starke niederländische, überwiegend flämische Besiedlung zurück.

In Flemmingen legte das Kloster Schulpforte (Nr. 58) einen Wirtschaftshof an und begründete damit die Abhängigkeit der Bauern des Dorfes, das zu einem dichten Doppelzeilendorf ausgebaut wurde, zum Kloster Schulpforte.

Im Kontext des Klosters Pforte wird auch die Kirche in Flemmingen nach dem Tod Herzog Georgs von Sachsen evangelisch.

Außenansicht von Südwesten

Apsis, Christus als Weltenrichter (rechts)

Die Lage der Kirche lässt vermuten, dass sie bereits von den slawischen Bewohnern des Dorfes Tribun errichtet wurde, denn sie liegt fast mittig in der rundlichen Dorfstruktur von Tribun und nicht innerhalb der Neusiedlung der Kolonisten.

Die das Dorfbild beherrschende beeindruckende romanische Dorfkirche stammt wohl aus der Mitte des 12. Jahrhunderts, ist eine Chorturmkirche mit Kirchenschiff, eingezogenem Altarraum und halbkreisförmiger Apsis ähnlich der Klosterkirche Zscheiplitz (Nr. 62), allerdings steht der Turm nicht über dem Chor, sondern über dem Altarraum. Schiff, Altarraum und Apsis gehören derselben Bauphase an und zeichnen sich durch ein sorgfältiges Kleinquadermauerwerk mit Fugenritzung aus, die Außenschale der Westwand wurde nach Verwitterungsschäden erneuert. In die Kirche führen drei Türen: eine romanische im Süden, eine weitere von Süden auf die erste Empore – beide über eine Vorhalle – und eine barocke im Norden des Kirchenschiffes.

Die großen Maßwerkfenster des Glockengeschosses sind inschriftlich 1508 datiert. Gleichzeitig entstand der sehr hohe spitze Helm des Turmes.

Das romanische Kirchenschiff wird im 18. Jahrhundert erhöht.

Heute prägen spätbarocke Überformungen das äußere Erscheinungsbild: sechs große Rechteckfenster im Schiff, zwei weitere im Altarraum und ein kleines in der Apsis. Die heutige Vorhalle im Süden besteht aus einer vermauerten Fachwerkkonstruktion mit einer hölzernen Vorderfront, die die Formen der Neorenaissance besitzt.

Im Inneren von St. Lucia haben sich in Chor und Apsis umfangreiche Reste einer romanischen wie spätgotischen Ausmalung erhalten. Sie zählen aufgrund ihrer Seltenheit, dem Umfang des erhaltenen Bestandes und der Qualität der Ausführung zu den prominenten Beispielen romanischer Malerei in Sachsen-Anhalt (Vergl. z. B. Stiftskirche Quedlinburg, Dorfkirche Pretzien, Dorfkirche Altjeßnitz).

Innenansicht nach Osten

Schon die Fahrt von Naumburg durch das Unstruttal mit seinen reizvollen Weinbergen ist ein Erlebnis – vorbei an Burgen und Schlössern, bis dann als Höhepunkt die weiträumige Neuenburg mit ihrem Bergfried, dem „Dicken Wilhelm", das Landschaftsbild beherrscht.

Wahrscheinlich ist Freyburg fränkischen Ursprungs. Die vorstädtische Siedlung entstand an dem wichtigen Unstrutübergang der „Frankenstraße" von Erfurt nach Merseburg. Die heutige Stadt ist eine planmäßige Anlage der Landgrafen von Thüringen, gebaut um 1200.

Im späten 11. Jahrhundert gründete der Thüringer Graf Ludwig der Springer mit der Neuenburg die „Schwester" der Wartburg. Sie sollte den Besitz der späteren Landgrafen nach Osten sichern.

Die Anlage entstand in zwei Bauphasen. Unter Ludwig dem Springer wurde zunächst eine ovale Talrandburg mit westlicher Vorburg und massivem Bergfried errichtet.

1170/75–1227 sind wichtige spätromanische Bauteile entstanden, die zum großen Teil erhalten blieben. Dazu gehören die außergewöhnliche Doppelkapelle, eine neue Vorburg mit ursprünglich zwei Bergfrieden und einem Wohnturm. Zu dieser Zeit residierte hier häufig die später heiliggesprochene ungarische Königstochter Elisabeth, Gemahlin des Landgrafen Ludwig IV.

Kulturgeschichtlich bedeutsam wurde die Burg durch ein großes Werk mittelalterlicher Literatur. Im Auftrag des späteren Landgrafen von Thüringen, Hermann I., vollendete der Dichter Heinrich von

Die Neuenburg

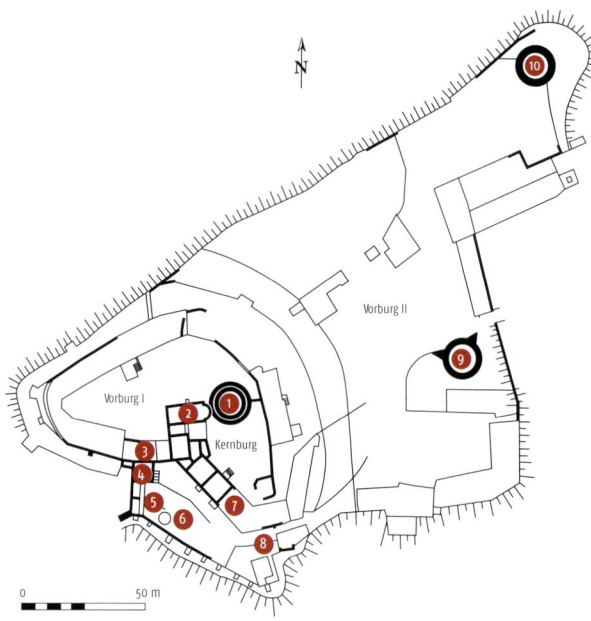

1 Lage des Bergfrieds I
2 Burgkapelle (romanische Doppelkapelle)
3 Löwentorhaus
4 Zweiter Wohnturm
5 Westtorhaus mit Aborten
6 Brunnen
7 Fürstenbau
8 Osttorhaus
9 Bergfried II
10 Bergfried III (Dicker Wilhelm)

Vorburg II

Vorburg I

Kernburg

0   50 m

*Aus der Zeit der hl. Elisabeth stammt die prachtvolle Kapelle der Neuenburg. Der selten erhalten gebliebene Typ der Doppelkapelle findet sich vor allem in königlichen oder hochadligen Burgen der Zeit um 1200 (z. B. in Nürnberg, Eger/Cheb, Landsberg und Lohra). Die Doppelkapelle auf der Neuenburg wurde um 1170/75 begonnen, das Obergeschoss um 1220 eingewölbt. Die phantastischen, maurischen Formen ähnelnden Zackenbögen im Gewölbe erinnern an rheinische Bauformen (z. B. Westvorhalle der Kölner St.-Andreas-Kirche).
(Oberkapelle links und Unterkapelle rechts)*

Der „Dicke Wilhelm", ein bedeutender Vertreter spätromanischer Rundtürme mit überkuppeltem Hauptgeschoss, Kamin und Aborterkern

Veldeke um 1185 seinen Eneasroman, das erste ritterlich-höfische Versepos in mittelhochdeutscher Sprache. Wahrscheinlich sind Teile davon auf der Neuenburg entstanden.

Nach dem Erlöschen der Ludowinger Linie gelangten die Markgrafen von Meißen in den Besitz der Neuenburg. Sie blieb dann im Wesentlichen wettinisch und wurde zum fürstlichen Wohnschloss ausgebaut; die Vorburg ist geprägt durch ihre Nutzung als preußische Domäne nach 1815.

Schloss Neuenburg

Schloss 1
06632 Freyburg (Unstrut)

Öffnungszeiten

April–Oktober Museum:
täglich 10.00–18.00 Uhr,
Bergfried: Di–So 10.00–18.00 Uhr
November–März Museum:
Di–So 10.00–17.00 Uhr,
Bergfried geschlossen

Eintrittspreise

Kernburg:
Erwachsene: 6,50 EUR
ermäßigt: 4,– EUR
Familienkarte: 16,50 EUR
Bergfried „Dicker Wilhelm":
Erwachsene: 2,50 EUR
ermäßigt: 1,50 EUR
Kombiticket:
Erwachsene: 8,50 EUR
ermäßigt: 5,– EUR
Familienkarte: 19,– EUR

Führungen

nach Voranmeldung
Schlossführung: 2,– EUR
Gruppennachlass
ab 10 Pers. 0,50 EUR
individuelle Führung:
30,– EUR, außerhalb der
Öffnungszeiten 60,– EUR,
Programm „Kindergeburtstag" in der Kinderkemenate
30,– EUR Zuschlag

Ansprechpartner für Führungen

Kulturstiftung Sachsen-Anhalt
Museum Schloss Neuenburg
Schloss 1
06632 Freyburg (Unstrut)
Tel.: (03 44 64) 3 55 30
Fax: (03 44 64) 3 55 55
info@schloss-neuenburg.de

Spezialführungen

Kinderführung in
historischen Kostümen
April–Oktober:
Di–So 14.00 Uhr,
November–März:
Di–Sa 14.00 Uhr

Unsere Tipps

Dauerausstellungen: „Burg und Herrschaft", „Lebensräume in Renaissance und Barock", Uhrenausstellung, Weinmuseum (Weinverkostung nach Voranmeldung), Sonderausstellungen im Bergfried „Dicker Wilhelm" und im Tonnengewölbe/ Fürstenbau in der Kernburg, liebevoll eingerichtete Kinderkemenate mit thematischen Programmen (für Gruppen buchbar)

Angebote in der Umgebung

Stadtkirche St. Marien in Freyburg,
Stadtführungen in Freyburg, Rotkäppchen Sektkellerei, Winzervereinigung Freyburg

Anreise mit PKW

A 4 oder A 9, Abfahrten Weißenfels/Naumburg/ Freyburg, weiter B 176

Anreise mit ÖPNV

per Bahn bis Freyburg,
per Bus Naumburg–Nebra

Parkplätze

100 für PKW, 5 für Busse (gebührenpflichtig)

Verkaufsangebot im Bauwerk

Museumsladen mit umfangreichem Angebot

Toiletten

Container-WC am Turm, WCs im Museum und im Café, ein barrierefreies WC im Bereich der Kinderkemenate

Internet

www.schloss-neuenburg.de
www.kulturstiftung-st.de

Die Stadt Freyburg – am linken Ufer der Unstrut, die nur wenige Kilometer weiter in die Saale mündet – entwickelte sich im Schutze der von Ludwig dem Springer angelegten Neuenburg. Trotz der Berglage zeichnet sich die kleine Stadt durch einen klaren Grundriss aus. In der Mitte liegt der Markt mit dem schlichten Rathaus aus dem 17. Jahrhundert.

Es sind besonders die schlanken Westtürme, die den Vergleich mit den Türmen des Naumburger Domes geradezu heraufbeschwören. Wie dort gliedern Ecklisenen und Rundbogenfriese die quadratischen Untergeschosse, die folgenden zwei Geschosse sind achteckig mit rundbogigen Fenstern, die wiederum denen im Vierungsturm ähneln. Eine Eigenart weist die untere Fensterreihe des Südwestturmes auf: Sie besteht aus spitzbogigen Fenstern mit Mittelpfosten und Vierpassmaßwerk bzw. Rosetten und vermittelt den Eindruck, als wäre der Baumeister vor seinem eigenen Mut erschrocken, die frühgotischen Formen zu verwenden, und kehrte darüber in die gewohnte spätromanische Formensprache zurück.

Die Kirche St. Marien wird liebevoll die kleine Schwester des Naumburger Domes genannt. Die ursprüngliche Anlage von St. Marien ist eine flachgedeckte, kreuzförmige, dreischiffige Basilika. Sie entstand in den ersten Jahrzehnten des 13. Jahrhunderts, wohl auf Veranlassung des Gemahls der heiligen Elisabeth, Ludwig IV. (gest. 1227), Landgraf von Thüringen und Pfalzgraf von Sachsen.

Der Grundriss dieses Ursprungsbaues, der sich heute noch ablesen lässt, entspricht den in Thüringen und Sachsen im 13. Jahrhundert weit verbrei-

---

Stadtkirche St. Marien
Kirchplatz
06632 Freyburg (Unstrut)

Öffnungszeiten
Mai–Oktober:
Mo–Fr 10.00–12.00 Uhr und
14.00–16.00 Uhr,
Sa/So/Feiertage
14.00–16.00 Uhr
November–März:
auf Voranmeldung

Eintrittspreise
Eintritt frei, Spenden
erwünscht

Führungen
im Rahmen einer
angemeldeten Stadtführung

**Ansprechpartner für
Führungen**
Evangelisches Pfarramt
Kirchplatz
06632 Freyburg (Unstrut)
Tel.: (03 44 64) 2 74 51
Fax: (03 44 64) 6 64 43
pfarramtfreyburg@gmx.de

Touristinformation
Markt 2
06632 Freyburg (Unstrut)
Tel.: (03 44 64) 1 94 33 oder
2 72 60
Fax: (03 44 64) 2 73 76
freyburger-
fremdenverkehr@
t-online.de

Unsere Tipps
Gottesdienst sonntags
9.30 Uhr, Chor- und
Instrumentalkonzerte,
„montalbâne" – Internationale Tage der mittelalterlichen Musik am
3. Juniwochenende auf
Schloss Neuenburg,
Gottesdienst dazu in der
Stadtkirche

**Angebote im Ort und
in der Umgebung**
Neuenburg, Weinstraße
Saale-Unstrut mit
malerischen Weinterrassen,
Winzerfest Freyburg am
2. Septemberwochenende,
Unstrutradweg,
Rotkäppchen Sektkellerei

Anreise mit PKW
A 38 und B 176

Anreise mit ÖPNV
Unstrutbahnlinie mit der
Burgenlandbahn

Parkplätze
vorhanden

Informationsmaterial
aktuelle Kirchenführer

**Verkaufsangebot im
Bauwerk**
Kirchenwein, Postkarten

Internet
www.freyburg-info.de

teten Kirchenbauten, die sich durch charakteristische zweitürmige Westteile auszeichnen. Auf ein Chorquadrat mit eingezogener Apsis folgte ein Querhaus aus drei Quadraten mit Nebenapsiden und Vierungsturm.

rechts: Der spätgotische reich geschnitzte Altar im Chor zeigt Szenen aus dem Leben der Maria, der die Stadtkirche geweiht ist. Er gehört zu den eindrucksvollsten Werken, die der obersächsischen Tradition verpflichtet sind.

Ein interessantes Motiv bietet ein Fenster in der Stadtkirche St. Marien, das die Verbindung zur Landschaft um Freyburg und zu den Worten Luthers „Der Wein ist gesegnet und hat das Zeugnis in der Schrift" verdeutlicht.

Das Langhaus bestand aus drei Mittelschiffsquadraten, begleitet von halb so großen Seitenschiffen, im gebundenen System, den westlichen Abschluss bildet der zuletzt aufgeführte zweitürmige Westbau mit querrechteckigem Zwischenbau und Empore.

Beim Neubau des Langhauses 1493 zwischen dem spätromanischen Westbau und dem Querhaus mit dem Vierungsturm fand bereits eine frühe Form der Denkmalpflege statt, denn die Profile des Sockels und der Rundbogenfriese wurden der klassischspätromanischen Querhausarchitektur angeglichen.

Die kreuzgratgewölbte spätromanische Westvorhalle ist nach den drei freien Seiten in stattlichen Spitzbogenarkaden geöffnet. Während der gotischen Umbauphase wurde das Paradies aufgestockt, der Giebel des spätgotischen Hallendaches damit verdeckt und in der Massenverteilung den Proportionen des Querhauses gefolgt. Gleichzeitig ersetzte man das spätromanische Tympanon durch ein kielbogiges Portal.

Im 15. Jahrhundert erfolgten gotische Veränderungen, so wurde zunächst die Hauptapsis entfernt und der nunmehr mit Netzgewölben bedeckte Chor durch ein Joch und ein 5/8-Polygon verlängert, dann erfolgte nach Abriss der südlichen Nebenapsis der Bau einer geräumigen Sakristei mit einem schönen Sterngewölbe. Die spätgotischen Veränderungen fanden ihren Höhepunkt in der Umwandlung des spätromanischen basilikalen Langhauses in eine dreischiffige Halle.

Das Äußere des Langhauses ist bewusst schlicht gehalten, der spätgotische Umbau nur an den Strebepfeilern und an den schlanken, vom Kaffgesims bis zu dem Bogenfries hinaufreichenden Maßwerkfenstern abzulesen. So verschmilzt das spätromanische Bauwerk mit dem spätgotischen Umbau zu einer unverwechselbaren Einheit. Im Inneren ist das Mittelschiff mit Stern- und Netzgewölben überspannt, während einfache Kreuzrippengewölbe die schmalen Seitenschiffe abschließen.

Bei der gotischen Chorverlängerung überwiegen die Formen des Weichen Stils. Die schlanken zweigeteilten Fenster weisen unterschiedliche Maßwerke auf. Die Strebepfeiler sind aufwendig dekoriert und enden in hohen Filialtürmchen. Insgesamt besticht der Schmuckreichtum durch seine kleinodhaft durchgebildete Gesamtgestaltung.

Zscheiplitz

Klosterkirche St. Bonifatius

Hoch über der Unstrut, die sich malerisch durch das Gelände schlängelt, beherrscht Zscheiplitz mit seiner eindrucksvollen Klosterkirche die Silhouette der Landschaft. Auch bietet sich von seiner Höhe ein bezaubernder Weitblick auf das Unstruttal und die gegenüberliegende Neuenburg (Nr. 61). Und eng verbunden mit der Geschichte der Neuenburg sind auch die Geschicke des Klosters Zscheiplitz. Um 1041 wandelten die Pfalzgrafen von Sachsen ihre Stammburg Goseck (Nr. 63) in ein Benediktinerkloster um und verlegten ihren Wohnsitz auf einen Berg über der Unstrut in der Nähe des Dorfes „Sciplice". Die Sage erzählt, der letzte Pfalzgraf von Sachsen, Friedrich III., hatte ein unmaßen schönes, säuberliches Weib, Adelheid die Tochter des Markgrafen von Stade, in das sich Graf Ludwig der Springer von Thüringen verliebte, der die Schönburg (Nr. 64) errichtete, um ihr nahe zu sein. Auf ihre Empfehlung erstach er ihren Gemahl während einer Jagd, und

Kloster Zscheiplitz
Auf dem Gut 6
06632 Freyburg OT Zscheiplitz

Öffnungszeiten
Kloster:
Mo–Fr 12.00–19.00 Uhr,
Sa, So, Feiertage
12.00–18.00 Uhr
Klostergarten:
April–Oktober:
Mo–Fr 12.00–19.00 Uhr,
Sa, So, Feiertage
12.00–18.00 Uhr
Klosterkirche:
Mai–Oktober:
Mo–Fr 10.00–18.00 Uhr

Führungen Kloster und Klostergarten
April–Oktober:
Mo–Fr 14.00 Uhr
Sa, So, Feiertage 15.00 Uhr
November–März:
Sa, So, Feiertage 14.00 Uhr

Ansprechpartner für Führungen
Tel.: (03 44 64) 66 28 78
Fax: (03 44 64) 66 57 93

Unsere Tipps
Ausstellungen im Kloster,
Pfalzgrafenweinkeller,
Nietzsche-Haus,
Naumburg-Großjena

Angebote in der Umgebung
Glockenmuseum Laucha,
Romanisches Haus Bad
Kösen, Max-Klinger-Haus

Anreise mit PKW
A 9 Weißenfels oder
Naumburg,
A 38 Leuna, Weißenfels
B 180, B 176

Anreise ÖPNV
Burgenlandbahn nach
Freyburg

Informationsmaterial
Prospekte

Toiletten
im Klostergebäude

Internet
www.zscheiplitz.com

man begrub ihn zu Goseck in dem Münster, das an der Saale liegt. Noch vor Ende des Trauerjahres ehelichte Adelheid Ludwig den Springer, und sie errichteten 1089 im Bereich der alten Weißenburg ein Benediktinerinnenkloster St. Martini, das Ludwig seinem Hauskloster in Reinhardsbrunn, Zentrum der Hirsauer Reform in Thüringen, unterstellte.

Die Reformation hielt 1540 Einkehr und das Kloster wurde in ein Rittergut umgewandelt. Aus der Klosterwirtschaft entstand ein Lehngut. Nach zahlreichen Besitzerwechseln übernahm es die Familie von Biela 1847 und verpachtete es bis 1945 als Saatzuchtwirtschaft. Mit der Bodenreform ging der Grundbesitz des Lehngutes an die LPG Gleina über.

Und nun folgt wiederum etwas fast Sagenhaftes. Ab 1985 gelingt etwa einem Dutzend Bürgern aus Zscheiplitz unter dem Namen Interessengemeinschaft Klosterkirche Zscheiplitz (IGZ) die Rettung und Restaurierung der über Jahrzehnte hinweg verfallenen ehemaligen Klosterkirche Zscheiplitz. 1995 wurde die IGZ in einen Verein mit dem Namen Kloster Zscheiplitz – Klosterbrüder e. V. umgewandelt. 1994 ist das Ziel erreicht, die Klosterkirche ist gerettet und kann sich seit 2017 als weiteres Kleinod an der Straße der Romanik präsentieren.

Die Kirche verkörpert den Typ der romanischen Chorturmkirchen mit einem im Inneren rundbogigen Triumph- und Apsisbogen, wie sie im benachbarten Kreis Mansfeld-Südharz noch besonders häufig zu finden sind.

Der innere Ausbau und die Ausstattung gehen auf das 19. Jahrhundert zurück.

Die Klosterbrüder bemühen sich auch weiterhin um die Nutzung der Klosterkirche sowie die Rekonstruktion weiterer Gebäude und gewährleisten verlässliche Öffnungszeiten.

63

Goseck

Schloss Goseck

Hoch über der Saale erhebt sich anmutig Schloss Goseck. Im Zehntverzeichnis des Klosters Hersfeld, das zwischen 880 und 899 aufgestellt wurde, findet sich Goseck zweimal: in der Liste A als Gozacha civitas und in der Liste B als Gozzesburg.

Vermutet wird, dass Pfalzgraf Friedrich I. von Sachsen die Simeonskapelle als Grablege auf dem Burgberg gründete. Nach seinem Tod 1040 gaben seine drei Söhne, Adalbert (seit 1043 Erzbischof von Bremen), die Pfalzgrafen Friedrich II. und Dedo, die Burg auf und verbanden damit wohl bereits die Absicht, ein Hauskloster zu gründen. Als Gründungsdatum des Klosters wird der 25. März 1041 genannt. Zwei Jahre später kamen Mönche aus dem Kloster Corvey.

Am 5. November 1046 erfolgte die Weihe einer Kirchenkrypta. Die Kirche, eine große dreischiffige Basilika, wurde durch Erzbischof Adalbert von Bremen 1053 geweiht. Das 11. Jahrhundert war eine gute Zeit: Die Klostermauern und Mönchszellen wurden gebaut, das Kloster wurde mit Malereien geschmückt, die Bibliothek erweitert.

Zwischen 1115 und 1125 stürzte der nordwestliche Kirchturm ein, was auf eine Zweiturmfront schließen

Das wortwörtlich malerische Schloss Goseck
„Es deuten die [...] Einzelheiten des einzig erhaltenen Südturms auf eine Bauzeit hin, in der auch die anderen großen Bauten in der Umgebung entstanden, der Naumburger Dom [...] vor allem aber die neue Klosterkirche von Memleben. Von allen diesen Bauten ist die Gosecker Klosterkirche zweifellos die in den Ausmaßen größte und wahrscheinlich auch baugeschichtlich und künstlerisch bedeutendste gewesen." (Provinzialkonservator Prof. Giesau 1943)

Schloss Goseck

Kulturstiftung Sachsen-Anhalt
06667 Goseck
Tel.: (0 34 43) 3 48 25 88

Öffnungszeiten

Schlosskirche mit Ausstellung
April–Oktober:
täglich 11.00–17.00 Uhr
November–März:
nur nach Voranmeldung

Eintrittspreise

Erwachsene: 3,– EUR
ermäßigt: 2,– EUR

Führungen

Erwachsene: 4,– EUR
ermäßigt: 3,– EUR
bis zu 5 Personen:
Grundbetrag 20,–EUR

Ansprechpartner für Führungen und Übernachtungen

„Musik- und Kulturzentrum
Schloss Goseck"
Schloss Goseck e. V.
06667 Goseck
Tel.: (0 34 43) 3 48 25 80
brief@schlossgoseck.de
www.schlossgoseck.de

Unsere Tipps

Konzerte mit Alter Musik,
Klassik, Rock, Weltmusik
und Liedermachern,
monatlich (außer Januar)
Gosecker Schenkenkonzerte

Schloss-Schenke mit Terrasse
auf dem Schlosshof,
Herbergszimmer

Angebote in der Umgebung

Sonnenobservatorium,
Kreisgrabenanlage am Orts-
eingang, internationale Tage
der mittelalterlichen Musik,
Saale-Radwanderweg,
Himmelsscheibenradweg

Anreise mit PKW

A 9 Weißenfels oder
Naumburg,
A 38 Leuna, Weißenfels

Anreise ÖPNV

Bahn oder Bus ab
Weißenfels

Informationsmaterial

Faltblätter

Verkaufsangebot im Bauwerk

Bücher, Zeitschriften,
Souvenirs,
CDs, www.Raumklang.de

Toiletten

im Schloss und in der
Schloss-Schenke

Internet

www.schlossgoseck.de
www.facebook.com/
goseck.schloss
www.montalbane.de
www.kulturstiftung-st.de

Das rekonstruierte Sonnenobservatorium in der Nähe von Goseck

ganzen Reihe von Baumaßnahmen bildete die aufwendige Sanierung der Schlosskirche. In ihr lädt die neue Dauerausstellung „Schloss. Kirche. Goseck" zum individuellen Entdecken der wechselvollen Bau- und Nutzungsgeschichte ein.

Die renommierten Konzertreihen des Schloss Goseck e. V. sind weithin bekannt und tragen wesentlich zur kulturellen Ausstrahlung des Ortes bei. Auf dem Schlossgelände befindet sich auch das Informationszentrum für das Gosecker Sonnenobservatorium.

lässt. Dieser Westbau wurde im frühen 13. Jahrhundert neu aufgebaut. 1183 erhielten die Landgrafen von Thüringen die Vogtei des Klosters. In der Folgezeit verebbte das klösterliche Leben. 1493 wurde das Kloster zwar noch in die Bursfelder Kongregation aufgenommen, aber 1540 letztlich dem Amt Freyburg unterstellt.

Durch wechselnde Besitzer und umfangreiche Umbauten im 16. und 17. Jahrhundert erhielt die Anlage ihren Renaissancecharakter. 1620 entstand aus den Ruinen des Klosters die heutige Schlosskirche. Das Langhaus wurde abgerissen.

Seit 1997 gehört die Anlage der Kulturstiftung Sachsen-Anhalt. Den bisherigen Höhepunkt einer

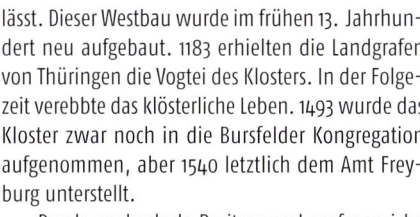

Romanische Reste im Schloss Goseck

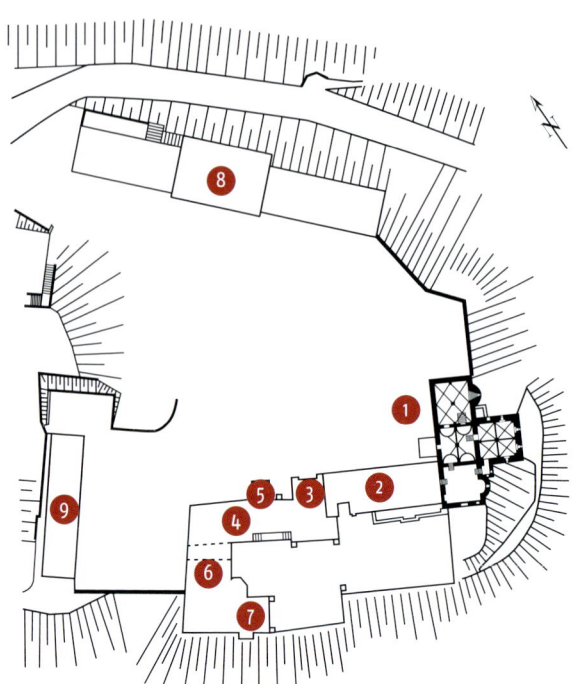

1 Schlosskirche (Ostteile der Klosterkirche)
2 Neuzeitlicher Schlossflügel an der Stelle des südlichen Seitenschiffs
3 Südwestlicher Kirchturm
4 Nördlicher Schlossflügel
5 Auslucht
6 Westlicher Schlossflügel mit Durchfahrt
7 Südlicher Schlossflügel mit Treppenturm
8 Barockes Verwaltungshaus
9 Stallgebäude des 19. Jahrhunderts

Romanische Krypta in der Schlosskirche Goseck

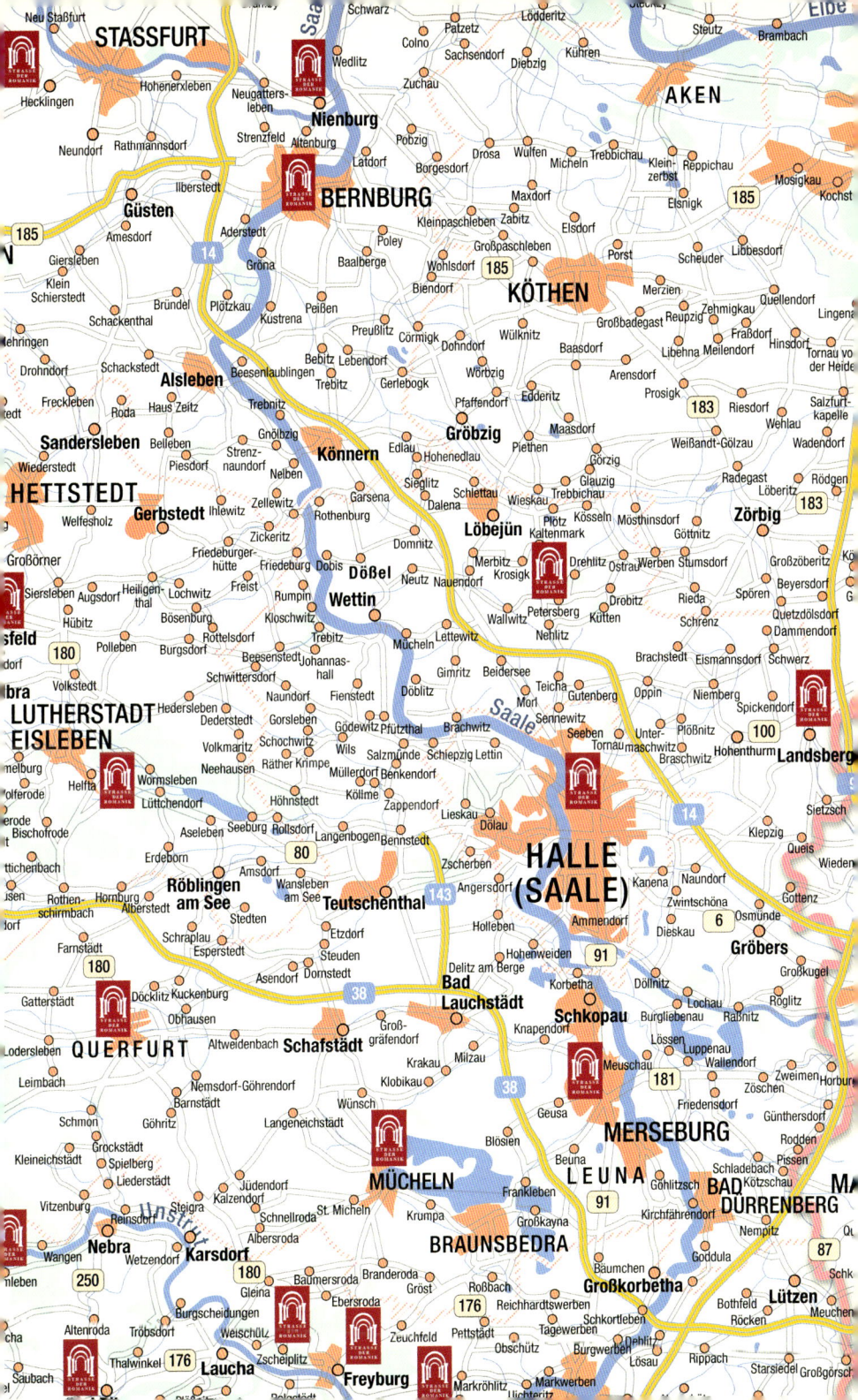

64

Schönburg

Burg Schönburg

Ganz in der Nähe von Naumburg (Nr. 58, 59) ragt auf einem hohen Sandsteinrücken am linken Saaleufer die Burgruine Schönburg empor. Die Vermutung liegt nahe, dass sie von den Bischöfen von Naumburg erbaut wurde. Ihre strategische Lage lässt weiterhin vermuten, dass sie bereits in ottonischer Zeit Mittelpunkt eines Burgwards war, wie es z. B. für Allstedt (Nr. 51) oder Seeburg belegt ist.

Der Sage nach jedoch gründete sie Ludwig der Springer, um Adelheid, Pfalzgraf Friedrichs III. von Sachsen außerordentlich schöner Gemahlin, näher zu sein (Nr. 62).

Eine gesicherte Erwähnung der Burg als Tafelgut und Sommerresidenz der Naumburger Bischöfe erfolgt 1137, in deren Besitz verblieb sie auch bis zur Reformation.

Burg Schönburg
Betriebsgesellschaft
Schönburg GmbH
Burg 1
06618 Schönburg

Öffnungszeiten
April–Oktober:
Mo–Do 11.00–18.00 Uhr,
Fr–Sa 11.00–22.00 Uhr,
So 11.00–18.00 Uhr
November–März
Mo–So 11.00–18.00 Uhr

Eintrittspreise
Turmbesteigung
Erwachsene 1,50 EUR
Kinder 0,50 EUR

Führungen
nach Voranmeldung,
inklusive Turmbesteigung
3,50 EUR pro Person

Ansprechpartner für Führungen
Tel.: (0 34 45) 75 02 18
Fax: (0 34 45) 75 02 19
www.burg-schoenburg.de

Unsere Tipps
Ritteressen, Kinderritteressen
mit Schatzsuche, Grillabend,
romantische Hochzeit

Parkplätze
auf dem Burggelände

Anreise mit ÖPNV
Bushaltestelle am Fuß der
Burganlage

Toiletten
in der Gaststätte

Internet
www.burg-schoenburg.de

rierungsarbeiten 1884 wurde in der Kernburg eine Gastwirtschaft eröffnet, die nach 1927 in das Gebäude neben dem Tor zur Vorburg, die ehemalige Försterei, verlegt wurde.

1991 begann eine umfangreiche Rekonstruktion der Burganlage, und so präsentiert sich heute wieder der 32 m hohe Bergfried aus Sandsteinquadern mit 3,60 m Mauerstärke und ursprünglichem Eingang in 8 m Höhe mit seinem schönen Kamin im Turmgemach und der Wachstube an der Turmspitze. Die Ringmauern sind teilweise in ihrer ursprünglichen Höhe erhalten. Das Gerichtshaus der Naumburger Bischöfe an der Süd-West-Ecke lädt heiratswillige Paare zur Hochzeit ein.

Nach der Säkularisation wurde Schönburg mit Zubehör verpachtet, mit dem Klosteramt St. Georg in Naumburg und dem Stiftsamt Saaleck vereinigt, 1668 werden die Grundstücke an die Gemeinden Schönburg und Possenhain verkauft.

Die Hauptbauzeit der imposanten Burganlage lag zwischen 1150 und 1220.

Bereits im 16. Jahrhundert verfallen die Gebäude. Erst im 19. Jahrhundert erfolgt unter dem Einfluss der Romantiker wie Ludwig Tieck, Friedrich Schlegel, Clemens von Brentano eine Neubesinnung auf das historische und künstlerische Erbe des Mittelalters, und besonders der Ruinencharakter der Burgen verhalf der Landschaft zu der ihr zugeschriebenen sehnsuchtserfüllenden Qualität. Verbunden damit war nicht die Absicht, die Burgruinen wiederherzustellen, aber wohl, ihre Substanz zu sichern.

Die Schönburg teilte dieses Schicksal. Sie wurde schon in der zweiten Hälfte des 18. Jahrhunderts als sehenswert empfunden – so zeichnete Friedrich Gilly die Burgruine 1797 –, und bereits 1837 mit dem Hinweis auf die Geschichte der Bischofsburg wurden von der Merseburger Regierung Mittel zur Sicherung der Schönburg, die seit 1815 dem preußischen Staat gehörte, bereitgestellt. Damit gelang es, die einstürzenden Mauern einer der ältesten Saaleburgen als ein Musterbeispiel spätromanischer Befestigungskunst zu sichern. Nach weiteren größeren Restau-

Zeitz

Dom St. Peter und St. Paul

Die Stadt Zeitz ging aus drei Siedlungskernen hervor: aus der Bischofsburg auf einer Anhöhe über der Elster, der zu ihren Füßen entstandenen Unterstadt und der auf der Talrandhöhe gelegenen Oberstadt, die außerordentlich verkehrsgünstig lag. Bereits 1250 wurden die drei Teile durch einen einheitlichen Mauerzug zusammengefasst.

Das barocke Wohnschloss der Herzöge von Sachsen-Zeitz, die Moritzburg, wurde nach 1657 weitgehend neu errichtet, bezog aber die alte Stiftskirche sowie die Befestigungswerke und den Grundriss der im Dreißigjährigen Krieg zerstörten mittelalterlichen Burg mit ein.

Die heute noch gebräuchliche Bezeichnung Dom für die katholisch genutzte Kirche erinnert an die kurze Zeit von 968 bis 1028, als Zeitz Bischofssitz war, der dann aus dem von Slawen bedrohten Gebiet nach Naumburg verlegt wurde. Die Kirche entwickelte sich zur Stifts-, Schloss- und schließlich zur Pfarrkirche.

Noch heute sind Teile der Stiftskirche (begonnen nach 1028) erhalten. Mit der Krypta findet sich hier der älteste erhaltene christliche Sakralbau östlich der Saale und eine der ältesten Hallenkrypten in Deutschland überhaupt. Der südlich der Kirche gelegene Kreuzgang entstand um 1400, enthält jedoch romanische Reste.

Nach den Hussiteneinfällen im 15. Jahrhundert erhielt die Kirche ihr heutiges Aussehen. Die schwer beschädigte romanische Basilika wurde in eine spätgotische Halle umgebaut. Die Bündelpfeiler des 1433−1444 errichteten Langhauses im Stil der thüringischen Hallenkirchen gehen nahtlos in das Gewölbe über.

Auf den Resten der mittelalterlichen Bischofsburg und unter Einbeziehung der alten Domkirche entstand die Moritzburg in Zeitz 1657−1678 nach Plänen von Johann Moritz Richter d. Ä. als einer der großen frühbarocken Residenzbauten Mitteldeutschlands.

Dom St. Peter und St. Paul
Schlossstraße 7
06712 Zeitz

Öffnungszeiten
Ostern–Oktober:
Di 13.00–15.00 Uhr,
Mi–So 13.00–17.00 Uhr
November–Ostern:
Di–So 13.00–15.00 Uhr

Eintrittspreise
Eintritt frei, Spenden
erwünscht

Führungen
nach Voranmeldung,
Führung und Besuch der
Krypta: 2,– EUR pro Person
Kinder (6–16 Jahre) 0,50 EUR

**Ansprechpartner für
Führungen**
**Katholisches Pfarramt
St. Peter und St. Paul**
Schlossstraße 7
06712 Zeitz

Tel.: (0 34 41) 21 13 91
Fax: (0 34 41) 21 16 54
kath-zeitz@gmx.de

Unsere Tipps
Konzerte im Dom,
12 ha großer Schlosspark mit
japanischem Garten,
Orangerie und
klassizistischem Badehaus

Angebote im Ort
Schloss Moritzburg Zeitz mit
dem Deutschen Kinder-
wagenmuseum und
den Dauerausstellungen
„Historische Möbel von der
Renaissance bis zum
Biedermeier" und
„Zeit der Bischöfe"
Tel.: (0 34 41) 21 25 46,
„Unterirdisches Zeitz"
(Bierkeller aus dem
Mittelalter), Radtouren
entlang Elster und Saale,
Technisches Museum
„Hermannschacht" in Grana

Anreise mit PKW
A 9 Abfahrt Osterfeld,
B 91,
B 2, B 180

Anreise mit ÖPNV
Bus- und Bahnlinien

Parkplätze
300 für PKW, 5 für Busse,
in der Stephanstraße,
ca. 5 Minuten entfernt

Informationsmaterial
verschiedene Publikationen

**Verkaufsangebot im
Bauwerk**
Büchertisch

Toiletten
im Schlosskomplex und im
Restaurant

Internet
www.kath-zeitz.de

Mit der Weihe des neuen Volksaltares konnten am 13. Dezember 1998 die umfangreichen Sicherungs- und Restaurierungsarbeiten abgeschlossen werden, die durch den verheerenden Einsturz eines Vierungspfeilers 1982 notwendig geworden waren.

In der Krypta des Zeitzer Domes sind noch das Mauerwerk und die Säulen der ottonischen Krypta erhalten; die Wölbung wurde im 12. Jahrhundert erneuert.

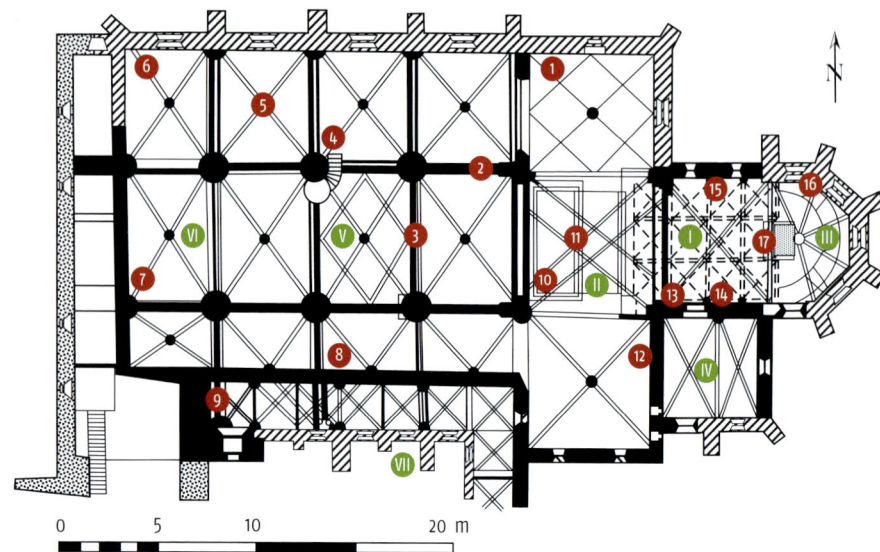

I Frühromanische Hallenkrypta
II Vierung und Querhaus mit barocken Schranken
III Gotischer Chor mit Barockaltar
IV Sakristeianbau
V Gotisches Hallenlanghaus
VI Westjoche mit Fürstenempore
VII Ehemalige Klausur mit Kreuzgang

1 Gedenkinschrift für den im Zeitzer Dom bestatteten Humanisten Georg Agricola († 1555), Begründer der Mineralogie und Bergbaukunde
2 Sandsteinmadonna, 14. Jahrhundert
3 An den Bündelpfeilern Apostel- und Heiligenfiguren, 15. Jahrhundert
4 Kanzel mit Akanthusschnitzereien und Engeln, 1669
5 Romanischer Taufstein aus der Kirche des Benediktinerklosters Posa, 13. Jahrhundert
6 Gedenkinschrift für den ersten Zeitzer Bischof Hugo I., vermutlich 13. Jahrhundert
7 Marienklage, 15. Jahrhundert
8 An der Südwand der Kirche die Reste von drei Wandmalereien: im Osten eine Kreuzigungsszene (14. Jahrhundert), in der Mitte drei Heiligenfiguren (15. Jahrhundert), im Westen vermutlich eine Darstellung der 10 000 Heiligen, über den Fresken an der Emporenbalustrade meisterhaft gefertigte steinerne Masken und Gesichter, 15. Jahrhundert
9 Auf der Empore, in der Hohlkehle des Wandpfeilers: „Keselib" (mit Peitsche und Wagendeichsel), Figur aus einer Zeitzer Lokalsage, 15. Jahrhundert
10 Pultengel, barocke Holzschnitzerei, um 1671
11 Grab des letzten Bischofs Julius Pflug († 1564)
12 Eingang zur romanischen Krypta. In der Krypta stehen 13 zum Teil bemalte und plastisch verzierte Zinnsärge der herzoglichen Familie von Sachsen-Zeitz, 17./18. Jahrhundert
13 Sandsteinepitaph für Julius Pflug, 16. Jahrhundert

Bronzene Grabplatten:
14 Georg von Haugwitz († 1463)
15 Peter von Schleinitz († 1463)
16 Johannes II. von Schleinitz († 1434).
   Die bedeutenden Bronzeplatten werden der Werkstatt von Peter Fischer d. Ä. zugeschrieben.
17 Hochaltar mit Kreuzigungsbild von dem Hofmaler Christian Schäfer, 1671

Der Innenraum des Doms wird heute durch die in mehreren Etappen stattgefundenen Um- und Neubaumaßnahmen der Gotik geprägt sowie durch die barocke Ausstattung aus der Zeit des Schlossbaus.

rechte Seite: Barocke Kanzel an einem nördlichen Langhauspfeiler

Der langgestreckte Burgberg und die versumpfte Niederung der Saaleaue boten seit vorgeschichtlicher Zeit ideale Siedlungsbedingungen. Unter den ottonischen Königen war Merseburg eine der beliebtesten Königspfalzen und wurde 968 (mit Meißen und Zeitz) zum Bischofssitz erhoben.

Die mittelalterliche Ausdehnung Merseburgs umfasste drei beziehungsweise vier Siedlungen unterschiedlichen Alters. Linkssaalisch war dies die Altenburg mit der Vitikirche, dem Kloster St. Petri und

rechts: Blick durch das Langhaus zum Chor

Die Vorhalle des 13. Jahrhunderts ist vor die Westtürme gelegt, deren achteckige Aufsätze vom Ende des 12. Jahrhunderts stammen.
In der Mitte oberhalb des Portals erinnert eine Büste Heinrichs II. mit dem Dommodell an den zweiten Gründer. Rechts und links davon erheben sich die überlebensgroßen Standbilder der Bistumsheiligen Laurentius und Johannes des Täufers.

Dom St. Johannes und St. Laurentius
Domplatz 7
06217 Merseburg

Anbieter
Vereinigte Domstifter zu Merseburg und Naumburg und des Kollegiatstifts Zeitz, Stiftung des öffentlichen Rechts
Domplatz 19
06618 Naumburg

Öffnungszeiten
März–Oktober:
Mo–Sa 9.00–18.00 Uhr,
So und kirchliche Feiertage
11.00–18.00 Uhr
Turmbesteigung täglich
14.00 Uhr
November–Februar:
Mo–Sa 10.00–16.00 Uhr,
So und kirchliche Feiertage
12.00–16.00 Uhr

Eintrittspreise
Dom und Domschatz
Erwachsene: 6,50 EUR
ermäßigt: 4,50 EUR,
Schüler: 3,– EUR
Kombikarten ab 11,– EUR
(Dom mit Domschatz, mit
Dom zu Naumburg)
Kombikarten mit Museum
und Schloss Merseburg:
8,– EUR

Führungen
März–Oktober:
Mo–Do 11.00 und 13.00 Uhr,
Fr, Sa 11.00, 13.00
und 15.00 Uhr
So, kirchl. Feiertage 13.00
und 15.00 Uhr
November–Februar:
Mo–Do 11.00 Uhr,
Fr, Sa 11.00 und 13.00 Uhr,
So, kirchl. Feiertage
13.00 Uhr
Führungsgebühr:
3,– EUR p. P.,
für Gruppen:
60 Minuten 50,– EUR
90 Minuten 70,– EUR
Audioguide: 3,– EUR

Ansprechpartner für Führungen
Besucherservice
Tel.: (0 34 61) 21 00 45
Fax: (0 34 61) 72 06 21
fuehrung@merseburger-dom.de

Spezialführungen
nach Voranmeldung

Unsere Tipps
Merseburger Orgeltage im September, Orgelklang 12-Konzerte Mai–Oktober, Merseburger Dommusik mit Silvesterkonzert, Schlossgrabenkonzerte Juni–August, Merseburger Schlossfestspiele im Juni, Kulturhistorisches Museum im Schloss, Luftfahrt und Technik im Museumspark Merseburg, Neumarktkirche St. Thomae, Kunstgalerien: Willi Sitte, Tiefer Keller, Ben zi Bena

Anreise mit PKW
B 91 oder B 181

Anreise mit ÖPNV
per Bahn und Bus

Parkplätze
zahlreiche Parkplätze für PKW,
2 für Busse in der Hälterstraße,
1 für Busse ca. 250 m entfernt

Informationsmaterial
Faltblatt, Kunstführer

Verkaufsangebot im Bauwerk
Ansichtskarten, CDs, Bücher, DVDs

Toiletten
20 m links vom Hauptportal

Internet
www.merseburger-dom.de

Das Wahrzeichen der Stadt ist die auf einem Buntsandsteinfels oberhalb der Saale gelegene turm- und giebelreiche Baugruppe von Dom und Schloss Merseburg.

dem Königshof im Bereich des Schlossgartens. Daran schloss sich südlich die Kathedralkirche mit den Kurien der Domherren an. Unterhalb dessen lag die eigentliche Bürgerstadt. Diese war allmählich gewachsen, wie die Zuordnung zu den beiden Pfarrkirchen St. Sixti und St. Maximi sowie der unregelmäßige Stadtgrundriss zeigen. Domfreiheit und Bürgerstadt verfügten im 13. Jahrhundert jeweils über eigene Ummauerungen. Rechtssaalisch entstand im letzten Viertel des 12. Jahrhunderts mit dem Neumarkt eine planmäßig angelegte Siedlung mit eingeschränkten städtischen Rechten und der Pfarrkirche St. Thomae Cantuariensis. Die Stadt lebte zunächst vom Fernhandel; Leipzig und Naumburg überrundeten Merseburg in seiner Bedeutung bald. Nach dem Tod des letzten katholischen Bischofs 1561 ging die Verwaltung des Stiftes an einen kursächsischen Administrator über. 1815 wurde Merseburg Sitz der Regierung des Regierungsbezirkes Merseburg der preußischen Provinz Sachsen.

Über der Saale erhebt sich – gewachsen über die Jahrhunderte – die turmreiche Anlage des alten Bischofssitzes. Sein Zentrum bildet der Dom, der oftmals verändert wurde, in seinem Grundriss und in der Ostpartie jedoch bis heute ottonische Züge bewahren konnte. Nach der Grundsteinlegung 1015 erfolgte bereits 1021 im Beisein von Kaiser Heinrich II. die Weihe, die sich sicher nur auf die Ostteile bezog. Wenige Jahre später stürzte der Chor ein. Um 1040 entstanden die Krypta und die Osttürme des Domes, um dem Gebäude sicheren Halt zu geben.

Mit den zwei Turmpaaren und dem Vierungsturm über dem sich durchdringenden Lang- und Querhaus geriet die Bischofskirche Merseburg zu einem der richtungsweisenden Bauwerke des frühen deutschen Kirchenbaus.

Im 13. Jahrhundert wurden Chor, Querhaus und Vierung umgebaut und dabei gewölbt, im Westen wurde die Vorhalle angefügt. Das ottonische Langhaus ersetzte man 1502–1517 durch eine spätgotische Halle, die drei malerischen Treppengiebel stammen ebenfalls aus dieser Zeit. Von dem ottonischen Bau blieben die Krypta, aufgehendes Mauerwerk der Ostteile und die Osttürme erhalten. Im 19. Jahrhundert sicherten zwei Restaurierungsphasen das Bauwerk im Sinne der Überschaubarkeit des Ganzen und der Erkennbarkeit des mittelalterlichen Raumgefüges.

Bald nach der Schlacht bei Hohenmölsen, in der 1080 der Gegenkönig Heinrichs IV., Rudolf von Rheinfelden, den Tod fand, entstand auch seine Figurengrabplatte. Sie ist die älteste erhaltene Grabplatte in der Technik des Bronzegusses. Das Flachrelief zeigt den Verstorbenen fast lebensgroß, jedoch fern aller Porträthaftigkeit als Symbol des Königstums. Ursprünglich waren die gravierten Teile wie Haare und Gewandornamente vergoldet sowie in Krone und Augen Edelsteine eingelegt.

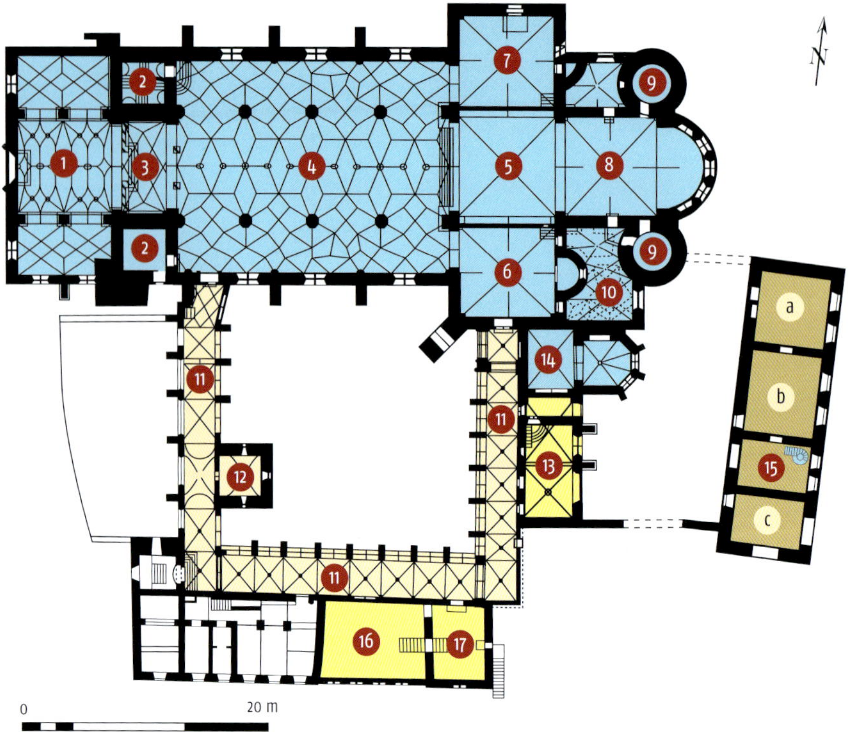

1 Dreischiffige Vorhalle
2 Westtürme
3 Empore mit Ladegast-Orgel
4 Spätgotisches Hallenlanghaus
5 Vierung mit Chorgestühl, Triumphkreuz und Grabplatte für
   Rudolf von Rheinfelden
6 Südquerhaus mit Portal der Fürstengruft
7 Nordquerhaus (Bischofskapelle)
8 Chor mit Barockaltar, darunter romanische Hallenkrypta
9 Osttürme
10 Sakristei
11 Kreuzgang
12 Wort-Gottes-Kapelle
13 Michaeliskapelle
14 Fürstengruft
15 Kapitelhaus mit Kapitelstube (a),
   Wappensaal (b) und
   Marienkapelle (c)
16 Schatzkammer
17 Handschriftengewölbe mit Zugang zum Zauberspruch-
   gewölbe

*Die dreischiffige Halle der Krypta mit ihrem leicht und
frei sich erhebenden Kreuzgratgewölbe kündet von der
Baukunst des beginnenden 11. Jahrhunderts.*

Der Blick in das unter Thilo von Trotha begonnene und unter Bischof Adolf von Anhalt vollendete Langhaus gibt einen Eindruck vom Reichtum der Ausstattung, die trotz der Restaurierungen des 19. Jahrhunderts in großer Vielfalt aus dem frühen Mittelalter bis zum Barock vorhanden ist.

Domstiftsarchiv und –bibliothek mit ihren wertvollen Beständen aus über 1000 Jahren sind nunmehr im ersten Geschoss des Kapitelhauses untergebracht. Zu sehen ist nicht nur die bekannte Schwurhand Rudolfs von Rheinfelden, des im Jahre 1080 gefallenen Gegenkönigs Heinrichs IV., sondern auch ein romanischer Tragaltar oder ein Elfenbeinkästchen aus der Mitte des 13. Jahrhunderts werden gezeigt. Zahlreiche sakrale Plastiken und liturgische Gewänder, von denen der sogenannte Mantel Ottos des Großen, wohl aus dem 10. Jahrhundert, besonders erwähnenswert ist, faszinieren die Besucher.

Den Höhepunkt der Ausstellung bildet die Erklärung der Merseburger Zaubersprüche, des einzigen erhaltenen Zeugnisses germanisch–heidnischer Religiosität in althochdeutscher Sprache.

Die wertvollsten Bestände des Domstiftsarchivs und der Stiftsbibliothek sind nunmehr im ersten Geschoss des Kapitelhauses zugänglich.

Die Domklausur beherbergt heute auch das Europäische Romanik Zentrum e. V. als eigenständige Forschungseinrichtung.

Blick in Süd– und Ostflügel des Kreuzgangs

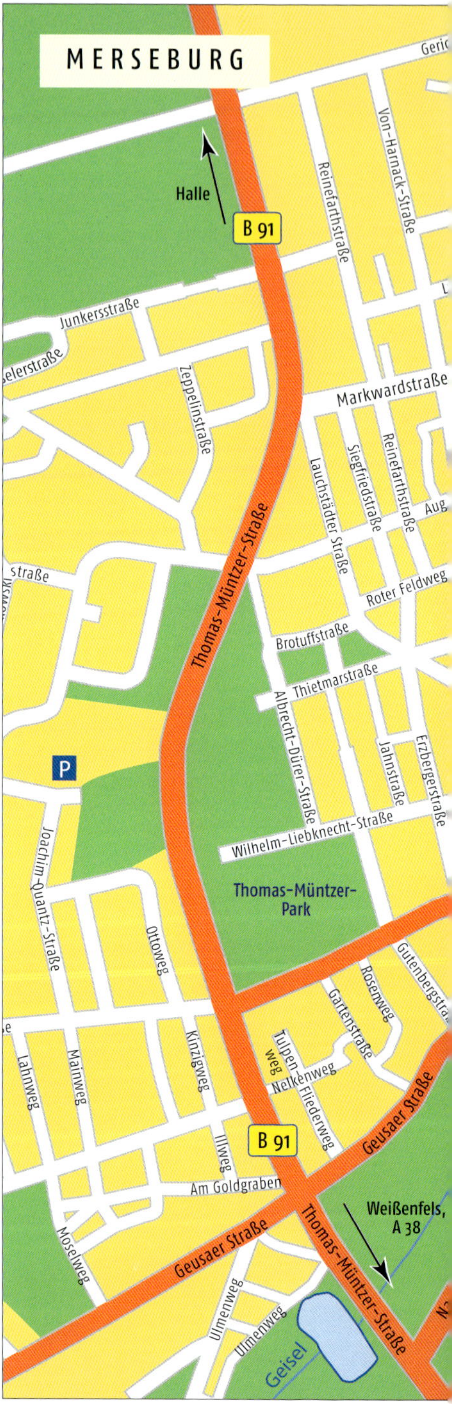

MERSEBURG

Halle

B 91

Gerichts...

Von-Harnack-Straße

Reinefarthstraße

Junkersstraße

Markwardstraße

...elerstraße

Zeppelinstraße

Siegfriedstraße

Reinefarthstraße

Aug...

Lauchstädter Straße

...straße

Thomas–Müntzer–Straße

Roter Feldweg

Brotuffstraße

...Kirche

Thietmarstraße

Erzbergerstraße

Albrecht–Dürer–Straße

Jahnstraße

P

Wilhelm–Liebknecht–Straße

Joachim–Quantz–Straße

Thomas–Müntzer–Park

Ottoweg

Gutenbergstraße

Rosenweg

Gartenstraße

...e

Kinzigweg

Tulpenweg

Mainweg

Nelkenweg

Lahnweg

Fliederweg

Geusaer Straße

B 91

Am Goldgraben

Illweg

Weißenfels, A 38

Thomas–Müntzer–Straße

Moselweg

Ulmenweg

Geusaer Straße

Ulmenweg

Geisel

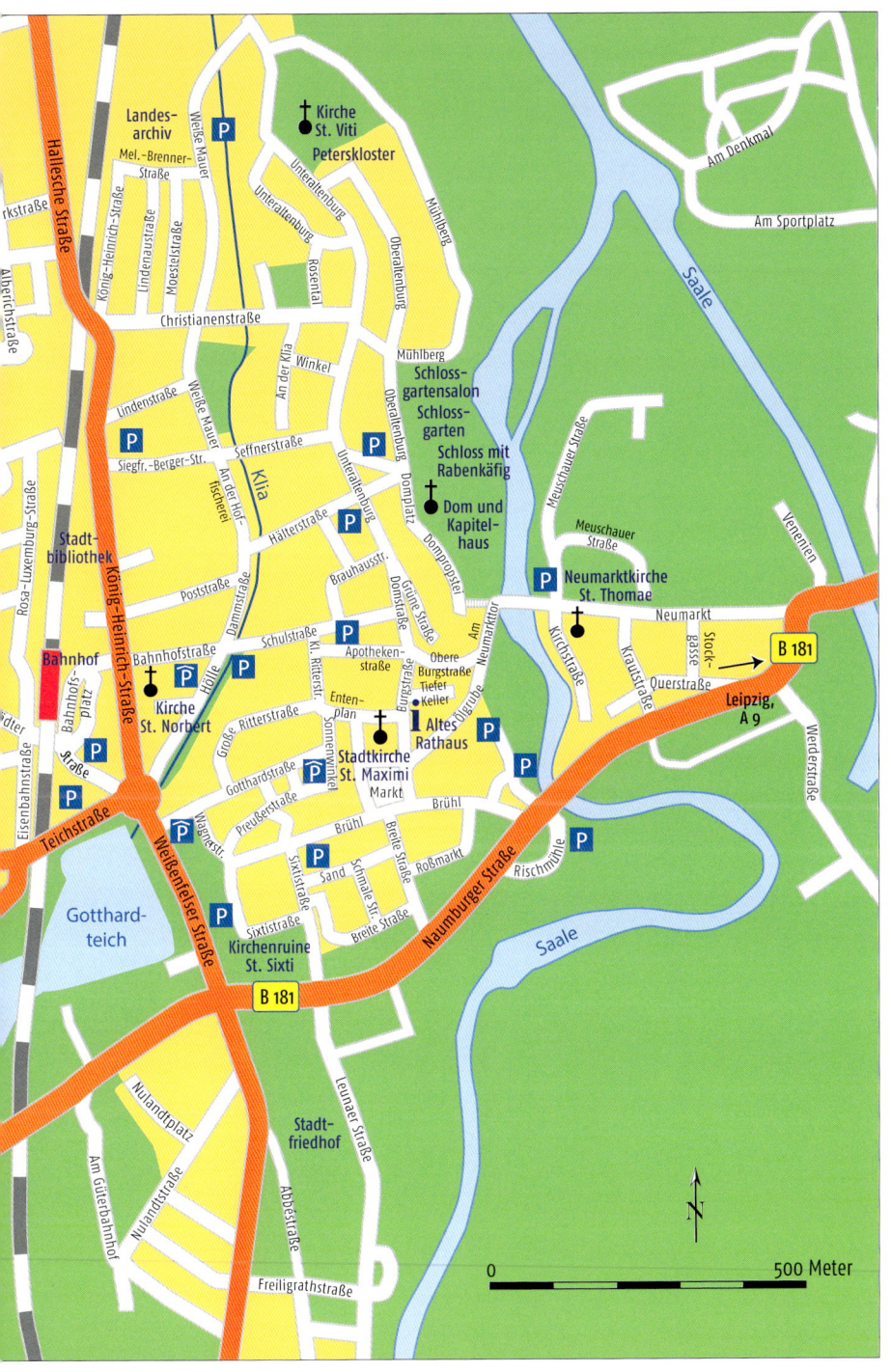

Landes-
archiv

Mel.-Brenner-
Straße

Kirche
St. Viti

Peterskloster

Hallesche Straße

rkstraße

Albrechtstraße

König-Heinrich-Straße

Lindenaustraße

Weiße Mauer

Moestelstraße

Unteraltenburg

Rosental

Oberaltenburg

Mühlberg

Am Denkmal

Am Sportplatz

Christianenstraße

Lindenstraße

Weiße Mauer

An der Elja

Winkel

Klia

Mühlberg

Schloss-
gartensalon

Schloss-
garten

Saale

Stadt-
bibliothek

Siegfr.-Berger-Str.

Seffnerstraße

An der Hof-
Tscherei

Oberaltenburg

Unteraltenburg

Domplatz

Schloss mit
Rabenkäfig

Dom und
Kapitel-
haus

Meuschauer Straße

Rosa-Luxemburg-Straße

König-Heinrich-Straße

Poststraße

Dammstraße

Hälterstraße

Brauhausstr.

Grüne Straße

Domstraße

Dompropstei

Meuschauer
Straße

Neumarktkirche
St. Thomae

Neumarkt

Venenien

B 181

Bahnhof

Bahnhofs-
platz

Bahnhofstraße

Kirche
St. Norbert

Hölle

Schulstraße

Kl. Ritterstr.

Apotheken-
straße

Domstraße

Obere
Burgstraße

Tiefer
Keller

Am Neumarktor

Kirchstraße

Krautstraße

Stock-
Gässe

Querstraße

Leipzig,
A 9

Weiße Mauer

Große Ritterstraße

Enten-
plan

Sonnenwinkel

Stadtkirche
St. Maximi

Altes
Rathaus

Weißenfelser Straße

Eisenbahnstraße

Teichstraße

Gotthardstraße

Preußerstraße

Wagnerstr.

Markt

Brühl

Sand

Brühl

Schmale St.

Breite Straße

Roßmarkt

Naumburger Straße

Rischmühle

Saale

Werderstraße

Gotthard-
teich

Sixtistraße

Kirchenruine
St. Sixti

Sixtistraße

Breite Straße

B 181

Nulandtplatz

Nulandtstraße

Am Güterbahnhof

Leunaer Straße

Stadt-
friedhof

Abtestraße

Freiligrathstraße

0   500 Meter

N

Auf dem östlichen Ufer der Saale überstand das neben dem Dom älteste Bauwerk Merseburgs – und mit diesem in Sichtbeziehung verbunden – die verheerende Bombardierung der Stadt 1944: die dem hl. Thomas Becket von Canterbury geweihte Neumarktkirche, ehemals Pfarre der mit kaiserlichem Privileg im 12. Jahrhundert angelegten Neumarkt-Siedlung.

Bei der um 1188 errichteten Kirche handelt es sich um eine kreuzförmige Basilika mit einfachem Stützenwechsel und flachen Decken. Das Chorquadrat schließt mit einer Apsis ab, westlich erstreckt

sich eine tiefe Empore, ehemals zwischen zwei Türme eingespannt.

Zeitweilig war hier ein Benediktinerinnenkonvent angesiedelt, im 14. Jahrhundert ein Kollegiatstift. Bereits im 15. und 16. Jahrhundert erlitt der romanische Bau durch Einsturz oder Abriss des südlichen Seitenschiffes und des Südturmes, der nördlichen Nebenapsis einschneidende Beeinträchtigungen; 1825/26 erfolgte dann der Abbruch des nördlichen Seitenschiffes. Grund für diese Verluste war das immer wiederkehrende Saalehochwasser, weswegen auch der Fußboden mehrfach aufge-

Nachdem die Kirche jahrzehntelang wie eingesunken wirkte, präsentiert sie sich heute wieder als ausgesprochen schlank und vornehm proportionierte Basilika.

Neumarktkirche St. Thomae Cantuariensis
Neumarkt
06217 Merseburg

Öffnungszeiten
Anfragen siehe Führungen

Eintrittspreise
Eintritt frei, Spenden erwünscht

Führungen
nach Voranmeldung im Rahmen von Stadtführungen, Gruppen bis 30 Personen: 50,– EUR

Ansprechpartner Führungen
Stadtinformation
Burgstraße 5
06217 Merseburg
Tel.: (0 34 61) 21 41 70
Fax: (0 34 61) 21 41 77
Evangelisches Kirchspiel Merseburg
Dompropstei 2
06217 Merseburg
Tel.: (0 34 61) 21 16 40
Fax: (03 46 01) 3 09 90 19
info@kirche-merseburg.de

Unsere Tipps
Zeugnisse sakraler Kunst des 21. Jahrhunderts in der Kirche: „Crucifixus" und „Kreuzigungsgruppe vor roter Wand" von Gabriele und Klaus F. Messerschmidt,

„Terra Ottonum" (Die Erde der Ottonen) des Malers und Bildhauers Dieter M. Weidenbach (2006); Pilgerherberge (ökumenischer Pilgerweg von Görlitz bis Santiago de Compostela)

Angebote im Ort
Merseburger Dom und Schloss mit Kulturhistorischem Museum

Anreise mit PKW
A 38, B 91 und B 181

Anreise mit ÖPNV
Bahn- und Buslinien

Parkplätze
15 für PKW, Busparkplätze gegenüber der Neumarktkirche

Informationsmaterial
Faltblatt in mehreren Sprachen

Verkaufsangebot im Bauwerk
Postkarten

Toiletten
barrierefreier Zugang vorhanden

Internet
www.kirche-merseburg.de

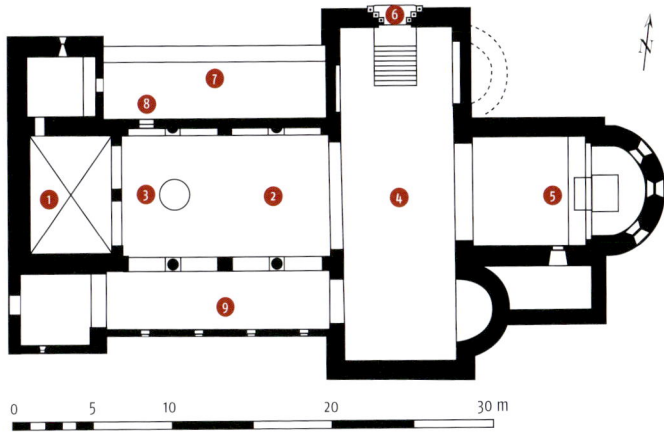

1 Westbau mit Empore und ehemals zwei Türmen
2 Mittelschiff des Langhauses
3 Fundament des Taufsteins
4 Querhaus
5 Chor mit steinernem Kastenaltar
6 Ehemaliges Westportal mit Knotensäule
7 Versetztes Portal vom Querhaus
8 Abgebrochenes Nordseitenschiff
9 In Fachwerk wiederaufgebautes Südseitenschiff

schüttet wurde und schließlich ein Niveau von etwa zwei Metern über der ursprünglichen romanischen Höhe erreichte. Nachdem 1973 die Kirche aufgegeben wurde, war es erst ab 1991 möglich, die massiven Schäden zu beheben.

Außer den schlichten Würfelkapitellen der inneren Arkaden haben sich als Teil des ursprünglichen Bauschmucks zwei romanische Säulenportale erhalten. Eine Besonderheit ist die Knotensäule am spätromanischen Hauptportal.

Blick auf die Neumarktkirche St. Thomae Cantuariensis

Oberburg Giebichenstein

Die Stadt Halle verdankt sowohl ihre Entwicklung als auch nach alter Überlieferung ihren Namen dem Salz. Aufgrund salzhaltiger Quellen war ihr Gebiet bereits in vorgeschichtlicher Zeit besiedelt. Die erste Erwähnung finden wir sehr früh, 806, als Kaiser Karl der Große ein Grenzkastell errichten ließ. Allerdings ist dessen Lage noch nicht eindeutig geklärt. Viele Forscher vermuten sie auf dem Domhügel, der die Salzsiedlung im „Thal" schützte. Eine weitere Befestigung im Nordwesten des heutigen Stadtgebietes ist die 961 erstmals erwähnte, auf einem Porphyrfelsen über der Saale gelegene Burg Giebichenstein.

Ähnlich wie das benachbarte Merseburg wuchs Halle aus verschiedenen Siedlungskernen zusammen, wurde im 12. Jahrhundert planmäßig erweitert und mit einem Mauerring umgeben. Damals entstand der heutige Markt, eine Platzanlage mit 14 Straßeneinmündungen. 1479 wurden alle Bemühungen um die politische und wirtschaftliche

Selbstständigkeit der Stadt durch Erzbischof Ernst zunichte gemacht. Er und sein Nachfolger Albrecht von Brandenburg ließen die Moritzburg als Stadtfestung und Wohnschloss errichten. Europäischen Ruhm erlangte die fürstliche Hofhaltung Kardinal Albrechts, die auch auf die Stadt ausstrahlte und zahlreiche Renaissancebauten entstehen lies.

Später spielte die Stadt vor allem auch durch ihre Universität und die Leopoldina eine große Rolle. Die Industrialisierung belebte die Bautätigkeit in Halle, sodass von den gründerzeitlichen Prachtbauten bis zur neuen Sachlichkeit alle Baurichtungen mit hervorragenden Beispielen vertreten sind.

Prominentester Gefangener auf der Burg war einer Sage nach der Thüringer Landgraf Ludwig, der Erbauer der Wartburg, der Neuenburg und der Ulrichskirche in Sangerhausen. Er soll seinem Gefängnis mit einem kühnen Sprung in die Saale entkommen sein und hieß fortan Ludwig der Springer.

Oberburg Giebichenstein
Seebener Straße 1
06114 Halle (Saale)

Öffnungszeiten
April–Oktober:
Di–Fr 10.00–18.00 Uhr,
Sa/So/Feiertage
10.00–19.00 Uhr

Eintrittspreise
Erwachsene: 4,– EUR
ermäßigt: 2,50 EUR
Kinder bis 14 Jahre frei

Führungen
April–Oktober:
So 12.00 Uhr,
Voranmeldung für Gruppen

Ansprechpartner für Führungen
Stadtmuseum Halle
Christian-Wolff-Haus
Große Märkerstraße 10
06108 Halle (Saale)
Tel.: (03 45) 2 21 30 30
Fax: (03 45) 2 21 30 33
stadtmuseum@halle.de
Stadtmuseum Halle
Oberburg Giebichenstein
Seebener Straße 1
06114 Halle (Saale)
Tel.: (03 45) 5 23 38 57

Spezialführungen
nach Absprache

Unsere Tipps
Sommerfilmnächte, Picknick unterm Sternenhimmel, Sommertheater, Familiennachmittage jeden 3. Sonntag im Monat ab 14.00 Uhr

Angebote im Ort
Franckesche Stiftungen, Stiftung Moritzburg – Kunstmuseum des Landes Sachsen-Anhalt, Dom zu Halle, Landesmuseum für Vorgeschichte, Schifffahrt auf der Saale

Anreise mit PKW
A 9, A 14, A 38, B 91, B 6n

Anreise mit ÖPNV
Bahn und Straßenbahnlinien 7 und 8

Parkplätze
gegenüber der Unterburg

Verkaufsangebot im Bauwerk
Souvenirs, Karten

Toiletten
im Kassengebäude

Internet
www.
stadtmuseum.halle.de

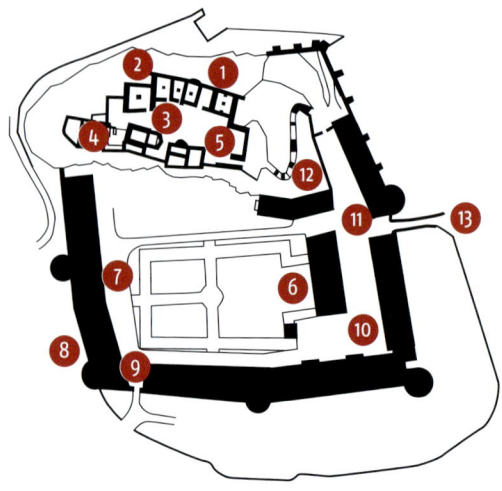

1 Palas
2 Wohnturm
3 Burgkapelle
4 Gebäudereste mit Kellern
5 Bergfried über romanischem Torturm
6 Kornhaus
7 Westflügel
8 Südwestturm
9 Rabentor
10 Pächterhaus (Herrenhaus)
11 Tor
12 Brunnenhaus und ehemaliges Hofmeisterhaus
13 Alte Burg (Amtsgarten)

Kaiser Otto I. übereignete 961 die Burg Giebichenstein dem Moritzkloster in Magdeburg. Der romanische Neubau des 12. Jahrhunderts auf dem Porphyrfelsen (Oberburg) wurde 1382 Hauptresidenz der Erzbischöfe von Magdeburg als Halles Stadtherren. Zu dieser Zeit existierte die auf dem Gelände des Amtsgartens vermutete „Alte Burg" wohl noch. Die Oberburg ist heute Freilichtmuseum, die Unterburg beherbergt die Kunsthochschule Halle.

Die sagenumwobene Ruine der Burg Giebichenstein verdankt ihren Ruhm – ähnlich wie die Rudelsburg – vielen bekannten Gästen, z. B. Goethe, Brentano, Tieck, Novalis und Eichendorff.

Dorfkirche Böllberg St. Nikolaus

Während die Kirchen im Stadtzentrum kaum mehr romanische Baureste aufweisen, blieb im halleschen Vorort Böllberg mit der Dorfkirche ein rein romanisches Bauwerk bewahrt. Es verkörpert den Typus der einfachen Saalkirchen mit Apsis, wie sie im 12. Jahrhundert häufig errichtet wurden. Nebst der Architektur haben sich aus romanischer Zeit das mit Rosetten geschmückte Tympanon an der Südseite sowie ein romanischer Taufstein erhalten.

Dorfkirche Böllberg St. Nikolaus
Böllberger Weg 152
06128 Halle (Saale)

Öffnungszeiten
Mai–September:
Sa/So 10.00–17.00 Uhr
Oktober–April:
auf Anfrage im Pfarramt

Eintrittspreise
Eintritt frei, Spenden erwünscht

Führungen
nach Voranmeldung,
1,– EUR pro Person

Ansprechpartner für Führungen
Evangelisches Pfarramt Kirchengemeinde Wörmlitz-Böllberg

Richard-Schatz-Straße 30
06128 Halle (Saale)
Tel.: (03 45) 4 44 14 91 oder
1 20 13 27
kirchengemeinde-woermlitz@web.de

Unsere Tipps
Gottesdienste am Sonntag von Mai–September,
Konzerte, z. B. Chormusik und kleinere Weihnachtskonzerte, Radwege Kirche Wörmlitz

Parkplätze
für PKW und Busse ca. 150 m entfernt

Internet
www.kirchengemeinde-woermlitz-boellberg.de

Die aus Bruchsteinen errichtete Dorfkirche Böllberg stellt in nahezu unverfälschter Form einen Prototyp des ländlichen Sakralbaus im 12. Jahrhundert dar.

1136 stiftete Konrad von Wettin, Markgraf zu Meißen, eine Augustinerabtei. In der Folge entstand eine kleine dreischiffige Basilika mit doppelter Westturmanlage. Das Stift wurde 1150 aufgehoben und dem Augustinerchorherrenstift Petersberg einverleibt. 1161 belehnte Dietrich (der zweite Sohn Konrads) seinen Vasallen Konrad mit der Kirche auf dem markanten Porphyrberg. Letzterer ist wohl auch für den Bau der Burg, der um 1174 abgeschlossen war, verantwortlich. Im Schutz dieser Burg entwickelte sich der kleine Flecken gleichen Namens, dessen Pfarrkirche ebenfalls noch romanische Bauteile aufweist. Dietrich hatte Kaiser Friedrich I. nach Italien begleitet und soll 1177 vom Papst einen Splitter vom Kreuze

Jesu empfangen haben, welcher der Kapelle in seiner Burg Landsberg den Namen St. Crucis gab. Die Burg wurde Anfang des 16. Jahrhunderts zerstört, erhalten hat sich von ihr aber die Doppelkapelle, die 1195–1200 aus der Basilika entstand.

Während der Bau sonst aus Bruch- und Haustein aufgeführt wurde, bestehen die drei Apsiden der Kapelle, auf der Höhe des Obergeschosses, aus Backsteinmauerwerk, ebenso die Bögen und Gewölbe im Inneren. 1662 entstand das noch heute sichtbare hohe Walmdach.

Doppelkapelle St. Crucis, Außenansicht von Nordwesten

Doppelkapelle St. Crucis
06188 Landsberg

Öffnungszeiten
während der Führungen
und nach Voranmeldung

Eintrittspreise
Erwachsene: 2,– EUR
ermäßigt: 1,– EUR
Kinder: 0,50 EUR

Führungen
Mai–Oktober: Sa 15.00 Uhr,
So 11.00 und 15.00 Uhr, bei
Konzerten um 15.00 Uhr erst
im Anschluss sowie nach
Voranmeldung
November–April:
nur nach Voranmeldung

**Ansprechpartner für
Führungen**
**Doppelkapelle und Museum
Landsberg**
Hillerstraße 8
06188 Landsberg
Tel.: (03 46 02) 2 06 90
Fax: (03 46 02) 4 87 41
doppelkapelle-
landsberg@gmx.net

Spezialführungen
nach Voranmeldung, z. B.
Romanik für Schulklassen

Unsere Tipps
Veranstaltungen, Konzerte,
Adventssingen in der
Doppelkapelle,

Ausstellungen zur Geschichte
des Burgberges und zur
Sanierung der Kapelle

Angebote im Ort
Museum „Bernhard Brühl",
Felsenbad, Malzfabrik und
Brauerei, Felsenbühne,
historische Gasthöfe:
Restaurant zum Drucker,
„Goldener Löwe",
ehemaliger Post- und
Ausspannhof

Anreise mit PKW
A 9 Abfahrt B 100
Halle/Bitterfeld,
A 14 und A 38

Anreise mit ÖPNV
Bahnlinie Halle/Bitterfeld

Parkplätze
am Museum und am
Felsenbad

**Verkaufsangebot im
Bauwerk**
Literatur, Postkarten,
Souvenirs

Toiletten
am Bauwerk und im
Museum

Internet
www.stadt-landsberg.de

Obergeschoss der Doppelkapelle Landsberg

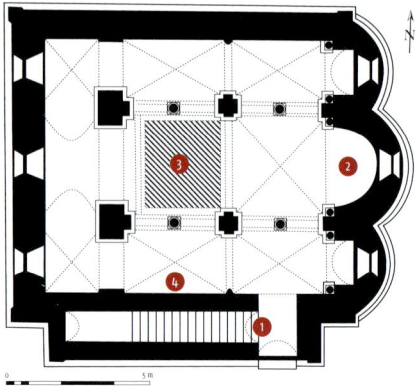

1 Treppenaufgang
2 Mittelapsis mit Altarblock
3 Öffnung zur Unterkapelle
4 Spätgotischer Schnitzaltar, um 1525/1530

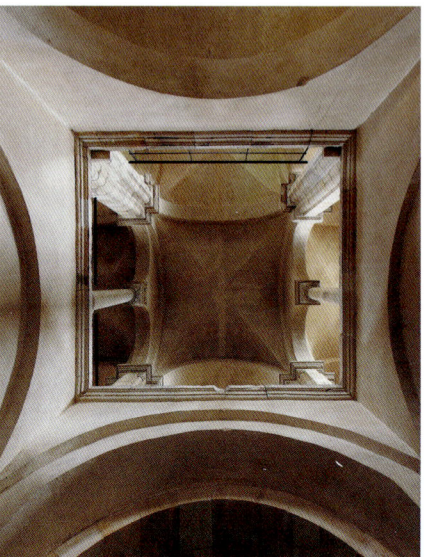

Neben der Doppelkapelle auf Schloss Neuenburg hat sich also in Landsberg ein weiteres Bauwerk dieses seltenen Typus erhalten, das sich durchaus mit den Doppelkapellen auf der Kaiserburg Nürnberg und in den Pfalzen Goslar und Eger/Cheb messen kann.

Als Besonderheit findet sich an den Apsiden das früheste Backsteinmauerwerk der Region.

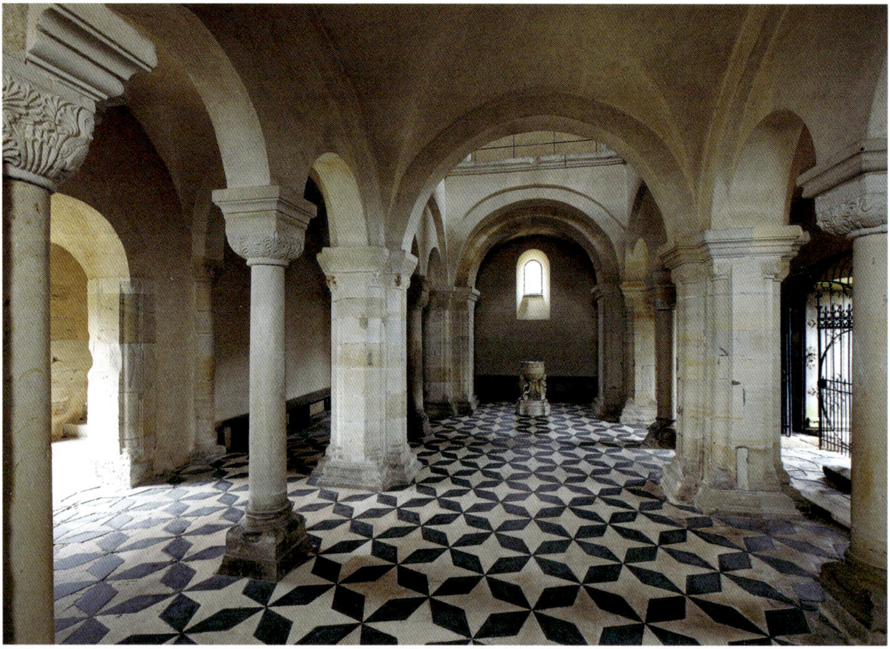

Gegenüber der lichten Weite des Obergeschosses erscheint das einst der Dienerschaft vorbehaltene Untergeschoss der Landsberger Doppelkapelle düster. Hervorzuheben ist die reiche und außerordentlich gut erhaltene Kapitellornamentik.

Östlich von Wettin, nur zwölf Kilometer von Halle entfernt, befindet sich die Porphyrkuppe des Petersberges, der mit einer Höhe von 250 Metern das Harzvorland weit überragt. Bis ins 14. Jahrhundert trug er den Namen Lauterberg. Um 1100 entstand auf dem Berg nach dem Vorbild romanischer Rundkirchen in Böhmen eine kleine Kapelle, deren Reste auf dem Friedhof zu sehen sind.

Das Kloster, ein Augustiner-Chorherrenstift, war eine Stiftung des Grafen Dedo IV. von Wettin. In kurzer Bauzeit wurden das Langhaus der dreischiffigen Basilika (1128–1137) und der Chor mit Querhaus (1174–1184) errichtet. Der heutige Chor ist das Ergebnis eines Umbaus in der Zeit um 1220–1225. Ein Brand zerstörte die Kirche 1565. Über der Grabstätte der wettinischen Markgrafen wurde 1567 eine einfache Grabkapelle mit einem monumentalen Gedächtnismal errichtet.

Unter Leitung des preußischen Konservators Ferdinand von Quast erfolgten im 19. Jahrhundert die Restaurierung und der Ausbau der Ruine. Chor und Querhausmauern sowie der Westturmbau konnten saniert, das Langhaus konnte ergänzt und das gesamte Mauerwerk steinsichtig angelegt werden. Die Wiederherstellung des Baues fand 1855 mit der Anfertigung von Grabplatten für die Grafen Friedrich I. von Brehna (gest. 1182) und Ulrich I. von Wettin (gest. 1206) ihren Abschluss.

Der heutige Innenraum ist weitgehend das Ergebnis der Wiederherstellung des 19. Jahrhunderts, eine der anspruchsvollsten Leistungen aus der Frühzeit der deutschen Denkmalpflege.

Augustinerstiftskirche St. Petrus
Bergweg 11
06193 Petersberg

Öffnungszeiten
April–Oktober:
täglich 8.00–20.00 Uhr
November–März:
täglich 8.00–18.30 Uhr
während Gottesdienst
So 10.30–12.00 Uhr keine Besichtigung

Eintrittspreise
Eintritt frei, Spenden erwünscht

Führungen
nach Vereinbarung
Gruppen: 35,– EUR

Ansprechpartner für Führungen
Kloster Petersberg
Bergweg 11
06193 Petersberg
Tel.: (03 46 06) 2 04 09
Fax: (03 46 06) 2 14 05
petersberg@
christusbruderschaft.de

Unsere Tipps
Konzerte, Ausstellungen,
Teilnahme an Gebet und Meditation (Gebet 8.00,
12.00 Uhr und 18.00 Uhr,
Di/Do mit Heiligem Mahl)

Angebote im Ort
Tierpark, Museum,
Reitsportanlage, Rodelbahn
mit Sommer- und
Winterbetrieb

Anreise mit PKW
A 9 Abfahrt B 100
Halle/Bitterfeld–Zörbig oder
A 14 Abfahrt
Halle/Trotha/Wettin

Anreise mit ÖPNV
Bahnlinie bis Halle,
Bus Richtung Mösthinsdorf

Parkplätze
100 für PKW, 10 für Busse am
Fuße des Petersberges

Verkaufsangebot im Bauwerk
Kunstführer und Postkarten

Internet
www.
christusbruderschaft.de

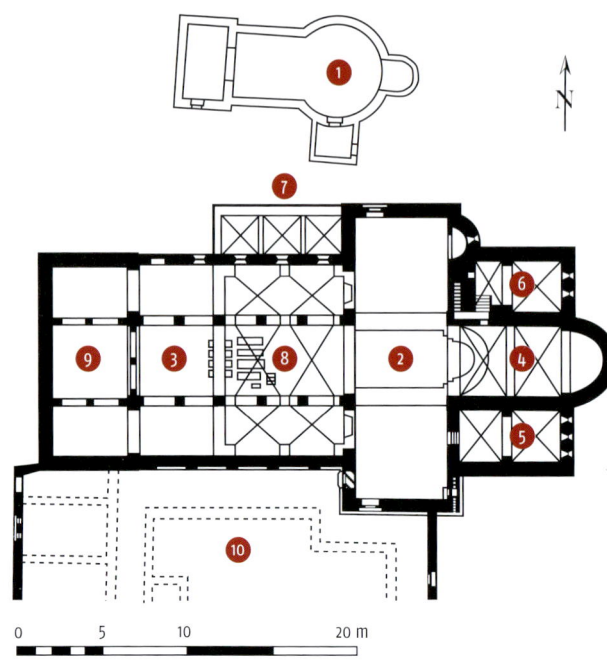

1 Alte Kapelle
2 Erstes Sanktuarium der Stiftskirche
3 Romanisches Langhaus
4 Chor mit Hauptapsis
5 Marienoratorium
6 Sakristei
7 Kapelle von 1208
8 Ehemaliges Wettiner-Mausoleum von 1567
9 Turmhalle mit Wettiner-Kenotaph
10 Ehemalige Klausur mit Kreuzgang

0   5   10   20 m

Der imposante Westquerturm ist schon von Weitem zu sehen.

rechts: Der Brand im 16. Jahrhundert zerstörte auch die Ausstattung der Stiftskirche. Doch bereits 1567 ließ Kurfürst August von Sachsen Nachbildungen der Gräber der Wettiner, zu deren Grablege das Augustinerkloster auf dem Petersberg bestimmt war, anfertigen. Schöpfer des monumentalen Kenotaphs (Gedächtnismals) waren die Dresdner Bildhauer Hans und Christoph Walter. Die Grabplatten lassen erkennen, dass die Künstler entweder ein originales Vorbild kannten oder ganz bewusst auf archaisierende Formen zurückgriffen, um den altertümlichen Charakter zu betonen.

Dorfkirche Altjeßnitz

Bisher ist Altjeßnitz weithin bekannt durch seinen Irrgarten. Er wurde als erstes Projekt der Gartenträume in unserem Bundesland am 5. Juni 2004 eröffnet und ist mit 2600 m² der größte und älteste barocke Irrgarten Deutschlands.

Das 1259 erstmals erwähnte Altjeßnitz gehörte zunächst den Grafen von Brehna. 1423 kam es an das neugebildete kursächsische Amt Bitterfeld. Dieses gehörte 1657–1738 zum Herzogtum Sachsen-Merseburg und wurde 1815 im Ergebnis des Wiener Kongresses an Preußen abgetreten, wo es 1816–1945 der Provinz Sachsen, Landkreis Bitterfeld, zugeordnet war.

Altjeßnitz ragte als Exklave wie ein Sporn in anhaltisches Gebiet und war in drei Richtungen von diesem umgeben. Nur in Richtung Osten bestand eine Landverbindung an das eigene Territorium. Diese Verwaltungsgrenzen hatten bis 2010 Bestand; erst seitdem gibt es eine gemeinsame Verwaltung mit dem westlich der Mulde gelegenen Jeßnitz.

Dorfkirche Altjeßnitz
Hauptstraße
06779 Raguhn-Jeßnitz
OT Altjeßnitz

Öffnungszeiten
nach Absprache

Eintrittspreise
Eintritt frei, Spenden erwünscht

Führungen
nach Vereinbarung

Ansprechpartner für Führungen
Evangelisches Pfarramt Raguhn
Kirchplatz 10
06779 Raguhn-Jeßnitz

Tel.: (03 49 06) 2 08 28
swantje.adam@
kircheanhalt.de

Unsere Tipps
Freskomalerei in der Apsis, spätgotischer Schnitzaltar

Angebote im Ort
Gutspark Altjeßnitz mit Irrgarten

Anreise mit PKW
über Raguhn oder Jeßnitz

Parkplätze
vorhanden

Toiletten
am Parkplatz

1419 werden als Besitzer eines Gutes in Altjeßnitz die Herren von Reppichau (dessen Vorfahr Eike von Repgow weithin berühmt ist als der Verfasser

erhalten. Der Triumphbogen im Inneren ist kämpferlos. Den achteckigen, verschieferten Dachreiter erhält das Kirchenschiff 1872.

Ihre Aufnahme in die Straße der Romanik verdankt die Dorfkirche wohl einem glücklichen Umstand. Im Zweiten Weltkrieg wird die Kirche beschädigt und bald darauf saniert. Dabei werden unter alten Malschichten in der Kalotte der Apsis ikonografisch bemerkenswerte Malereien aus der Erbauungszeit der Kirche um 1200 freigelegt: neben dem thronenden Christus in der Mandorla eine zweite Figur, Gottvater oder Maria, ebenso die Symbole für die vier Evangelisten und Johannes der Täufer neben einem unbekannten Bischof. (Vergl. Dorfkirche in Pretzien, Nr. 26)

Vom Ende des 15. Jahrhunderts stammt der kleine geschnitzte Altar, in dessen Schrein eine Madonna auf der Mondsichel im Strahlenkranz zu sehen ist. Der Altar verfügt über schmale Flügel. Im Rechten ist Jakobus Major oberhalb einer Heiligen dargestellt und links Johannes der Täufer. Unterhalb von Johannes befand sich ursprünglich die heilige Dorothea, die jedoch gestohlen wurde.

des Sachsenspiegels, Nr. 26) genannt, die es 1694 versteigern müssen. Es gelangte an den brandenburgischen Obristen Hans Adam von Ende (1633–1706) und blieb bis zur Enteignung im Zuge der Bodenreform 1945 in Familienbesitz der Freiherren von Ende.

Hans Adam Freiherr von Ende ließ das Gut zu einem vornehmen Landsitz ausbauen. Es entstand eine Schloss- und Parkanlage im Stil des späten Barock. Der etwa 3,1 Hektar große Park wurde vermutlich gemeinsam mit dem Schloss Anfang des 17. Jahrhunderts angelegt. Sicher datiert werden kann durch eine Eintragung in der Familienchronik die Entstehung des Irrgartens – ein Heckenlabyrinth aus Hainbuchen – auf 1754. Nach dieser Quelle wurde er unter der Regie des Gärtners Johann Gottfried Ziese angelegt. Konzeptionelle Veränderungen erfolgten 1845–1926. Dabei wurde auch um 1860 die romanische Dorfkirche in den Park einbezogen.

Sie ist eine romanische Feldsteinkirche – wie etwa die Kirchen in Rohrberg (Nr. 9), Loburg (Nr. 24) und Seehausen in der Börde (Nr. 28) – mit kurzem Schiff, eingezogenem Chor und halbkreisförmiger Apsis. Die ursprünglichen romanischen Fenster sind

Schon der Patronatsheilige weist darauf hin, dass die Kirche in dem heute zu Bernburg eingemeindeten Waldau eine sehr frühe Gründung ist. Sie war Teil der Stiftung Markgraf Geros an sein Hauskloster in Gernrode. Die Parochie von Gernrode wird urkundlich bereits 961 genannt. Erhalten hat sich ein Kirchenbau des 12. Jahrhunderts, der mit viergliedriger Staffelung einer alten Form folgt, die wir z. B. auch in Seehausen/Börde antreffen. Der Eingang in den flachgedeckten Feldsteinbau erfolgt über ein Stufenportal an der Südseite. Die Restaurierungen um 1930 haben spätere Einbauten zurückgenommen.

Die charakteristische Abfolge romanischer Kirchen mit halbrunder Apsis, Rechteckchor und Schiff mit stattlichem, wehrhaften Turm ist an der Dorfkirche Waldau besonders klar erkennbar. Dieses unverfälschte Aussehen verdankt die Kirche einer „Stilbereinigung" im Jahr 1913, bei der spätere Anbauten beseitigt wurden.

Dorfkirche St. Stephani
Am Weinberg
06406 Bernburg

Öffnungszeiten
Mai–September:
Mo–So 10.00–18.00 Uhr
Anfrage im Pfarrhaus oder
in der Marienkirche
Altstädter Kirchhof oder in
der Stadtinformation
Tel.: (0 34 71) 3 46 93 11

Eintrittspreise
Eintritt frei, Spenden
erwünscht

Führungen
nach Voranmeldung

Ansprechpartner für Führungen
Talstadtgemeinde Bernburg
Breite Straße 81
06406 Bernburg
Tel.: (0 34 71) 35 36 13
Fax: (0 34 71) 35 36 81

kontakt@talstadtgemeinde-bernburg.de

Unsere Tipps
Konzerte, z. B.
Harfenkonzerte,
kleinere Ausstellungen

Angebote im Ort
Marienkirche, Museum
Schloss Bernburg, Theater,
Stadtführungen, Erholungsgebiet „Krumbholz" mit
Schifffahrt auf der Saale,
Erlebnisbad

Anreise mit PKW
A 38, A 14, A 9, B 6n, B 71

Anreise mit ÖPNV
Bus- und Bahnlinien
Bernburg–Streuzfeld

Parkplätze
10 für PKW, 2 für Busse

Toiletten
im Gemeindehaus

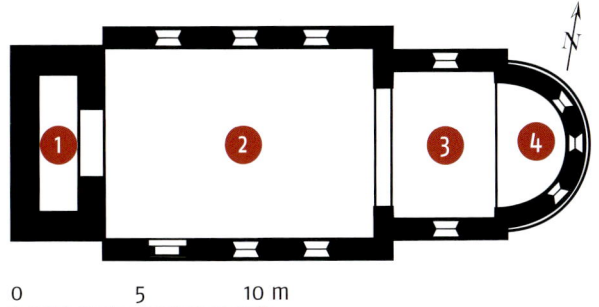

1 Westquerturm
2 Langhaus
3 Chorjoch mit Taufstein
4 Apsis

0   5   10 m

Bergfried Schloss Bernburg (Eulenspiegelturm)

Mit der Saale als Lebensader entstand Bernburg als Gruppenstadt dreier selbstständiger Gemeinwesen an der uralten Handelsstraße Magdeburg–Halle. Die Stadt wuchs beiderseits der Saale aus Alt-, Neu- und Bergstadt im Schatten der 1138 erwähnten askanischen Burg zusammen. Alt- und Neustadt bekamen 1278 das Stadtrecht verliehen.

Heute prägen stattliche Renaissance- und Barockgebäude das Stadtbild. Von der mittelalterlichen Stadtbefestigung sind noch zwei Türme (Torturm des Nienburger Tors, nach 1400, und Hasenturm, 15. Jahrhundert) und fast die gesamte Mauer um Alt- und Neustadt erhalten.

Erst 1825 wurden Berg- und Talstadt vereint, wenige Jahrzehnte später erfolgte dann auch die Eingemeindung des Dorfes Waldau, das auf den 806 bezeugten karolingischen Hof Waladala zurückgeht. Damit ist Bernburg der älteste Ort Anhalts.

In einer Schenkungsurkunde Kaiser Ottos I. vom 29. Juni 961 wird eine Rund- und Fliehburg mit Wall und Graben als „Brandanburg" erstmals erwähnt. Sie wird nach Brandschatzungen durch die Sachsen 1138 durch Albrecht den Bären wieder aufgebaut und im weiteren Verlauf des 12. Jahrhunderts ständig ergänzt.

Das Schloss erhebt sich auf einem hohen Sandsteinfelsen am östlichen Saaleufer. Es ist das vollständig erhaltene Residenz- und Wohnschloss der Fürsten und späteren Herzöge von Anhalt-Bernburg (1603–1863).

Das heutige Erscheinungsbild bestimmen die prächtigen Renaissancebauten des 16. Jahrhunderts. Sie folgen im Wesentlichen dem Grundriss der mittelalterlichen Rundburg.

Auf dem größten Burghof Anhalts erhebt sich im Nordosten der mächtige runde Bergfried aus dem 12. Jahrhundert, nach 1570 mit einem Kegelhelm und vier Renaissancegiebeln bekrönt. Der Sage nach soll Till Eulenspiegel auch hier einen seiner listigen, oft aber auch boshaften Streiche ausgeführt haben.

Seit Jahrhunderten trägt der Bergfried den Namen Eulenspiegelturm. Die Legende berichtet, der berühmte Schalk Till Eulenspiegel habe sich einst als Turmwächter beim Grafen von Anhalt verdungen. Vom Turm kann man den Ausblick auf die Saale und die Stadt genießen.

Eulenspiegelturm
Schlossstraße 24
06406 Bernburg

Öffnungszeiten
Museum und
Eulenspiegelturm
April–Oktober:
Di–So 10.00–17.00 Uhr
November–März:
Di–Do 10.00–16.00 Uhr,
Fr 10.00–13.00 Uhr,
Sa/So/Feiertage
10.00–16.00 Uhr

Eintrittspreise
Eulenspiegelturm: 2,– EUR
Museum:
Erwachsene: 4,– EUR
ermäßigt
(Schüler b. 14 Jahre/Studenten/Schwerbehinderte):
3,– EUR,
Gruppen ab 15 Personen:
3,– EUR, Gruppen
Schüler/Studenten: 2,– EUR,
Familienkarte:
2 Erwachsene/3 Kinder:
10,– EUR,
Kinder bis 6 Jahre: Eintritt
frei

Führungen
nach Voranmeldung
20,– EUR,
für Kindergruppen 10,– EUR

Ansprechpartner für Führungen
Museum Schloss Bernburg
Schlossstraße 24
06406 Bernburg
Tel.: (0 34 71) 62 38 54
Fax: (0 34 71) 62 30 74
sielmon@
museumschlossbernburg.de

BFG-Bernburger Freizeit GmbH
Lindenplatz 9
06406 Bernburg
Tel.: (0 34 71) 34 69 30
Fax: (0 34 71) 3 46 93 24
museumschlossbernburg@
t-online.de

Unsere Tipps
Eulenspiegel-Projekte im
Museum Schloss Bernburg
für Kindergruppen und
Schulklassen, z. B.
Eulenspiegel-Erlebnistag mit
Gaukler-Frühstück im
Eulenspiegelturm,
Museumstheater mit
Filmdreh, Eulenspiegel-
Kindergeburtstag,
Eulenspiegel-Kinderklub

Angebote im Ort und in der Umgebung
Marienkirche, Theater,
Stadtführungen,
Erholungsgebiet Krumbholz,
Märchengarten, Schifffahrt
auf der Saale

Anreise mit PKW
A 38, A 14, A 9, B 71, B 6n

Anreise mit ÖPNV
Bus- und Bahnlinien
Bernburg Bahnhof

Parkplätze
für PKW und Busse

Toiletten
vorhanden

Internet
www.eulenspiegelturm.de,
www.
museumschlossbernburg.de

Benediktinerkloster St. Marien und St. Cyprian

Der Ort entstand am linken Ufer der an dieser Stelle in die Saale mündenden Bode; er geht wohl bereits auf einen karolingischen Stützpunkt zurück. Ein von Markgraf Thietmar und seinem Bruder Erzbischof Gero von Köln in Thankmarsfelde gegründetes Kloster wurde 975 nach Nienburg verlegt. Es erhielt von den sächsischen Kaisern eine besonders reiche Ausstattung und bestimmte seither auch die Geschicke des Ortes. Die erste ottonische Kirche, 1004 geweiht, brannte 1050 aus. Schon 1060 weihte man die neue Klosterkirche, auch sie fiel 1242 einem Brand zum Opfer und wurde wiederum unter Verwendung von Mauerteilen des alten Baus zügig aufgebaut. Es entstand ein Chor mit Querhaus im Übergangsstil von der Romanik zur Gotik. An ihn fügte man 1280 ein Langhaus an. Der weite lichte Hallenbau brach mit den sächsischen Bautraditionen und zeigt den gotischen Einfluss hessischer und westfälischer Hallenkirchen.

1520–1537 erfolgten ein letzter Umbau mit Errichtung eines Turms, Abriss des alten westlichen Querschiffes und Erweiterung als Hallenkirche nach Westen.

Ehemalige Benediktinerkirche St. Marien und St. Cyprian
Goetheplatz
06429 Nienburg

Öffnungszeiten
Mai–Oktober:
Mo–Fr 11.00–16.00 Uhr,
Sa/So/Feiertage
14.00–16.00 Uhr
November–April:
Mo–Fr 13.00–15.00 Uhr
und nach Vereinbarung

Eintrittspreise
Eintritt frei, Spenden erwünscht

Führungen
nach Voranmeldung

Ansprechpartner für Führungen
Evangelische
Kirchengemeinde
St. Johannis und St. Marien
Goetheplatz 8
06429 Nienburg
Tel.: (03 47 21) 2 23 48
Fax: (03 47 21) 3 07 83

ev.kirchengemeinde.
nienburg@t-online.de

Unsere Tipps
katholische Messe
So 8.30 Uhr,
evangelischer Gottesdienst
So 10.15 Uhr, Konzerte

Angebote in der Umgebung
Saaleradwanderweg,
Europaradweg R1

Informationsmaterial
Faltblatt

Verkaufsangebot im Bauwerk
Kunstführer, Postkarten

Parkplätze
5 für PKW, 3 für Busse

Toiletten
im Gemeindehaus der
evangelischen
Kirchengemeinde

Internet
www.nienburg-saale.de

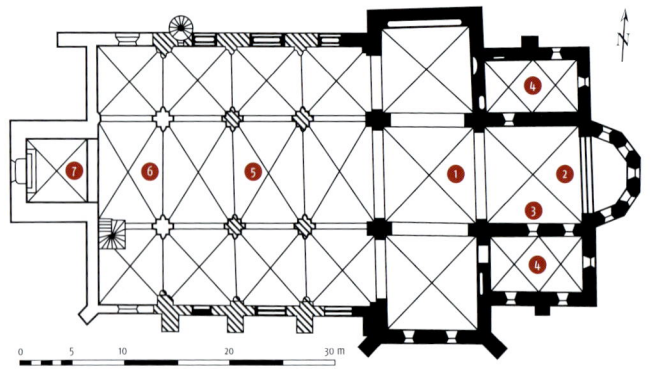

1 Ostpartie mit Vierung, Querhaus und Chor auf romanischem Grundriss
2 Chorjoch mit Resten des romanischen Schmuckfußbodens, darunter ehemals Krypta
3 Monatssäule
4 Nebenkapellen anstelle der Seitenapsiden
5 Gotisches Hallenlanghaus
6 Spätgotische Verlängerung
7 Spätgotischer Westturm

Hecklingen

Benediktinerinnenklosterkirche St. Georg und St. Pancratius

Hecklingen liegt in der Mündungsniederung der Bode. Das Benediktinerinnenkloster wurde um die Mitte des 11. Jahrhunderts gestiftet und 1140 erstmals genannt. Die Gründerfamilie starb 1147 aus, die Grafen von Plötzkau übernahmen die Schutzvogtei, später die Askanier, denen die Anhaltiner folgten. In einer historischen Notiz vom Ende des 13. Jahrhunderts ist das Kloster der Augustiner-Regel zugeordnet, später aber wieder als Benediktinerinnenkonvent zu verstehen. 1496 brannte das Kloster ab, die Kirche blieb jedoch verschont. Nach der Re-

Bereits das Äußere der Klosterkirche Hecklingen strahlt die zur Ruhe gekommene Geometrie des gebundenen Systems romanischer Kirchen des sächsisch-thüringischen Raumes aus. Ihre spitzen Turmhelme sind weithin markante Landschaftszeichen.

**Benediktinerinnen-klosterkirche
St. Georg und St. Pancratius**
Hermann-Danz-Straße 63
39444 Hecklingen

Öffnungszeiten
Mo–Fr 10.00–13.00 Uhr,
Sa/So/Feiertage
14.00–16.00 Uhr
sowie nach Voranmeldung

Eintrittspreise
Eintritt frei, Spenden
erwünscht

Führungen
während der Öffnungszeiten
und nach Voranmeldung,
Gruppen ab 10 Personen:
1,50 EUR pro Person,
Fotogebühr 2,50 EUR

**Ansprechpartner für
Führungen**
Evangelische
Kirchengemeinde
Hermann-Danz-Straße 52
39444 Hecklingen
Tel.: (0 39 25) 28 42 77
Fax: (0 39 25) 28 42 77
info@basilika-hecklingen.de

Unsere Tipps
Konzertsommer in der
Kirche, Ausstellungen,
Vorträge

Anreise mit PKW
A 14 Halle–Magdeburg,
B 6n Goslar–Bernburg

Anreise mit ÖPNV
Bus- und Bahnlinien über
Staßfurt

Parkplätze
für PKW in der Hermann-
Danz-Straße und
Rathauspassage,
2 für Busse an der Ostseite
der Kirche

Informationsmaterial
Faltblatt und Kunstführer

**Verkaufsangebot im
Bauwerk**
Bücher, DVDs, Postkarten

Toiletten
im Pfarrhaus

Internet
www.basilika-hecklingen.de

formation gelangte der Besitz 1571 an die Herren von Trotha.

Die nach 1150 errichtete Klosterkirche ist eine der besterhaltenen Basiliken am Harz. Viele Merkmale der Kirche sind durchaus dem Hirsauer Stil verwandt (z. B. Flachdecke um 1230), eine direkte Abhängigkeit ist jedoch nicht nachweisbar. Sie weist als regelmäßige, sich aus dem Quadrat entwickelnde, kreuzförmige Anlage mit zweitürmigem Westbau den typisch sächsischen Grundriss auf. Die Gliederung des flachgedeckten Langhauses ist durch den rheinischen Stützenwechsel geprägt; die Pfeiler zeigen auf den Ecksäulen fein ornamentierte Rankenkapitellchen, die Säulen sind von blockhaften Würfelkapitellen mit eingelegten Schilden bekrönt. Als Rest einer romanischen Ausschmückung haben sich fünf plastische Köpfe über den Arkadenbögen

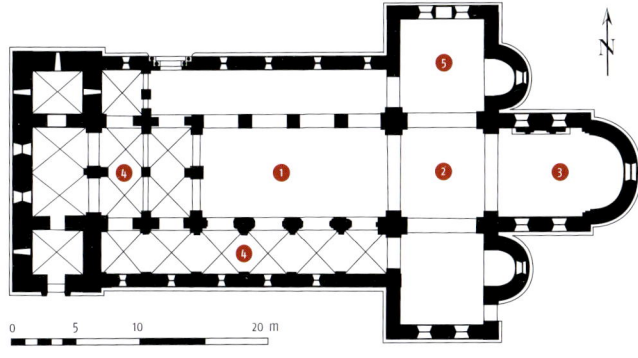

1 Basilikales dreischiffiges Langhaus, in den Arkadenzwickeln Stuckengel
2 Vierung mit neoromanischer Kanzel
3 Chor mit neoromanischem Altar und Wandgrab für Franz von Trotha, um 1600
4 Nonnenempore auf frühgotischen Arkaden (um 1220)
5 Erbbegräbnis der Familie von Trotha, 1721

der Nordseite erhalten, die als Stifterbilder interpretiert werden.

Der ursprüngliche Raumeindruck wurde durch den um 1240 erfolgten Einbau einer Nonnenempore in der Westpartie des Langhauses und im südlichen Seitenschiff verunklärt. Die dafür eingefügten Säulen und Pfeiler zeigen überaus reiche vegetabile Formen und Phantasiegebilde.

1878–1889 erfolgte eine umfassende Erneuerung der Kirche, wobei eine vor allem ornamental gehaltene Ausmalung die Architektur akzentuiert. Seit der Restaurierung von 1993–1995 ist die glückliche Synthese einer romanischen Basilika sächsischer Prägung und ihrer kostbaren Ausstattungsteile mit einer Rauminterpretation des späten 19. Jahrhunderts wieder anschaulich geworden.

Um 1225–1230 wurden die Arkadenzwickel des Langhauses mit 14 halbplastischen Engelsfiguren aus Stuck geschmückt, die zu den schönsten Werken ihrer Zeit gehören. Zu sehen sind vier Posaunenengel und zehn Spruchbandengel (teilweise mit Schwurhänden).

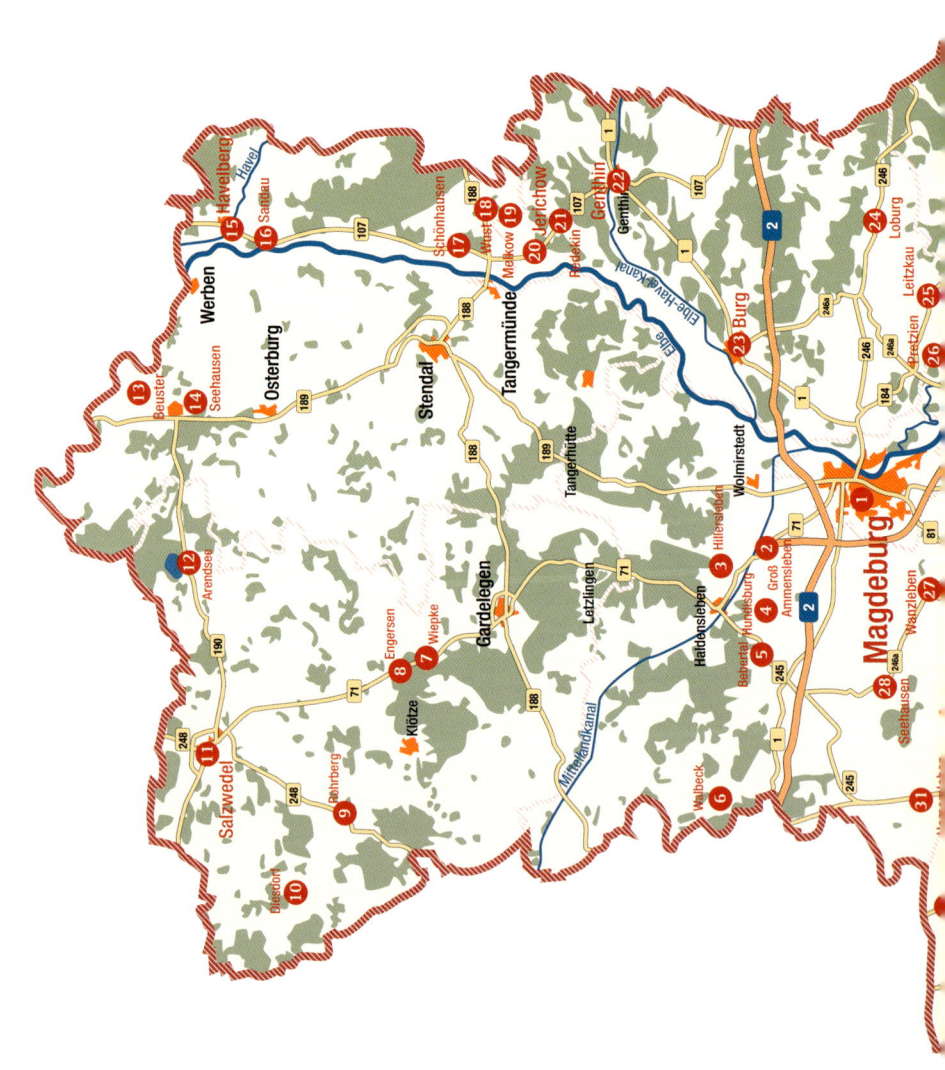

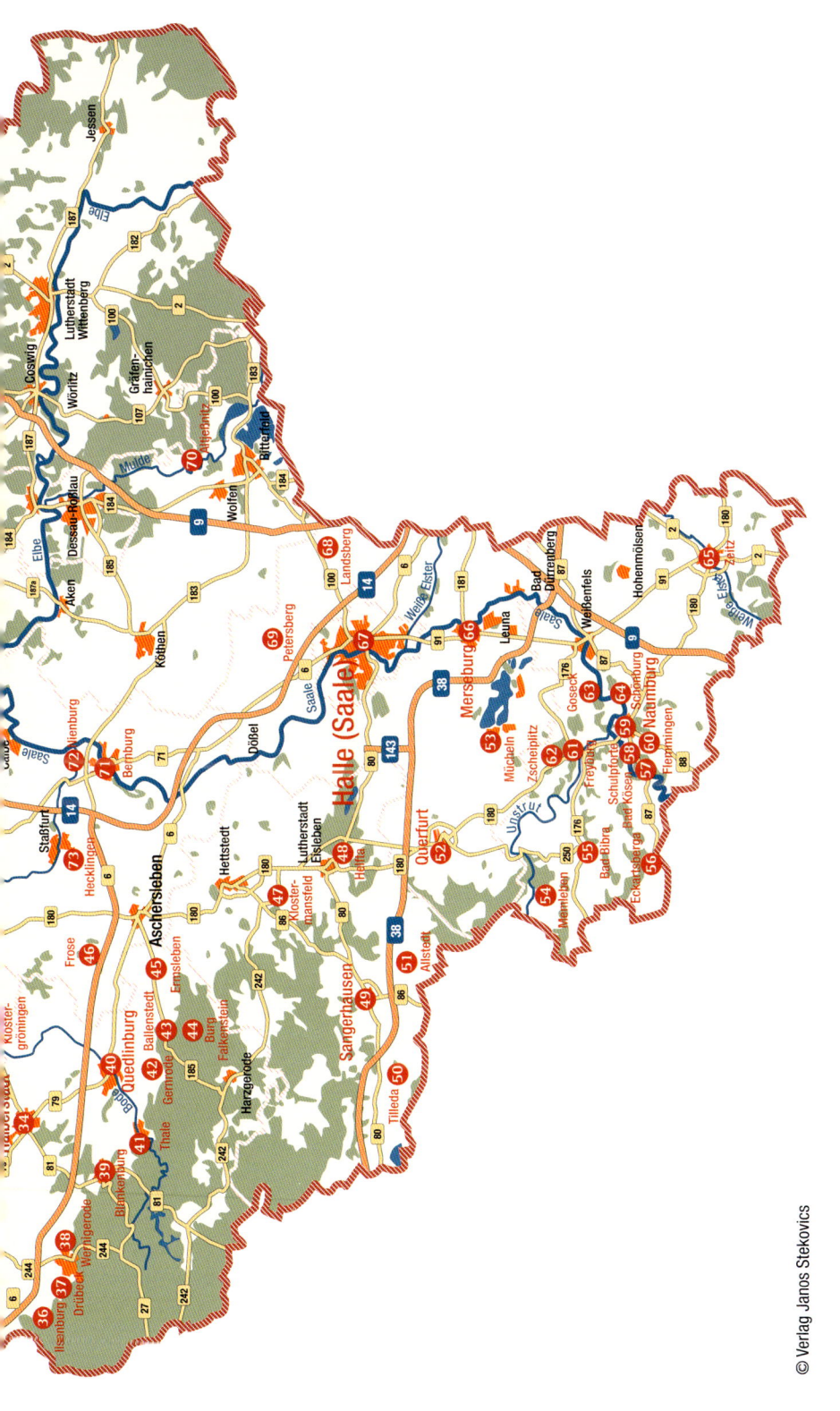

Ortsverzeichnis

Literaturhinweise

Zu den Bauten an der Straße der Romanik sind in den ver-
gangenen Jahren zahlreiche Führer und Einzelpublikationen
sowie Aufsätze (u. a. in der Zeitschrift „Denkmalpflege in
Sachsen-Anhalt" ab 1992) erschienen. Zur Konzeption der
Tourismusstraße sei genannt: Christian Antz: Die Straße der
Romanik durch Sachsen-Anhalt. In: Standort 20. 1996.
Weiterführende Literatur erhältlich unter:
www.onlinebuch.com

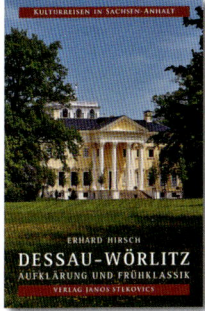

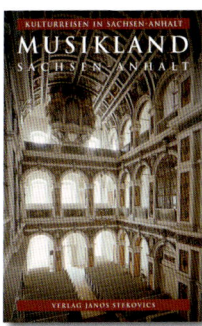

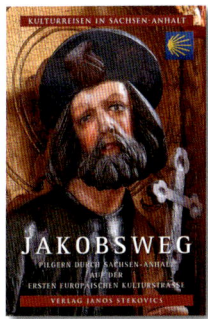

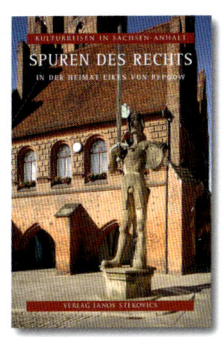

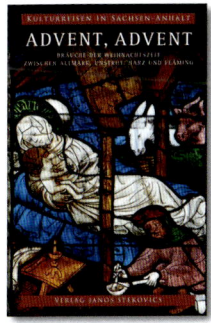

Fordern Sie bitte das Gesamtverzeichnis
unserer lieferbaren Bücher an!

VERLAG JANOS STEKOVICS
Tel.: (03 46 07) 2 10 88
Fax: (03 46 07) 2 12 03
www.steko.net
Mail: steko@steko.net

Impressum

Kulturreisen in Sachsen-Anhalt · Band 1

zum 25. Jubiläum der Straße der Romanik

Satz, Layout: Janos Stekovics
Karten, Grundrisse: Christoph Jann, Hans-Jürgen Paasch
Lektorat: Dr. Ulrich Steinmetzger
Fotografien: Janos Stekovics

Titelbild: Quedlinburg, Krypta der Stiftskirche
Frontispiz: Klosterkirche Jerichow
Umschlag Rückseite: Burg Querfurt

1. Auflage: 2001
2. Auflage: 2001
3., erweiterte, überarbeitete Auflage: 2003
4., erweiterte, überarbeitete Auflage: 2007
5., erweiterte, grundlegend überarbeitete Auflage: 2010
6., überarbeitete, aktualisierte Auflage: 2013
7., erweiterte, überarbeitete, aktualisierte Auflage: 2018

http://www.steko.net
steko@steko.net

Bibliografische Information der Deutschen Nationalbibliothek
Die Deutsche Nationalbibliothek verzeichnet diese Publikation in der Deutschen Nationalbibliografie; detaillierte bibliografische Daten sind im Internet über http://dnb.dnb.de abrufbar.

ISBN 978-3-89923-394-0